给孩子的不只是体育

乐群大体育课程建构实践

郑天戈 著

海峡出版发行集团 | 海峡文艺出版社

图书在版编目(CIP)数据

给孩子的不只是体育:乐群大体育课程建构实践/郑天戈著.—福州:海峡文艺出版社,2024.7
ISBN 978-7-5550-3760-6

Ⅰ.G623.82

中国国家版本馆 CIP 数据核字第 2024052QQ2 号

给孩子的不只是体育

——乐群大体育课程建构实践

郑天戈　著

出 版 人　林　滨
责任编辑　邱戊琴
出版发行　海峡文艺出版社
经　　销　福建新华发行(集团)有限责任公司
社　　址　福州市东水路 76 号 14 层
发 行 部　0591—87536797
印　　刷　福州万达印刷有限公司
厂　　址　福州市闽侯县荆溪镇徐家村 166—1 号厂房第三层
开　　本　720 毫米×1010 毫米　1/16
字　　数　220 千字
印　　张　12.75
版　　次　2024 年 7 月第 1 版
印　　次　2024 年 7 月第 1 次印刷
书　　号　ISBN 978-7-5550-3760-6
定　　价　55.00 元

序

自古以来，无数哲人如孔子、孟子、柏拉图等，皆强调体育在人的成长与发展中的不可或缺性。他们深知，体育不仅锻炼人的体魄，而且磨炼人的意志，塑造人的品格。孔子曰：“君子务本，本立而道生。”体育，即为立人之本，它强健体魄、塑造精神。毛泽东同志明确提出：“体育之效，在于强筋骨、增知识、调感情、强意志。”这体现了伟人对体育价值的认识和重视，全面而深刻地揭示了体育的功能和育人理念。福州市群众路小学，这所历史悠久、文化底蕴深厚的学校，始终坚守育人为本，多年来秉承“乐群爱众”的理念，积极探索大体育课程的构建与实践，将体育与德育、智育、美育、劳动教育等紧密结合，形成了独具特色的乐群大体育课程育人体系。这一课程体系的建立，是对传统体育教育的突破，也是对学校育人理念的一次升华。

乐群大体育课程旨在通过体育活动的形式，培养学生的团队协作精神、创新意识、抗挫能力等多方面的素质，五育融合，让学生在运动中感受快乐，在快乐中成长。在乐群大体育课程的实施过程中，学校注重规律性、规范化和层次性的结合：通过规律性的体育训练，确保学生每天都能得到充足的锻炼；通过科学规范的课程设置和评价机制，保障体育训练的质量和效果；通过层次化的体育课程安排，满足不同年龄段、不同兴趣爱好的学生的需求。

经过多年的实践探索，乐群大体育课程已经取得了显著的成效。学生的身心素质得到了全面发展，学校的文化氛围也变得更加浓厚。更重要的是，这一课程体系让学生们在运动中感受到了团队的力量、合作的重要性以及挑战自我、超越自我的勇气。现如今，乐群大体育课程已成为福州市群众路小学校园特色文化的重要品牌。

作为一名从事德育工作多年的教育工作者，看到孩子们在乐群大体育课程中茁壮成长，我深感乐群大体育课程的构建与实践对于学校育人工作的重要意义。它不仅是学校体育教学工作的创新，还是学校育人理念的一次深刻变革。它让我们看到，体育不仅可以强健体魄，还可以滋养心灵，促进学生全面发展。

本书是作者对福州市群众路小学多年来体育育人工作的全面总结和展示。它记录了乐群大体育课程的实施过程、成效与展望，体现了学校、教师和作者本人对于体育育人理念的深入思考和探索。我相信，本书的出版，将对推动学校体育工作的进步和促进学生全面发展产生积极的影响。

在此，我衷心祝愿福州市群众路小学乐群大体育课程越办越好，为更多孩子的成长提供有力的支持和保障。同时，也期待更多的学校和教育者能够从本书中借鉴和学习乐群大体育的理念和实践经验，推动学校体育工作的发展，为培养德智体美劳全面发展的社会主义建设者和接班人贡献力量。

最后，我要感谢所有为乐群大体育课程付出辛勤努力的老师们和同学们。正是你们的辛勤耕耘和不懈追求，才使得这一课程体系得以不断发展和完善。

愿我们共同努力，为孩子们的成长贡献更多的智慧和力量！

教育部小学校长培训中心常务副主任
北京师范大学校长培训学院院长　陈锁明

乐群铸魂，体育筑梦（自序）

“身体虚弱，将永远培养不出有活力的灵魂和智慧。”法国思想家卢梭的这句名言告诉我们，身体健康是精神活力和智慧发展的基础，没有健康的身体，就无法充分发挥个人的潜能。在当今信息化、全球化时代，体育教育更是成为培养学生全面发展的重要途径。福州市群众路小学，作为一所具有深厚办学底蕴和体育传统的省级文明学校，始终坚持以体育为重要载体，积极促进学生全面发展。我们深知，体育不仅是锻炼身体、增强体质的有效途径，还是培养学生合作精神、意志人格和健康生活方式的重要手段。

回首2015—2018年，那是我校教育改革的酝酿期、焦灼期，也是关键期。面对学生不容乐观的身体素质状况，面对中考体育成绩比重增加的现实挑战，以及家长对于孩子体育锻炼的关切和期待，我们开始了一场直面问题、寻求突破的教育改革。我们提出构想、描绘蓝图，我们解放思想、展开讨论，从形而上和形而下两个层面，思考学校体育和学校教育使命的根本性问题。我们希望通过体育教育，让学生感受到体育带给生命需要的满足感和自尊感，形成自由、自主的幸福感，树立通过体育追求健康幸福人生的坚定信念。我们坚信，学校要带给孩子的，绝不仅仅是体育。

这场改革并非一帆风顺。在实施过程中，我们面临着师资力量不足、教学资源有限、专业性不强、理论知识不够等种种困难。但是，正是这些挑战，激发了师生们的斗志和创新精神。我们邀请专业教练编制体能操和训练方法，克服恶劣天气和家长担忧等困难，坚持每天进行大课间体能锻炼。老师们从最初的羞涩敷衍，到后来的积极参与，甚至换上运动装备和学生一起锻炼，这种变化让人感动，也让人看到了体育教育的无穷魅力。

经过一段时间的实践，学校取得了显著的成效，学生的身体素质得到了不同程度的提升，连续几年，学生在国家体质健康测试中的表现优异，身体灵活性、协调率、爆发力和柔韧性都有了明显的改善。家长看到孩子越来越结实的身体，也对学校的改革给予了高度的认可和肯定，并且自觉加入了我们。这些成果来之不易，不仅为学校体育教育改革提供了有力的支撑，也为今后的体育训练项目培育提供了宝贵的经验。

在此基础上，我们进一步加强了顶层设计和系统规划，将“乐群”教育理念引入体育锻炼课程体系，探索构建以七大体能训练为抓手，以课堂教学为主渠道，以大课间活动为主枢纽，以课后体育活动为重要补充，并将体育的精神延伸到家庭和社区，进而辐射到兄弟学校，形成整体的乐群大体育课程体系。我们希望，通过这一改革，进一步激发学生的体育兴趣，提高学生的身体素质，培养学生的团队合作精神和集体荣誉感，促成学生的健康人格精神和良好生活方式，实现学校“乐群爱众、以体育人”的目的。

回顾这段历程时，我不禁为大家的勇气和智慧所折服。我们用实际行动诠释了“健康第一”的教育理念，用汗水浇灌了学校体育改革的丰硕成果。如今，乐群大体育文化已成为学校一张重要的校园特色文化名片，为福州市、福建省乃至全国的中小学校园文化建设工作和体育教育事业提供了有益的借鉴和启示。

展望未来，福州市群众路小学将继续秉持“乐群”教育理念，不断深化体育教育改革，为学生的健康成长和全面发展创造更加优越的条件和环境。我们期待，更多的学校能够加入这场改革的行列中，共同推动学校教育的高质量发展。

最后，我要感谢所有为福州市群众路小学乐群教育改革付出辛勤努力的人们。感谢参与研讨的林文、潘宇、林锐、施继凯、庄艳、张劭翊、谢贞虹、郑永萍、李强、王玫、陈于溢、李文静、张大智、高嘉研、陈群等同仁，大家一起研讨、一起实践，你们的努力和付出，将永远铭记在学校的史册上。今后，让我们继续携手共进，培养更多阳光、快乐、全面发展的新时代好少年。

郑天戈

2024 年 3 月 11 日

目　录

第一章 乐群大体育的缘起和实施

体质健康是身体健康和心理健康的统一，是学生全面发展的基石和保障。学校体育特色课程的开发，不仅是为了丰富体育课程的教育元素，发挥特色性教育资源的德育功能，更是彰显学校办学主张和育人理念、满足学生个性化成长需求的必然要求。福州市群众路小学乐群大体育课程实施十多年来，有力地提升了学校师生的身心素质，激发了学校活力，成为学生喜爱、家长满意、学校勃兴和社会赞誉的校园特色文化的重要品牌。

第一节 乐群大体育课程建构的缘起

早在 19 世纪，马克思就在《资本论》中强调体育对人全面发展的重要性，认为未来的教育“对所有已满一定年龄的儿童来说，就是生产劳动同智育和体育相结合，它不仅是提高社会生产的一种方法，而且是造就全面发展的人的唯一方法”。进入 21 世纪的现代社会，人们愈加重视体育对人的生命健康、精神品格、娱乐休闲等方面的发展价值。在我国，体育既是增强人民身体素质的重要途径，又是满足人民群众美好生活向往、促进社会经济发展的重要动力，是展示国家文化软实力的重要平台。为此，国家大力宣传体育的社会价值，促进人民更新体育观念，积极引导开展全民体育健身运动。党的二十大报告中提出要加快建设高质量教育体系，发展素质教育，促进教育公平，办好人们满意教育。学校体育是建设社会主义现代化强国所要求的高质量教育体系的重要组成部分，学校体育建设则是落实新一轮课程改革、发展学生核心素养的必然要求，在此大背景下，福州市群众路小学顺势而为，乐群大体育课程应运而生。

一、“大体育”与“体教融合”的政策引领

体育作为一种重要的文化和社会活动，对国家的发展和民族的精神面貌产生了积极影响，而体育强国建设则是以提高国家体育经济水平和体育文化水平为中心，促进全民健身和体育产业的发展，塑造国家形象，增强民族凝聚力和自信心的过程。一直以来，我国高度重视全面健身，每年投入大量资金进行公共体育娱乐设施建设，推动全民健身和全民健康深度融合，把满足人民健身需求、促进人的全面发展作为体育工作的出发点和落脚点，赋予全民健身更重要的意义，极力倡导大体育理念。

大体育理念是一种以“大”为特征的体育发展观，它强调跳出体育看体育，跳出体育办体育，办全社会的体育，让全社会来办体育。这种理念认为，体育不仅是体育部门的事情，而是全社会的共同责任。它强调体育与教育、文化、卫生、健康等领域的融合，以及体育在国民经济、对外合作与交流等方面的重要作用。大体育理念的目标是培养具有全面素质的优秀人才，通过体育活动使学生增强体质、增进健康、提高体育素养，同时注重培养学生的道德意志品质和团队合作精神。这种理念强调以“健康第一”为宗旨，将体育与人的全面发展相结合，实现个体、社会和自然的和谐发展。在实施大体育理念的过程中，通过政府、社会各界和个人的共同努力，形成全社会共同参与的体育发展格局。大体育观是一种全面、协调、可持续的体育发展观，以培养全面发展的人才为目标，注重将体育从学校中延伸出来，与家庭、社会相融合与发展，并深深嵌入个体生命的各个阶段，是实现健康中国、提升国民身体素质的重要途径。

学校教育是发展学生体育素养的主要载体和基本渠道，体教融合是当前重要的任务要求。2019 年 2 月，中共中央、国务院印发《中国教育现代化 2035》，要求“更加注重全面发展，大力发展素质教育，促进德育、智育、体育、美育和劳动教育的有机融合”，打造中国特色世界先进水平的优质教育。2020 年 9 月，国家体育总局和教育部联合印发《关于深化体教融合促进青少年健康发展的意见》，从加强学校体育工作、完善青少年体育赛事体系等八大方面提出 37 项举措，全方位推动深化体教融合，促进青少年全面健康成长。该意见在“总体要求”第一条中写道，“树立健康第一的教育理念，面向全体学生，开齐开足体育课，帮助学生在体育锻炼中享受乐趣、增强体质、健全人格、锤炼意志”。2021 年 4 月，教育部发布《关于进一步加强中小学生体质健康管理工作的通知》，强调加强宣传教育引导、开齐开足体育与健康课、保证体育活动时间、提高体育教

学质量、完善体质健康管理评价考核体系、做好体质健康监测、健全责任机制、强化督导检查等八个方面，对加强中小学生体质健康管理工作提出了有关要求：合理安排学生校内、校外体育活动时间，着力保障学生每天校内、校外各 1 小时体育活动时间；全面落实大课间体育活动制度，中小学校每天统一安排 30 分钟的大课间体育活动，每节课间应安排学生走出教室适量活动和放松；中小学校要严格落实国家规定的体育与健康课程刚性要求，小学一至二年级每周 4 课时，小学三至六年级和初中每周 3 课时，高中每周 2 课时，有条件的学校每天开设 1 节体育课。

深化学校体育课程改革的支持性政策也随之而来。2021 年 7 月，中共中央办公厅、国务院办公厅印发了《关于进一步减轻义务教育阶段学生作业负担和校外培训负担的意见》，提出“双减”（即减轻义务教育阶段学生作业负担、减轻校外培训负担），为学校体育工作的改革发展提供了良好契机，也大大扩展了体育课程的发展空间。

在一系列政策指导下，各地学校积极响应并着手实施体育课程改革。在一些学校，除了每周几次的体育课，加上课间操和大课间的体育锻炼、课后服务的体育社团，学生平均一天的体育活动时间超过 60 分钟。这种把体育课堂延伸到课间和课外的做法，就是学校大体育理念的落实。可见，国家大体育理念的倡导和相关教育政策的推动，为学校大体育的实施指明了方向。

二、学生发展体育核心素养的内在要求

2016 年 9 月，教育部发布“中国学生发展核心素养”框架。该框架以培养“全面发展的人”为核心，突出文化基础、自主发展、社会参与三大方面，包括人文底蕴、科学精神、学会学习、健康生活、责任担当、实践创新六大素养。随后，在中小学教育领域，教育部率先发布《全日制普通高中体育与健康课程方案和课程标准（2017 年版）》，首次在高中阶段提出体育学科“运动能力、健康促进、体育精神和品德”三大核心素养。经过三年的实施，在 2020 年的修订版高中体育课标中再次明确了这三大核心素养。为确保中小学体育一体化衔接，2022 年 4 月，教育部又发布了《义务教育体育与健康课程方案和课程标准（2022 年版）》（后文简称“新课标”），相应地对小学和初中阶段的体育课程提出了“运动能力、健康行为、体育品德”三核心素养，这三个维度的素养互相影响、互相促进，共同助力学生完成体育培养目标。

从组成结构看，运动技能是体育学科独立于学科之林的主体性知识，学会、

勤练和常赛运动技能是提升学生运动能力、健康行为、体育品德三大体育学科核心素养的关键性保障，也是体育课程助力实现“帮助学生享受乐趣、增强体质、健全人格、锤炼意志”学校体育四位一体目标的重要前提。

从三维目标看，在“知识与技能”维度上，学生应掌握基本的体育知识和技能，如运动原理、技术要领、战术策略等，以及相应的身体素质和运动能力；在“过程与方法”维度上，学生应学会如何学习、锻炼和比赛，包括自我管理能力、自我评估能力、解决问题的能力等，以及在团队中发挥协作精神和领导力；在“情感态度与价值观”维度上，学生应具备积极向上的生活态度和价值观，如热爱体育、尊重规则、公平竞争、团结协作等，以及在挫折和失败面前保持坚韧不拔的精神。

新课标强调以核心素养理念为指导，在实施体育课程的过程中，确保每一个教学环节都围绕着培养学生的全面素质展开。这不仅涉及体育技能和知识的传授，更重要的是引导学生树立正确的体育价值观，培养他们坚持不懈的精神，以及在运动中尊重自己和对手的品质。

因此，学生不仅能够掌握必要的体育技能，更能形成健康的生活方式，培养积极的体育情感与品格。基于上述分析，发展学生的体育核心素养，学校开设大体育课程成了必然。

首先，大体育课程着眼于学生的全面素质培养。一方面，大体育课程强调身体素质的训练。通过科学合理的锻炼计划，学生的身体素质可以得到有效提升，增强身体的耐力、力量和灵活性。另一方面，它不仅关注学生的体育技能和知识，更进一步强调体育情感、品格以及健康行为的塑造，有助于学生全面均衡发展。

其次，大体育课程强调课内课外一体化，为学生提供了更灵活的体育时空和兴趣选择。一方面，课程内容大大扩展了，大体育课程不仅涵盖了传统的体育项目，还引入了各种新兴、有趣的运动形式，这使得学生不仅能够接触到更多的体育运动知识和技能，还有机会按照自己的需求选择感兴趣的体育活动，使热爱体育成为可能。另一方面，课内课外一体化使学生能够在课堂上学到的技能和知识在课外得到应用和实践，从而更好地促进身心健康。

再次，大体育课程让体育随时随地开展，让体育成为一种生活方式，有助于培养学生的终身体育意识。通过引导学生养成良好的运动习惯，以及自主锻炼和自我管理能力的提升，学生将能在未来的生活和工作中持续地进行体育锻炼，形成健康的生活方式。

此外，大体育课程还注重培养学生的团队协作能力。为实现“教会”“勤学”“常赛”一体化，大体育课程设计了许多体育活动，需要学生之间进行团队协作，通过这些活动，学生可以学习如何与他人有效合作、沟通，进而培养他们的团队协作能力。这种能力是21世纪生存和发展的核心能力之一。由此可见，发展学生体育核心素养离不开大体育课程的资源整合。大体育课程的建构与实施，不仅仅是为了身体的健康，更是为了全面培养学生的个性、团队协作能力以及应对挑战的能力，这些都是学生全面成长所必需的内在素养。所以说，学校大体育课程为学生核心素养的落实提供了重要的实践载体。

三、学校体育教学现实的问题驱动

在教育体系中，体育课程的价值和重要性常常被忽视。实际上，体育课程对于学生的成长和全面发展起到了至关重要的作用。首先，体育课程对学生身体健康的促进不容忽视。众所周知，健康的身体是一切活动的基础。通过参与体育活动，学生提高了身体素质，增强了免疫力，促进了新陈代谢和身体发育；学生锻炼了心肺功能，增强了耐力和灵活性。其次，体育课程在培养学生的团队合作精神和社交技能方面具有独特的优势。在团队运动中，学生学会了如何与他人协作，共同达成目标，不仅提高了沟通技巧，也培养了团队合作精神和领导能力。此外，体育课程对于塑造学生良好的生活习惯也起到了积极的推动作用。参与体育活动有利于学生建立积极的生活态度，培养健康的生活习惯，如定期锻炼、合理饮食和充足的睡眠。同时，体育课程也是培养学生体育精神的重要途径。体育精神包括公平竞争、尊重对手、团队协作等价值观，这些对学生的全面发展会产生深远的影响。更重要的是，体育课程还有助于缓解学生的学习压力。在繁重的学业之余，参与体育活动能够帮助学生释放压力，提高学习效率。有规律的体育锻炼还有助于提高学生的注意力和集中精力的能力。

由此可见，体育课程在促进学生身体健康、培养团队合作精神、塑造良好生活习惯、培养体育精神和缓解学业压力等方面都起到了重要作用，可以说益处多多。然而，当前不少中小学体育教学面临着严峻的问题。

首先是教学方法相对陈旧。一些教师习惯于沿用传统的、一成不变的教学方式，如重复性的跑步、跳绳练习以及基本的球类运动等，单调的、机械的训练常缺乏趣味性，难以激发学生对体育课程的兴趣和热情。其次，教学课时比较匮乏。学生每天在校锻炼一小时、校外锻炼一小时的要求，仅仅只依靠常规体育课远远不够，“教会、勤练、常赛”的要求难以得到保障。再次，体育师资力量不足。由于教师待遇相对较低，很多优秀的体育教师可能会转行或者跳槽，导致中小学体育教师师资力量不足，教学水平参差不齐。一些学校体育教师过少，要承担许多班级的教学，因身心疲惫而在教学上敷衍了事。还有一些学校的体育课经常被其他课占用，导致学生无法正常参与体育活动，也让学生对体育课失去兴趣。另外，因各方主观上往往不重视，客观上又没有足够的时间进行体育活动，进而导致学生普遍不喜欢上体育课。由于缺乏足够的体育锻炼和运动，许多学生的身体素质下降，近视率、肥胖率上升。福州市群众路小学学生的身体素质也不容乐观。

2018 年春，刚开学不久，作为校长的我收到一封家长来信，信中提出，现在中考体育总成绩增加到 40 分，由于他自己工作繁忙，到托管点接孩子已晚上八点，没空带孩子参加体育锻炼，希望学校在这方面能给孩子创造条件。于是，第二天早晨在巡视课间操时我多加了几分注意，看到很多孩子满头大汗，还没跳几节操就已经气喘吁吁，一套操下来很多孩子已经体力耗尽，再看看每个班都有几个小胖墩，早已原地不动地站着“偷懒”。我受到极大的震动，便和老师们解放思想，通过开展座谈会、师生家访、问卷调查等方式广泛征求意见，开展了体育教学大讨论，一起思考关于学校体育教育的问题：从形而上来说，什么样的体育课才能让学生在体育运动中感受到体育带给生命需要的满足感，形成自由、自主的幸福感，树立通过体育追求健康幸福人生的坚定信念？从形而下来说，如何有效地提高学生的身体素质，并让学生沉浸体育、享受体育的过程变得快乐呢？问题沉重地压在福州市群众路小学的领导班子和体育组教师身上，他们在思考如何改变。

福州市群众路小学在体育文化积淀上有一定的历史。学校创办于 1985 年，校园占地面积 15.55 亩，地处福州市中心地带，是一所布局合理、环境优美的学校。学校办学成就斐然，先后获得“全国电化教学先进单位”等 12 项国家级荣誉称号，是福建省示范小学、福建省文明学校，也是一所有着重要体育渊源的乒乓球传统名校，为福州市、福建省乃至国家输送了一批优秀的高水平乒乓球人才。但是，乒乓球毕竟是少数有兴趣、有天赋的学生的运动，面对学校大多数孩子，如何普遍地提高他们的身体素质呢？这个问题一直萦绕在我的脑海中，驱动着我不断思考。

2015 年，在群众路小学 30 周年校庆期间，《福州日报》做了题为《福州市群众路小学为师生共生发展刻下幸福的年轮》的大型报道，浓墨重彩地介绍了我校建校以来各方面取得的重要成绩，特别以“阳光体育　健康成长”为主题，报道了学校阳光体育活动在促进学生全面发展，为学生幸福人生奠基的故事，引起学校师生和家长的强烈反响和广泛共鸣。

于是，我携手管理团队与体育团队，研究了群众路小学过往开展阳光体育的历史积淀和丰硕成果，经过深入研讨认为，要促进学生德智体美劳的全面发展，健康的体魄无疑是这一切的基石和有力保障，然而，单纯的40分钟的体育课很难训练过硬的身体素质，必须通过课内课外一体化、校内校外一体化、家庭社区一体化的手段，用体育的大环境来熏陶和培养体育锻炼的习惯和兴趣。因此，一个初步的“大体育”愿景和构想开始在心中酝酿，我开始推动体育教师和研究如何更广泛、更科学地开展全校性覆盖所有学生的体育活动。2018年春季学期伊始的家长来信，更加坚定了我改革的决心。我和学校团队达成共识，在国家大体育政策的引领下，学校应该突破体育课程的狭窄层面，建立基于大体育观的体育教学实施机制，包括课堂教学、体育健康知识、体能锻炼、亲子体育、家庭体育和体质健康测试等，实施“健康知识+基本技能+专项运动技能”的教学模式和以体育智、以体育心的教学原则。在课内体育教学项目中激发学生对体育的兴趣，教会学生基本技术，激励学生课下及家庭勤练，组织教学展演、课内教学比赛、班级对抗赛等多种形式的比赛，以赛代练，以赛促学，营造多元的学校体育文化氛围。由此，学校开展乐群大体育活动的想法达成了初步共识，为后期乐群大体育课程建构与实施奠定了重要的基础。

四、乐群大体育课程的初始化建构

群众路小学决定从大课间体能操的训练入手，邀请比戈俱乐部的教练针对小学生身心发展特点和学校具体情况，编制了两套操和体适能训练方法，每天安排两套操后进行大课间体适能锻炼。在试练中，学生克服了很多挑战，正如群众路小学副校长潘宇在《黑瘦实少年养成记》中所录的：

> 2018年9月，克服了天气炎热、家长心疼孩子舍不得孩子训练、师资缺乏等困难，大课间体能操训练正式开启。编排的动作波比跳、深蹲、单腿站立平衡等，既有针对性，又有趣味性，大大提升学生的积极性与参与度。专业教练的现场指导，更让体能训练的效率大大提升。周二至周五，一小时的大课间成为群小师生的体能好时光。每班的“小胖墩”们做得满头大汗，但在老师的不断鼓励下，顺利地完成了规定动作。一开始不少科任教师在带学生进行大课间锻炼时，腼腆羞涩或有些

敷衍地跟着锻炼，渐渐地，老师们更认真了，不仅跟着学生一起锻炼身体，甚至比孩子们锻炼得更起劲。一段时间后，每到课间操，连平时不爱运动的老教师都换上了自己带来的运动装备，和学生一起跳操。腾空的步伐、挥洒的汗水，纷纷见证了群小少年的健体之路。

期末，我们再次对学生的体能进行测试，惊喜地发现学生的灵活性和协调率前后测变化率提升了15.97%，爆发力前后测变化率提升了9.53%，50米速度前后测变化率提升了7.85%，最喜人的还要数学生的柔韧性，前后测变化率提升了20.38%。通过数据对比，我们发现学生的整体身体素质都有不同幅度的增加和提升。看到个人体质表单和孩子们越来越结实的身体，家长们认可了，老师们也尝到甜头。翔实的数据分析也为今后的体育训练项目提供了依据，让学生在训练中少走弯路，走错路。

在福州市教育局和福州晚报社的牵线搭桥下，群从路小学还依托“福小子”青训平台，办起了“四点半课后延时服务”，聘请专业体育教练给孩子们上体育课。羽毛球、篮球、击剑、体能……这些体育项目被带进一周三次的课后时间里，加入学生自己喜爱的运动项目里，学生们练得更欢了，他们的小身板也越来越结实。

2018年的体育教育改革尝试取得了一定成效，受到师生欢迎和家长肯定。于是，群众路小学进一步加强顶层设计，将“乐群”教育理念引入体锻炼课程体系，探索构建以体能训练为特色的大课间课程化管理改革，即学校体育层面和课堂教学层面的学、练、赛（评）一体化模式，体育课堂延展的大课间、课外体育、运动竞赛、家校融合均围绕教育教学全过程展开，建构乐群大体育课程体系。

关于“乐群大体育”的命名，学校领导和教学团队颇费匠心。“乐”字甲骨文写作“”，像在木架上安丝弦，表示一种乐器，引申为音乐的总称。由于音乐的韵律和节奏通常配合手舞足蹈来表现，后来又引申出“欢乐”“乐趣”“喜爱”等义。“群”始见于春秋金文“”。许慎《说文解字》释义为：“辈也。从羊，君声。”段玉裁在《说文解字注》认为，“群”本义指动物或人聚合一处，引申为“凡类聚之称”，泛指同类相聚。“乐群”二字合用，见于《礼记·学记》：“一年视离经辨志，三年视敬业乐群。”可见，“乐群”体现了一种团结友善、爱众亲仁的教育文化价值。群众路小学主张实施团结友善、协同发展的教育，学校以“立德、乐群、敏学、健体”作为校训。“立德”即培养品性，独立生活；“乐群”即和谐相处，人际关系良好；“敏学”即学习灵活，勇于创新；“健体”即坚持锻炼，健康身心。我们给这种大体育样态命名为“乐群大体育”，就是看到了体育在人际和谐发展上有着独特而重要的价值。“独学而无友，则孤陋而寡闻”，在当前，使体育成为打破师生之间、学生之间隔阂的纽带，让师生成为个体成长的伙伴，在体育学科教学和训练、竞赛中完成“健体”，同时“育心”，实现“立德”，从而达到乐群爱众、以体育人的目的。

在达成共识后，群众路小学结合国家大体育的政策倡导和体教融合的教育原则，开始有意识地培育乐群大体育特色。首先，加强学校大体育课程的体制机制建设，强调学校体育健身制度保障，进一步加大对体育设施建设和人才培养的投入，完善体育设施和器材，提高体育教师的专业素养和教学水平。其次，学校深化与社会各界的合作，引入更多的专业人才和资源，共同推动学校体育的发展。在加强课程的体系化开发上，建构了课堂体育、大课间体育、课外体育三个重要课程模块。第三，学校更加注重培养学生的体育素养和运动习惯。在课程设置、活动安排等方面充分考虑学生的身心特点和成长规律，积极开展全方位、多样化的体能训练和体育活动，如运动会、体育节、社团活动等，让学生有更多的选择和参与机会；实现体育课内、课外和家庭一体化，教、学、评一体化，教、赛、评一体化，更加强调发挥大体育的合力协同育人；在课程设置、教学内容等方面注重体育与学科知识的融合，更加注重体育在育人方面的综合功能和价值，培养学生的综合素质和能力。

在这样的努力下，学校、教师、家长和学生对体育都有了更全面深刻的认识，体育的价值和活动方式在群众路小学得到全体教师、家长和学生三方的思想认可与行动支持，群众路小学的乐群大体育也随着体教融合的深入，成为推动学校五育并举、家校协同以及学生全面成长的学校特色文化品牌。

第二节　乐群大体育课程聚焦的核心问题

2018 年起，群众路小学开始着手考虑如何实施体育教学改革，并做了一系列制度和纲要式课程建构。学校制订了《“养正、健体、善学”福州市群众路小学特色学校建设规划纲要》《福州市群众路小学特色学校建设校本课程实施方案》与《福州市群众路小学特色学校建设校本教材编写建议》，深入挖掘、解读本校特色文化，选取“健体”模块，以校级课题《小学体育课堂体验性教学的行动研究》为起点，庄艳老师参与的市级课题《加强乒乓球传统学校建设的实践与研究》为辅，基于对大课间体育锻炼的观察，设计了《福州市群众路小学大课间体锻活动调查问卷》，对学生、教师与家长进行深入调查。学校自 2018 年起，在每年的 11 月对每个学生进行体适能测试，将测试的数据与前一年的数据进行纵向比，与兄弟校的测试数据进行横向比，得出有进行体能训练的学生和没有经过体能训练的学生在心肺功能、速度、耐力、爆发力、灵敏性、柔韧性等身体素质上存在的区别。综合各项测评结果发现，当前体育锻炼活动存在训练不准确、学生参与度不高、运动效果反馈不及时的“三大痛点”。从我国近些年的体育课程在中小学的教学实施来看，存在“学生体质健康水平未有根本性好转”“学生不喜欢上体育课”“学生上了 9 年的体育课一项运动技能未掌握”“学生未养成体育锻炼习惯”四大问题。

群众路小学针对这“三大痛点”和“四大问题”，结合新课标、小学生体育学习实践性、健康教育实用性等，教学由强调“以知识和技能为本”转向“以发展体育核心素养为本”。学校组成体育与健康教育研究项目组（以下简称“项目组”），由我带领，提高思想站位，梳理了三大核心问题：一是如何有效提高学生的运动能力，提高学生体质水平；二是如何通过乐群大体育课程养成形成健康的生活方式；三是如何在大体育课程实践中养成良好的体育品德。

针对这些问题，项目组基于乐群大体育理念，建构了一套以特色的体能训练为核心的大课间课程，辅以广播操、乒乓球操、冬季长跑等内容，大大提高了学生的参与面。数据表明，有进行体能训练的学生在心肺功能、速度、耐力、爆发力、灵敏性、柔韧性等身体素质上明显变好，体育锻炼效果明显，在近年来的国家体质健康测试中，“各项目的优秀率、良好率以及及格率都稳定地保持在较为优秀的水平，这得益于学校系统的、稳定的体育课程训练”（详见第八章）。项目组注重创设丰富多彩、生动有趣的教学情景，倡导将教师的动作示范、重点讲解与学生的自主学习、合作学习、探究学习有机结合，将集体学练、小组学练和个人学练有机结合，将体育与健康教育教学理论传授、交流互动和实践应用相结合，激发学生学习热情，帮助学生理解和掌握知识与技能，提高学生解决体育健康实际问题的综合能力。

一、提高基础的运动能力

运动能力是指学生在参与体育运动过程中所表现出来的综合能力，包括体能状况、运动认知和技战术运用、体育展示或比赛三个维度，主要体现在基本运动技能、体能专项运动技能的掌握与应用上。

2019 年，项目组成员经过对比大课间活动开展前后小学生健康体质水平的变化情况，发现学生在柔韧性、灵敏性等方面得到较大提升，但耐力、爆发力、弹跳力等普遍较差。根据学生体能素质的变化，项目组成员适时调整体能动作编排，优化体能操动作，于 2020 年创编大课间体能训练教材《体能小课堂》，设计《健体新学期工作方案》，并着手实施项目计划（见表 1-1）。学校坚持体育课堂与大课间体育、课后体育活动有机结合，指导学生学会基本运动技能和专项运动技能（通过专项运动项目），提供更多时间让学生进行充分练习巩固和运用所学的运动知识和技能。在指导思想上，致力于打通壁垒，实现体育课与体能课的有机融合。2020—2022 年这三年时间，群众路小学探索打通体育课与大课间体能课之间的壁垒：将大课间与课后服务时段的时间合并，对全校学生进行长达一个小时的体能训练，并将其称为“阳光一小时”，与体育课一起组成乐群大体育课程体系。同时，项目组成员对大课间的体育锻炼课程进行了优化。

表 1-1　2021—2022 学年第二学期大课间体能训练安排

<table>
<tr><th>热身部分</th><th colspan="2">训练部分</th><th>拉伸部分</th></tr>
<tr><td>活动开身体</td><td colspan="2">协调、平衡、力量、核心、心肺耐心训练</td><td>放松身体</td></tr>
<tr><td>热身音乐
1. 头部运动
2. 肩部运动
3. 体转运动
4. 抱膝提踵
5. 左右转髋</td><td>第一首歌
1. 脚踝训练（双脚直腿向上跳，360 度跳，四下一圈）
2. 深蹲跳（站立、蹲）
3. 站姿手叉腰直腿向前垫步跳
4. 高抬腿
5. 后踢腿
6. 开合跳
7. 跳跃运动</td><td>第二首歌
1. 脚踝跳（斜两个 45 度方向左右开合跳）
2. 垫步高抬腿
3. 垫步手碰脚内侧（协调性训练）
4. 垫步手碰脚内、外侧
5. 深蹲，手牵深蹲
6. 侧弓步（加上摆臂，动态弓步）
7. 斜 45 度左右弓步
8. 波比跳</td><td>放松音乐
1. 左手臂
2. 右手臂
3. 左腿前侧拉伸
4. 右腿前侧拉伸
5. 左腿后侧拉伸
6. 右腿后侧拉伸
7. 深呼吸</td></tr>
</table>

2022 年，经过数年的体育锻炼课程研究，群众路小学学生的体质、体能大幅度提升。在福州市第 59 届中小学生运动会中，群众路小学学生在田径、羽毛球、啦啦操、游泳、乒乓球等项目比赛中获得优异成绩。学校通过扎实的体育与健康课程学习，开展大量的体能训练，训练项目精准对应孩子们在灵敏、柔韧、速度、力量、耐力等方面的不足，使学生身体素质得到针对性地训练。随着学校乐群大体育的深入持续实施，学生平均体测水平在国家体质健康测评中逐年提高，总体呈良好发展态势。学生也普遍喜欢上体育锻炼，对体育运动产生浓厚的兴趣，获得终身受益的良好生活习惯。

二、形成健康的生活方式

乐群大体育课程的建构，是基于体育锻炼在促进良好生活方式方面发挥着重要作用的考量。国内外的各种研究表明，通过参与体育锻炼活动，个体可以获得身体健康、心理平衡和社交互动的多重益处。首先，体育锻炼有助于维持健康的身体状态。小学阶段，学生处于生长发育的重要阶段，是在两个生长高峰期中间，骨骼、肌肉系统发育均未成熟——小学生的骨骼还没有完成骨化，骨骼含水多，含钙少，有韧性，易弯曲，易变形；肌肉纤细，力量和耐力都很弱；肺活量随着年龄的增长会显著增加，所以小学生经常开展体育运动，可以有效锻炼肌肉，提高心肺功能，促进血液循环，有助于预防多种疾病。其次，良好的体育锻炼习惯对促进心理平衡有重要作用。小学生由学业启蒙初始到第二、三学段，课业负担逐渐加重，参与体育活动有助于释放压力，减轻心理焦虑和抑郁。这是因为运动释放内源性化学物质，如内啡肽和多巴胺，有助于提升心理健康水平，促进良好的心理平衡。再次，经常参加体育活动有助于学生的相互合作，形成良好和谐的人际关系。学校的田径、羽毛球、啦啦操、游泳、乒乓球等团队运动提供了与他人建立联系和合作的机会，通过参与团队运动或集体锻炼，个体之间可以建立友谊，促进社交互动，身心乐群阳光，拥有健康的学习和生活方式。因此，乐群大体育课程不仅仅是教育和引导学生运动的手段，更是促进学生养成良好生活方式的重要工具，为学生提供了全面的身体、心理和社交健康益处。

群众路小学贯彻新课标精神建构大体育课程体系，系统整理国家、地方、学校课程中“体育与健康”选项需求的课程资源，并依此确定“体育与健康”课程的理念、目标、内容、学习方式、课程评价等。学校通过学、练、赛一体化设计增强学生体魄，注重体育课程的趣味性，关注学生的体育核心素养提升、身心美和谐发展，最终达到学生乐群的目的。

一是学生“乐学”。在动感十足的节拍中，学生们伴随着欢快的音乐舞动，每一次漂亮的旋转、整齐的挥臂，都在汗水中释放他们内心的激情，舒缓他们紧张的情绪。为了激励学生积极参与，学校精心准备了一系列小奖品，如时尚的运动手环、可爱的冰箱贴、篮球、乒乓球拍等。这些奖励不仅是对学生勇于展现自我、挑战自我、不断进步的认可，而且让他们在大课间课堂活动中不断收获新鲜感、获得感和成就感，真正领略到体育活动带来的无尽乐趣。

二是教师“乐教”。在专家团队的引领和专业教练的悉心指导下，通过对校本研究的深入探索，教师团队得到了充分的培养和锻炼，大家在教学的道路上收获着成长的喜悦。教师们不仅提升了自身的教学水平，还在与学生互动中体会到了教育的乐趣和价值。

三是家长“乐练”。学校乐群大体育课程还设计了适合亲子参与的“嘉年华”运动。该运动项目成为拉近家长与孩子距离的桥梁，让家长与孩子的共同话题增多，家庭氛围也因此变得更加融洽。该运动项目不仅为学子提供了身心健康发展的阳光空间，还成为带动整个家庭乃至社区一起健康成长的重要纽带。家长们在陪伴孩子运动的过程中，不仅感受到了运动的乐趣，也增进了与孩子的情感交流，共同营造了一个健康、和谐的家庭环境。

学生的乐学，反映了他们对运动的热爱，让学校成为一个充满活力的乐园。而教师的乐教，更是为这片乐园注入了源源不断的活力。他们用心教学，用爱育人，不仅传授体育技能和健康知识还在无形中点燃了学生对运动的热情。在这样的环境下，师生们在学校共同营造了一个热爱运动的校园生态。无论是课间的操场活动，还是课后的体育社团，都充满了欢声笑语和青春活力。学生们在运动中释放压力，在汗水中收获成长，真正实现了“得法于学校”的教育理念。

家长们也积极参与这个良性循环中来，他们受学校的体育氛围感染，为了给孩子树立了良好的榜样，与孩子们一起锻炼，一起享受运动带来的快乐，营造出一种积极向上的家庭氛围。这种氛围有助于孩子们健康成长，促进他们在日常生活中养成了健康的生活方式。家庭中的亲子锻炼，更是让这种健康的生活方式得以延续。家长和孩子们一起跑步、一起打球、一起参加各类体育活动，不仅增进了亲子关系，还让孩子们在家庭中也能感受到运动的魅力。这种“得益于家庭”的教育方式，无疑为学生的健康成长奠定了坚实的基础。

乐学、乐教、乐练三者相互促进，共同构建了一个良性循环的学校体育教育生态。在这个生态中，学生不仅学到了知识，还养成了健康的生活方式，为他们的未来发展奠定了坚实的基础。

三、养成良好的体育品德

单纯的体育锻炼能带来功利性效果，而学校的体育活动，教育性价值是首要原则，它要求学校体育的发展应当坚守教育本身的发展规律，还原体育的立德树人价值。群众路小学在增强学生体能与身体素质的基础上完成“健体”，在丰富和延展大体育课程中实现“育心”，并挖掘体育课程的规则意识、合作意识、竞争意识，形成体育品德，完成“立德”，做到育体、育心，达到以体育人的功效。学校各项教育教学活动坚持把立德树人作为根本任务，以大体育、大课堂、大健康为引领，形成教学大课堂、育人大课堂、活动大课堂，逐步形成教书育人、管理育人、服务育人的学校管理模式，实现大体育观与三全育人相递进，学习精神与体育精神相渗透，技能教学与思政课程相融合，自主学习与科学施教相结合。

具体而言，体育品德是指在体育运动中应当遵循的行为规范、体育伦理及应当形成的价值追求和精神风貌。几年来，乐群大体育课程对培养学生良好的体育品德起着重要的作用。

一是培养了团队协作精神。体育课程中有很多集体项目，如足球、篮球、排球等，这些项目需要学生之间相互协作、配合，共同努力、相互支持，共同完成比赛。这些集体项目的实践，既培养了学生的团队协作精神，也培养了解决问题和取得共同目标的能力，增强了学生的集体荣誉感和合作意识。

二是锤炼了意志品质。体育运动需要学生具备一定的耐力、毅力、勇气等意志品质。乐群大体育课程的锻炼，可以帮助学生克服困难、挑战自我，提高学生的意志品质和抗挫折能力。体育课程教导学生面对挑战时保持毅力，不论胜负，学生都能通过不懈努力和坚持实现个人或团队目标。

三是形成了规则意识和公平竞争的观念。众所周知，体育运动需要遵守一定的规则和纪律，如比赛规则、裁判规则等。乐群大体育课程的实践，培养了学生的规则意识和纪律观念，让学生懂得遵守规则、尊重裁判和对手的重要性。体育活动特别是竞技运动提供了一个公平竞争的平台，在乐群大体育赛事中，学生们理解了胜负乃常态，更加重视比赛过程中的公正和诚实。因为公平竞争，学生在体育活动中学会了理解和尊重对手，培养了包容和友善的态度。乐群大体育课程还在课后服务中引入体育单元，分田径、篮球、排球、羽毛球、乒乓球、击剑、啦啦操、少儿橄榄球等特色课程，不同年级的学生选择相适应的课程，教师指导学生学习体育技能、掌握体育健康知识，并不断丰富积累“学、练、赛”的经验，提高了学生的规则意识，引导学生正确看待输赢和竞争。

四是培植了正确的价值观和社会责任感。群众路小学重视通过体育赛事、体育文化等方面的教育，在大体育课程中渗透培养学生的社会主义核心价值观，包括爱国主义、集体主义、社会公德等良好的道德品质。学生通过参与大体育课程锻炼，培养了社会责任感和公民意识。学生也可以在参与体育活动的过程中了解社会对体育的需求和期望，认识到自己作为社会成员的责任和义务，从而增强社会责任感。

让体育成就教育，让体育启迪人生，让体育伴随一生，乐群大体育旨在帮助学生在体育锻炼中享受乐趣、增强体质、健全人格、锻炼意志、树立品德。正如中国教育科学研究院副院长于发友所说："要把体育精神的培育作为学校体育落实立德树人的重点任务。"他提醒我们，在关注体育运动对提高学生体质，解决"小胖墩""小眼镜"问题的同时，更要重视体育运动对学生体育精神、体育品德的培养。乐群大体育课程树立"健康第一"的教育理念，深化了体教融合，推动学生文化学习和体育锻炼协调发展，在树立正确的价值观、培养团队协作精神、锻炼意志品质、培养规则意识和增强社会责任感等方面帮助学生养成了良好的体育品德，为未来的发展奠定了良好的基础，为培养德智体美劳全面发展的社会主义建设者和接班人贡献了体育和教育共同的力量。

第三节 乐群大体育课程的建构与实施

在体教融合的背景下，越来越多的学校重视体育课程，努力保障体育课教学训练活动的开展，促进学生综合体质的提升，以及健康向上、自信阳光人格的形成。在此背景下，各校深刻领会国家课程政策精神，精准把握上级教育行政部门要求，结合本校办学定位、教学实践和学生发展需求进行校本调适，从而对学校课程作出顶层设计，并付诸实践。群众路小学是福州市乒乓球、羽毛球、篮球等传统名校，有深厚的体育运动底蕴，乐群大体育便积淀于学校广泛持续开展的"阳光体育"。群众路小学地处闹市区，场地不大，但学校合理规划场地，扎扎实实地把阳光体育锻炼坚持了下来。在学校大课间时间，同学们到操场上做校本操、广播操，各年段还因地制宜地开展跳绳、踢毽子、打羽毛球等活动。阳光体育可谓塑造了学校师生的幸福生态。2015 年适逢学校 30 周年校庆，《福州日报》

题为《福州市群众路小学为师生共生发展刻下幸福的年轮》的大型报道，引起学校师生和家长的广泛共鸣，学校大体育的雏形开始萌芽、生长。2018 年学校开展课后体育服务被《福州晚报》关注，并做了《福州市群众路小学“四点三十课后运动班”开课》专题报道，总结了体教融合的有益经验，更加坚定了学校开展大体育教学改革的信心。为进一步深化体育课程建设，2018 年年底，基于调查分析，在全体学生中开展了一系列大课间操试练工作后，学校正式确立并加强了乐群大体育课程的系统性建构和顶层设计。

一、学校乐群大体育课程的基本规划

1. 乐群大体育课程的总体目标

课程的总体目标是，让“体育即生活”“健康第一”融入师生的生活理念，以培养阳光自信健康的“乐群少年”为宗旨，以养成学生终身体育的能力为目标，进一步优化体育工作管理，丰富体育活动内涵，提升体育工作品位，让体育心智、体育文化、体育校园、体育生活成为群众路小学师生生活实质和内涵的具体体现，为师生养成终身进行体育锻炼的习惯奠定基础，形成较鲜明的体育办学特色。

为此，更具体的目标如下：

（1）扎实开展每天一小时校园综合体能活动，让体能训练活动成为学生体育运动常态，形成大课间活动特色；

（2）全面推广普及乒乓球、羽毛球和篮球运动，创建乒乓球、羽毛球、篮球和击剑特色项目，在师生中普及，积极参加各区、市组织的竞赛，争取获得省市奖牌；

（3）推进乒乓球竞技运动，力争创建省市项目学校；

（4）个别项目争取向专业运动队输送若干名队员。

2. 乐群大体育体能训练的基本要求

要求如下：

（1）每人均有一项感兴趣或爱好的体育项目。全校教师与学生都能根据自己的体质或兴趣爱好，选择、参与至少一项的体育运动项目。

（2）每天保证一个小时的体育锻炼时间。每次把 50 米（或者 100 米）跑作为必备项目，长期进行锻炼。师生在坚持中锻炼身体，增强体质。

（3）六年级学生必须达到《全国游泳锻炼等级标准》四级，即不限泳姿，连续游 50 米。

（4）师生共同制定适宜的班级体育锻炼计划，并监督执行。

（5）学校根据实际情况，各班每周安排 2—3 次体育课外活动并列入课表，让“黑、瘦、硬”成为学生的基本体形特征。未经教务处允许任何人不得随意占用学生课外活动时间。

3. 乐群大体育三个学段训练重点

（1）低年级

低年级以跳绳、踢毽子为重点。掌握跳绳和踢毽子的方法，学会左右脚内侧踢、侧踢、左右脚交换踢等。培养学生身体协调能力、动脚动脑能力，强身健体，陶冶情操。

（2）中年级

提升乒乓球、羽毛球基本技术，必须进行科学的训练，并加强科学研究。坚持在所有年级中开设活动课教学，逐步列入校本课程，并进行三个方面的探求：开设乒乓球、羽毛球课的可行性研究，进行场地、器材改革的研究；乒乓球、羽毛球教学方法改革的探索；在乒乓球、羽毛球基本技术考核中进行评分方法改革的探索。

（3）高年级

汲取击剑的精髓，逐步形成彰显学校击剑特色和击剑育人品位的校园文化；在学科教学中渗透击剑的教育思想、理念；利用多种手段，围绕击剑特色校创建开展系列配套活动；积极创建形式多样的篮球主题活动，举办一些小型多样的运动竞赛；推行体育俱乐部形式，开发学校特色资源，建设校本课程及特色课程，为体育特色学校的创建提供条件。

4. 乐群大体育体能训练的主要内容

（1）加强各类体育项目训练

引进校外专业体育教练，充分利用早晨、下午、大课间及体育课开展综合体能、乒乓球、跳绳等训练。

（2）大力开展体育社团活动

努力形成全校上下人人支持体育、人人参与体育运动的良好氛围，形成工作机制。分层进行体育项目的训练和选拔。学校选拔学生成立甲级、乙级、丙级项目团队，甲级主要是选送专业运动队培养苗子。

（3）学会游泳

学校对六年级学生的游泳现状进行统计，在家长配合下，与相关游泳俱乐部建立长期的合作关系，建立游泳训练基地，使学生能尽快学会游泳。

（4）教师以身作则

成立教师项目运动队，定期训练，积极参加各级比赛。

(5) 加强体育课程和体育文化建设

制定好体育教学计划和课时计划，按照课程标准开设体育课。丰富大课间，改进学校课间操，优化课间操的形式、内容，形成具有特色的大课间活动。开发乒乓球或综合体能训练校本课程，规定1—6年级每周开设一节乒乓球课，每月一次羽毛球课，5—7月每月一次游泳课，努力形成形式多样、方法灵活、以活动为主的课堂教学模式，在教学中注重体育文化的传授，培养体育课程的情感、态度和价值观。

(6) 以赛促练，提升竞技水平

3—6年级各班成立特色项目运动队，建设常态化竞赛机制，定期开展年级联赛，每班各学期比赛场次不少于10场。

(7) 校园体育环境建设

加强校园乒乓球、羽毛球、篮球和击剑等项目文化环境的营造，通过橱窗、板报、墙画、标语、宣传栏、校园广播站、新媒体等宣传阵地，将特有的无形之精神文化与有形之物有机结合，发挥潜移默化的育人功能。

二、乐群大体育课程的实施历程

明确了基本规划后，项目组着手分阶段实施乐群大体育课程。

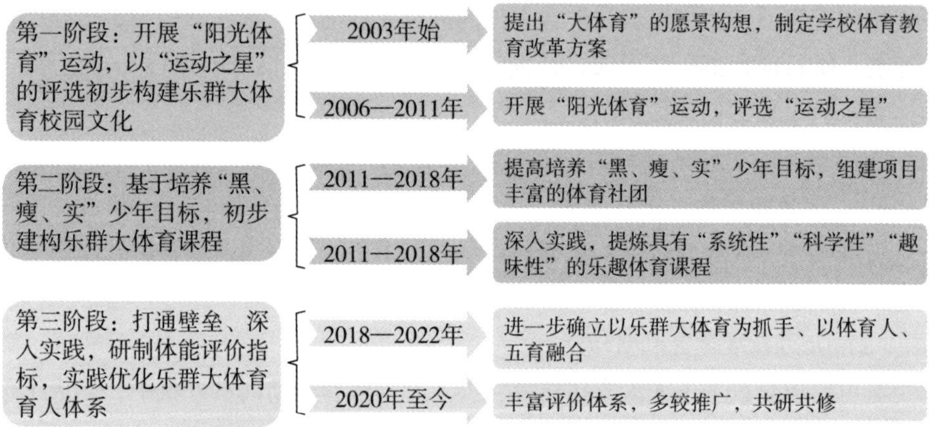

图 1-1　乐群大体育课程实施历程

2003年，本校从促进学生养成体育锻炼的良好习惯开始，以培养“黑、瘦、实”少年为基本目标，进行了为期20年的乐群大体育育人体系建构研究，可将其分为“三阶段六进阶”。

1. 第一阶段（2003—2011年）

本阶段，群众路小学开展“阳光体育”运动，以“运动之星”的评选初步构建乐群大体育校园文化。

吕榕麟任群众路小学校长以来，秉承“共生发展、和谐致臻”的办学理念，尝试在周末艺术学校开设体育类课外活动。2003 年起，学校出台“成长杯”评奖方案，“运动之星”的评选于每学年期初制定成长计划，学年末申报。2004 年，学校确定校训“立德、乐群、敏学、健体”，基于“拥有健康的身体才能拥抱幸福的人生”理念，提出“大体育”的愿景构想，引导教师学习大体育观，制定学校体育教育改革方案。2006 年，学校出版“群星成长屋”校本教材之一的《少儿形体》。2007 年，根据国家《关于加强体育增强体质的意见》文件要求，学校研究特色体育形式。2008 年，学校与“全国第二届亿万学生阳光体育”活动相呼应，提倡冬季长跑训练，坚持至今；出台《制度建设与管理实务》一书，将乐群大体育的相关工作以制度的形式予以规范。2010 年，根据校歌设计富有校园特色的校本操，研究适合小学生的多彩有趣大课间运动课程，保证每个学生每天有 1 小时以上体育活动时间，引导学生走向操场、走进大自然、走到阳光下，积极参加体育锻炼。

期间，吕榕麟校长赴海内外及全国各省市参加校长论坛、开展教育讲座，将学校的办学理念及针对如何推动学校乐群大体育课程向更高质量发展的做法予以宣传推广。

2. 第二阶段（2011—2018 年）

本阶段，群众路小学基于培养“黑、瘦、实”少年目标，初步建构乐群大体育课程。

2011 年 3 月，中共中央政治局常委李长春同志莅临学校视察服务“城市少年宫”运行的“数字青少年宫”平台使用情况，肯定我校开展“城市少年宫”丰富多彩的体育活动。为此，本校更坚定“立德乐群，敏学健体”“以体育人”的育人目标，统筹整合体育课堂教学、“体育大课间”“家庭运动”“课后服务”，家校社协同建构乐群大体育课程。学校深入梳理了阳光晨练、体育课、田径运动会、趣味运动会等活动的实践经验，提出培养“黑、瘦、实”少年目标，组建了校乒乓球、田径、游泳、击剑以及啦啦操等项目的社团。师生走进周边社区参加娱乐性体育健身活动，与小区居民共同举办趣味性体育活动，构建学校体育和文化健康的生态圈。

2013 年，学校“群星成长屋”校本教材增加《有趣的民间体育活动》。2015 年，学校根据乒乓球律动姿势设计乒乓球操，沿用至今。2015 年 5 月，福建省委常委福州市委书记杨岳到校同师生一起参加了“红领巾迎青运”庆祝六一主题活动。该阶段，学校体育运动快闪活动得到了广泛赞誉。

3. 第三阶段（2018 年至今）

本阶段，群众路小学打通壁垒、深入实践，研制体能评价指标，实践优化乐群大体育育人体系。

2018 年，学校进一步确立以乐群大体育为抓手，以体育人，五育融合。以《小学体育课堂体验性教学的行动研究》《加强乒乓球传统学校建设的实践与研究》课题为抓手，研究制定《“养正健体善学”福州市群众路小学特色学校建设规划纲要》《特色学校建设校本课程实施方案》《特色学校建设校本教材编写建议》等。着力打通体育课与大课间体能课之间的壁垒，学生大课间开始进行有针对性的体适能锻炼，并将大课间与课后服务时段的时间合并，组成乐群大体育课程。同时，学校与“福小子”青训平台联合举办“欢乐亲子嘉年华”活动。至此，每隔一年，学校结合体育节常态开展活动。2018 年 10 月，呼应“课后服务如何破题”的社会问题，学校率先创设“四点半体育课堂”，开设 12 项体育类课程，深受学生喜爱。

图 1–2　“四点半体育课堂”活动

2020 年开始，项目组以《基于体质健康管理的小学大课间体锻课程的开发与实践研究》《基于核心素养下小学大课间活动的优化与创新研究》等课题为引领，根据学生身体素质发育规律，创编并不断迭代大课间体能训练教材《体能训练小课堂》，逐步形成 30 分钟特色训练模块；设计“无接触式眼保健操”、“室内操”、亲子互动运动、疫情“云打卡”锻炼形式等，开设全校性晚体锻活动，聘请专业体能教练为全校学生现场指导，深受学生与家长的喜爱。

同时，研制建立学生大体育健康成长性评价体系，确立校本体能评价常模。对晨练、大课间团队与田径队训练选择、手环检测学生心率、电子表单设计和课后晚辅等五个方面进行制度化规定；制定《群小体质健康管理制度》，建立奖励细则，设计运动手环、冰箱贴等学生喜爱的物品作为奖品，以班级为单位，集满一定数量的手环或冰箱贴兑换一件班级运动小器材；制定《家庭运动管理细则》《体能测试个人表单》《运动处方》推送给家长，并制作“家庭运动达人卡”，帮助学生记录每日与家人共同运动的情况。

期间，内蒙古鄂尔多斯市鄂托克前旗第一小学、上海徐汇区光启小学、江苏省泰兴师范附属小学国庆分校等学校相继前来参观、学习，《中国教育报》和“学习强国”福州平台等相继给予报道。

经过数年的体育锻炼课程研究与实践探索，群众路小学学生的体质、体能大幅度提升。在福州市第59届中小学生运动会中，群众路小学学生在田径、羽毛球、啦啦操、游泳、乒乓球等项目比赛中获得优异成绩。基于此，群众路小学依托《学生体质健康发展性评价体系》作为学生体质健康监测与评价工具，形成了“调查—分析诊断—设计课程—实践课程—改进完善课程—反馈评价—全面推广应用”的研究闭环（见图1-3）。

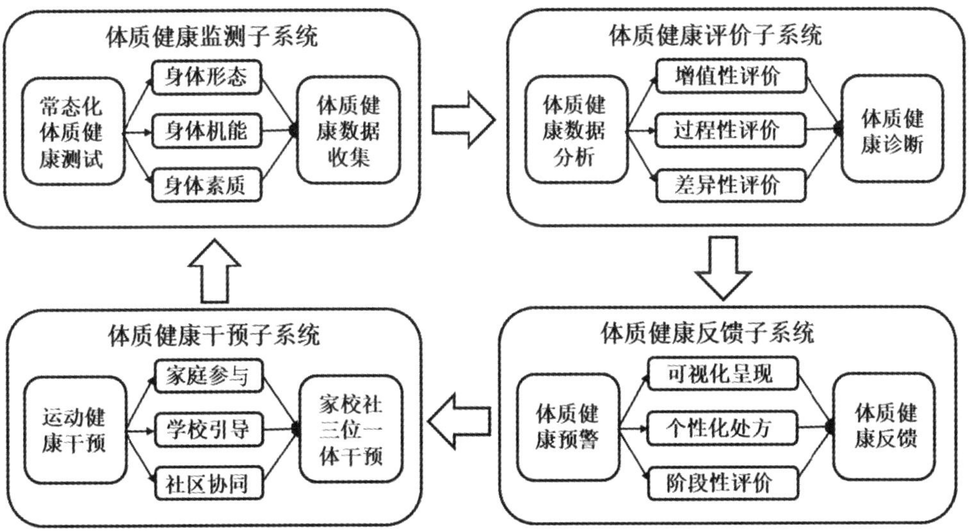

图1-3　乐群体能课程整体应用模式

多年来，基于体教结合的大格局、大视野，群众路小学开发相应的体育课程，在体育教学、体能训练和课外锻炼中采用多样化、趣味性的教学方式，有效地激发学生的学习兴趣和创造力。学校根据课程目标和实施情况，制定体育文化特色评价指标体系，不断改进和完善体育课程体系；注重学生的个性化需求和体验，强调健康生活理念，引导学生养成良好的运动习惯和生活方式，促进身心健康发展。通过不断探索和实践，学生、教师、家长对体育的态度发生积极性转变，师生强化了对学校体育文化的认同感，并自觉成为体育文化特色的建设者和传承者，学校体育特色的校园文化品牌凸显，乐群大体育成为群众路小学具有鲜明个性和广泛影响力的校园文化名片。

第二章　乐群大体育的课程内容

乐群大体育的理论架构包括新课标基本依据、教学指导思想和相应的教学内容体系，概括起来就是：聚焦核心素养，贯穿以体育人主线，以体能训练为抓手，构建“三大特色”体育课堂，打造“三全评价”体系，旨在提高学生身体素质、促进学生养成健康生活方式和培养学生体育品德。

第一节　乐群大体育课程聚焦核心素养

乐群大体育课程是基于国家课程基础上自主开发的课程，是以满足学生需要和体现学校办学理念为目的，按一定程序开发的供学生选择的校本课程。它是学校文化内涵最为丰富的组成部分，强调尊重和满足学生的差异性特点和多样化需求，继承学校传统并参照学校的发展走向。在课程实施过程中，需要与国家课程协同，落实国家教育方针，共同聚焦发展学生核心素养。

一、乐群大体育落实核心素养发展要求

新课标以落实立德树人根本任务和“健康第一”的教育理念，促进学生身心健康发展为宗旨，提炼了运动能力、健康行为和体育品德作为体育与健康课程要培养的学生核心素养的三个方面。运动能力是指学生在参与体育运动过程中所表现出来的综合能力，健康行为是指增进身心健康和积极适应外部环境的综合表现，体育品德是指在体育运动中应当遵循的行为规范、体育伦理和应当形成的价值追求、精神风貌。乐群大体育课程的设计与实施，始终立足于新课标，并紧密围绕核心素养这一核心目标来展开教学活动。该课程注重培养学生的体育素养与健康意识，使他们在多样化的运动实践中全面发展。课程中的三个重要方面相互关联、互为影响，在解决实际问题的过程中，它们共同发挥作用，促进学生的整

体成长。通过乐群大体育课程的学习，学生不仅能够掌握基本的运动技能，而且能在实践中提升自我、完善人格，实现全面发展。从宏观角度来看，学科核心素养是学生通过学科学习所需的基本技能、能力和知识，也是学生使用科学方法判断和解决学科问题的能力。从微观角度看，学科核心素养是从属于特定学科的，学生通过学习学科基本知识和技能，并得到逐渐发展。近年来学校认真贯彻执行新课标，建构大体育课程体系，邀请了福建省、福州市教科所和北京师范大学的专家团队对教师团队做引领，解读课程标准，搭建课程框架。学校贯彻“体育精神引领健康人生”的理念，开发课程资源的总体目标是创建满足国家课程、地方课程、学校课程中“体育与健康”选项需求的课程资源，并依此来确定“体育与健康”课程的理念、目标、内容、学习方式、课程评价等（如图 2-1）。

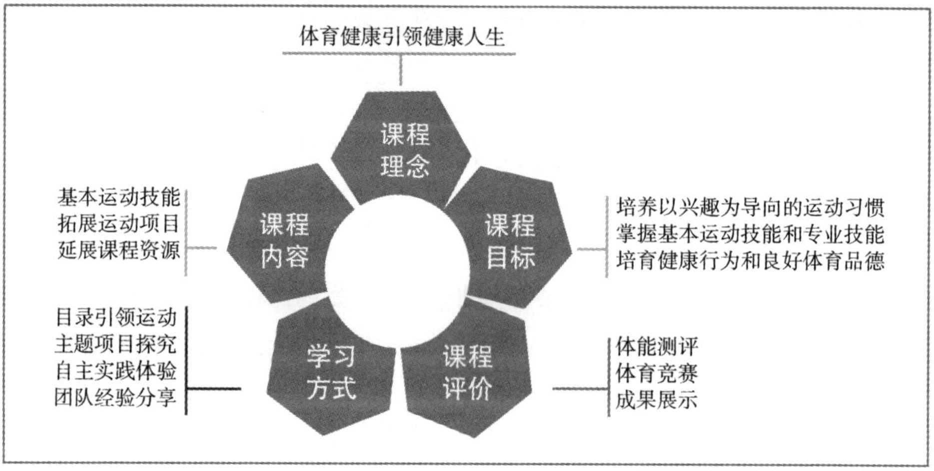

图 2-1　乐群大体育课程教学大课堂开发模型

乐群大体育课程以培养学生的核心素养为基石，精心制定并细化了学习目标。这些目标不仅符合课程标准，还充分考虑了学生的个体差异和发展需求。为实现这些目标，学校设定了不同层次的内容要求和学业标准，同时设计了丰富多样的教学活动和真实情境。在教学过程中，倡导多样化的教学方式，既有教师的专业指导，又注重学生的自主性、合作性和探究性学习。这种教学模式旨在激发学生的运动兴趣，培养他们的主动学习意识，并提升他们分析和解决问题的能力。学校特别注重生活应用情境和真实运动情境的创设，让学生能够在真实的情境中运用所学的知识和技能解决实际问题。这种结构化的教学方法，旨在让学生更好地理解和应用体育知识，提升他们的综合能力和素养。主要表现为：学校通过“学、练、赛”一体化设计增强学生体魄，关注学生的体育核心素养提升，着力避免让单调陈旧的运动技能成为教学重心，做到以体育人，以体育心，身心美和谐发展，最终达到学生乐群的根本目的。

1. 明晰课程目标

新课标阐明了体育与健康课程要培养的学生核心素养的内涵，在此基础上提出课程目标：掌握与运用体能和运动技能，提高运动能力；学会运用健康与安全的知识和技能，形成健康的生活方式；积极参与体育活动，养成良好的体育品德。这三点分别对应体育与健康课程要培养的学生核心素养的三个方面，充分体现了课程“健身育人”的本质特征。

2. 设置课程内容

在遵循“目标引领内容”的原则下，新课标为体育与健康课程的内容设置注入了新的活力。它不再仅仅依据运动技能的形成规律和体育与健康教学规律，而是将学生的生长发育特点、体质状况、运动基础、兴趣和需求等因素也纳入考量范围，确保了教学内容选择的针对性和有效性。这一创新举措不仅夯实了义务教育阶段教学的基础性、多样性和系统性，还充分发挥了不同运动项目的育人功能，引导学生通过体验不同运动项目的魅力，掌握专项运动技能。

具体而言，针对水平 1 的学生，学校专门设置了基本运动技能的课程内容，为他们未来的体能和专项运动技能学习打下坚实的基础。随着学生年龄的增长和技能水平的提升，学校为不同水平的学生分别设置了体能和专项运动技能的课程内容。这样的设计不仅为学生提供了丰富的运动体验，满足了他们多样化的运动需求，还确保了他们能够掌握 1—2 项专项运动技能。

此外，群众路小学根据学生的身心发展规律，对健康教育内容进行了整体设计。针对水平 1、水平 2、水平 3（分别对应低、中、高年级）的学生，侧重于教授他们基础的卫生习惯、营养膳食、合理作息、视力保护、安全意识等内容，旨在帮助他们逐步建立起健康与安全的认知、意识和行为。这样的课程设计既符合学生的认知发展规律，又能有效地促进学生的身心健康发展。

3. 创设真实情境教学

为了更好地落实新课标，学校着重强调教师在制定和细化学习目标时，应结合实际情况，紧密围绕体育与健康课程所要求培养的学生核心素养来展开。这意味着，教师在设计乐群大体育的课程教学活动和情境时，需要充分考虑学生的个体差异、兴趣爱好以及实际需求，确保教学内容既符合新课程标准，又能有效激发学生的学习兴趣和主动性。

为了实现这一目标，乐群大体育课程倡导多样化的教学方式，将教师的专业指导与学生的自主、合作和探究学习紧密结合。这种教学模式旨在培养学生的运动兴趣，增强他们的主动学习和练习意识提升他们分析问题和解决问题的能力。

应该说，在乐群大体育的课程实施过程中，群众路小学特别注重生活应用情境和真实运动情境的创设。通过设置“亲子嘉年华”“运动手环争霸赛”等运动项目，学生可以更好地将所学的结构化、跨学科知识应用于实际运动中，从而解决真实世界中的复杂问题。这种情境化的教学方法不仅有助于提升学生的运动技能，还能培养他们的跨学科思维能力和创新精神。其中，“运动手环争霸赛”重在探求研究体育与健康学科与其他学科的知识交叉点，建立“跨”与“融”的桥梁，通过融合其他学科的知识特点和技能解决真实情境中的复杂问题；运用信息化教育技术和手段，提高课堂教学效果，培养学生的信息化意识和能力。

4. 发挥课程评价作用

课程评价不仅是对学生学习成果的检验，更是促进学生持续进步的重要手段。在乐群大体育课程中，学校紧密参照新课标中的“学科核心素养水平”以及各阶段的“学业质量水平”，确保课程评价的科学性和有效性。乐群大体育课程评价不仅关注学生的运动技能掌握情况，而且重视他们在课外体育活动中所展现的锻炼习惯、身心愉悦程度以及通过运动训练与竞赛所提升的运动技能水平和竞技能力。这样的评价理念旨在培养学生的综合素质，使他们在体育与健康课程中全面发展。

在乐群大体育课程实施中，为了使学生能够及时了解自己的表现并获得反馈，学校鼓励教师采用简明的语言或示范的方式，及时为学生提供即时反馈。这不仅帮助学生认识到自己的问题所在，还能为他们提供改进的建议和方向，促使他们不断进步。

此外，学校项目组依托《学生体质健康发展性评价体系》作为学生体质健康监测与评价工具，形成了调查、诊断、改进、反馈、再诊断的发展性评价模式。这一模式不仅关注学生的体质健康水平，还注重他们的发展潜力和进步空间。通过定期的评价和反馈，项目组能够及时调整教学策略，确保学生在体育与健康课程中的学习效果达到最佳。

扎实的大体育课程学习和长期系统的体能训练，大大促进了学生身体素质的发展，群众路小学学生在国家体质健康测评中的总体水平逐渐优于周边学校（参见第八章）。这不仅是对学生个人努力的肯定，也是对乐群大体育课程教学效果的最好证明。学校正积极为学生提供更优质的教学资源和评价体系，助力他们在体育与健康领域取得更大的进步。

二、乐群大体育贯穿“以体育人”主线

以体育人是深化我国义务教育阶段体育与健康课程改革的要求。体育锻炼不仅能够增强人的身体健康，而且能磨炼意志，提高抗挫折能力，培养自信心，陶冶美的性情，增强适应社会的能力，实现生理、心理、社会交往的三重健康。自从我国近代引入新式教育以来，体育的育人价值就被人们逐渐认识。蔡元培先生曾提出了“完全人格，首在体育”的教育主张，这是对体育与养成健全人格关系的鲜明表述。毛泽东同志指出体育的功能“强筋骨、增知识、调感情、强意志”，则是从人格的塑造和人的全面发展的角度来看待体育的。在当前，人们更加深化了对体育育人价值的认识，更加丰富了以体育人的内涵和外延。正如习近平总书记强调的，体育是提高人民健康水平的重要途径，是满足人民群众对美好生活向往、促进人的全面发展的重要手段，是促进经济社会发展的重要动力，是展示国家文化软实力的重要平台。

就学校体育来说，体育的核心是人格的健全。参加体育运动不仅有助于培养学生勇敢顽强、吃苦耐劳的精神，灵活反应、机智多谋的作风，顾全大局、团结协作的品质，胜不骄、败不馁的意志，还能改善学生的情绪，如当学生课业压力沉重、心情郁闷时去运动一下，能有效宣泄情绪、平复心情。因此，体育在育人方面具有极为重要的价值。

然而，当前不少学校流行“学校体育只是体育课的事”“体育无非就是跑跑练练、做做课间操”“体育竞赛只是少数有运动天赋的人的事”这一类对体育的认识极为褊狭的观念。

为了全面转变“学科中心观”“技术中心观”和“体育天赋观”等局限性观念，新课标着重强调体育与健康课程在育人方面的核心作用。教师不再仅仅局限于单一地传授体育与健康知识和技能，而是将这一过程升华为核心素养的培养过程。这意味着，教师需要运用多样化的教学手段和方法，让学生在掌握体育与健康知识和技能的同时，真正激发运动兴趣，教会他们如何有效地学习和运用这些知识和技能。

通过这样的转变，学生不仅能够体验到运动的乐趣，而且能树立积极的学习态度，养成良好的锻炼习惯和健康的生活方式。通过乐群大体育课程的学习，学生能够形成积极进取、乐观开朗的生活态度，全面提升他们的综合素质和未来发展潜力。这一基于大体育指导思想的改革，不仅是对传统体育教学观念的深刻反思，而且是对体育与健康课程育人功能的全新认识和发挥。通过这样的努力，乐

群大体育课程带给孩子的不只是“体育”，而是为学生的全面发展和终身幸福培养习惯、奠定基础。

这种超越狭隘的体育观的认识，来源于群众路小学团队对体育哲学的洞察。从体育哲学来说，以体育人是超越功利性的思维，在价值上弥合育智与育体的二元分化，实现人的过程性关系。以体育人就是通过身体的实践活动来实现对人的外在形态和内在精神的适应性塑造。在实践维度，回归以实践为中心的社会性关系总体，回归身心一元的育人思维。因此，体育本身除了强身健体，也在塑造认知、精神、生命。

以体育人是社会发展下人们对体育教育认知的观念水平跃升的必然要求。在当下，人们希望通过摒弃物化的人和身体，实现人的自由全面发展。以体育人，其核心是“以体育精神铸魂、以体育文化育人”，充分发挥体育文化所蕴含的育德、育智（技）、育体、育美、育心的功能和价值，促进学生全面发展。

群众路小学的乐群大体育课程，以“以体育人”主线，从纵向看，既融入学校的体育课程中，也贯穿于大课间体育和课外体育中；从横向看，既包括培育全体学生全面发展，也包括对全校教职工乃至学生家长的体育意识和行动培育。

1. 纵向各环节的贯彻

（1）体育课堂教学

体育课堂是培养学生体育精神的重要场所，是“以体育人”的主渠道。群众路小学体育组教师在体育课堂上注重培养学生的毅力，让他们明白在面对困难和挑战时需要有坚持不懈的精神。通过组织长跑、耐力训练等形式，学生在训练中体验毅力的力量和重要性。在体育课堂上，教师注重团队合作，通过组织团体比赛、团体活动等形式，让学生感受到团队合作的力量和重要性。每次课上，都会留出一部分时间组织各种比赛和竞赛活动，让学生在比赛中体验竞争的激烈和规则的重要性，培养学生的竞争意识，理解竞争是体育比赛的重要组成部分；培养学生的自律精神，让他们明白规则和纪律的重要性。教师还通过制定课堂纪律、规范学生的行为等形式，培养学生的自律意识和自我管理能力。

（2）大课间体育锻炼

大课间活动是群众路小学体育活动的重要组成部分，以“以体育人”思想主线，为更好地发挥大课间活动的体育育人价值，根据学生的年龄、性别、身体状况和兴趣等因素，设计多样化、有趣的体育活动，吸引更多的学生参与。为了更好地实施，学校安排专业的体育教师或教练员，为学生提供专业的指导和帮助，确保活动的安全和有效性；加强对大课间活动的组织和管理，确保活动的有序进行和学生的安全；制定相应的规章制度和管理办法，规范学生的行为和活动秩序；通过宣传、展示等形式，营造良好的体育文化氛围，让学生感受到体育的魅力和价值，激发他们的参与热情和积极性；建立科学的评价机制，对大课间活动的效果进行评价和反馈，及时发现问题和不足，不断改进和提高活动的质量和效果。

群众路小学的大课间活动发挥着多方面的体育育人价值。首先，大课间活动提供了充足的运动时间，让学子有机会进行各种体育活动，如跑步、跳绳、球类运动等。这些运动不仅可以锻炼身体，提高身体素质，还可以帮助学生释放压力，增强自信心和纪律性。其次，大课间活动成为培养学生体育兴趣和特长的重要场所。通过乐群大体育设计的多样化的体育活动，学生找到自己感兴趣的体育项目，进而发展自己的特长。这不仅可以提高学生的运动技能和身体素质，还有利于培养学生的团队协作精神和集体荣誉感。此外，乐群大课间活动还发挥着调节学生身心的作用。在自编操及各种体能训练活动中，学生可以进行适当的运动，缓解学习带来的压力和紧张情绪，也可以通过与他人的互动和合作，增强人际交往能力和社会适应能力。

（3）课后体育活动

课后体育活动是学校贯彻大体育观，落实国家体育课程的重要补充和延伸，也是发挥“以体育人”价值的重要活动载体。群众路小学高度重视学生体育活动的开展，在课后服务上制定计划和方案，为课后体育的开展明确了活动的时间、地点、内容、参与对象和安全保障措施等，为活动的开展提供指导和支持；提供多样化的体育活动内容，包括球类运动、田径运动、游泳、武术、舞蹈等，以满足不同学生的兴趣和需求；学校体育俱乐部、社团安排专业的体育教师或教练员，为学生提供专业的指导和培训，积极开展各种形式的体育活动和比赛，让学生在参与中体验体育的乐趣和价值。

群众路小学高度重视课后体育活动。一是指导开展家庭亲子体育活动。近年来，学校主动加强与家长合作，开展家庭体育活动，每年秋季学期都鼓励家长和孩子一起参与“亲子嘉年华”体育活动，促进家庭亲子关系和孩子的健康成长。二是锤炼身体素质。群众路小学设计了丰富多彩的课后体育活动项目，把课后体育活动作为巩固体育技能，增强身体的耐力、力量和柔韧性等身体素质的重要载体。三是关注学生心理健康。学校坚持“以体育心”的信念，认为课后体育活动可以帮助学生释放压力，增强自信心和纪律性，同时也可以通过与他人的互动和合作，增强人际交往能力和社会适应能力。四是着力培养良好的通用性习惯。项目组认为，学生体育技能的练习或许是一时的，凝结在体育活动中的良好习惯却是受益终身的。课后体育活动可以帮助学生培养良好的习惯和态度，如坚持不懈、自律、团队合作等，这些习惯和态度可以影响学生的日常生活和学习。五是增强学科知识的应用能力。学校把体育作为跨学科融合的黏合剂，力求在课后体育活动帮助学生将所学的学科知识应用到实践中，加深对知识的理解和掌握程度，同时通过与其他学科的交叉融合，拓展学生的知识面。此外，学校还希望以课后体育活动丰富校园文化生活，为学生提供多样化的活动选择，促进学生的全面的、多元化的发展。

2. 横向各维度的贯穿

群众路小学开展乐群大体育以来，既重视对全体学生的体育教育，又注重对全校教职工和学生家长的教育和引领。以体育人，让教职工和家长共同参与到学校的体育活动中来，既可以与孩子们一起享受运动的乐趣和益处，又可以促进家庭与学校之间的联系和合作。学校刚开始搞大课间体育操练习，学生们练操热火朝天，教师们跟着做操，开始有些忸怩不安，后来放下矜持，和学生们一起开心地操练起来。渐渐地，教职工和家长深化了对体育教育的认识，纷纷加入学校开展的乐群大体育活动。学校体育组（含外聘教练）承担了学生体育团队的指导教师，为学生提供专业的指导和帮助，为学生树立榜样，激发他们的运动热情。同时，教师也参与学生社团或组织，与学生一起策划和组织体育活动，增进彼此的了解和信任。教师还积极参加学生的体育比赛，为学生加油助威，与学生一起分享胜利的喜悦和挫折的教育，增强彼此的情感交流。家长也是群众路小学的动员对象。新冠肺炎疫情期间，在学校的呼吁下，绝大部分学生家长参与了学生在家锻炼的视频打卡，有些家长甚至“停不下来”，从此保持了亲子运动的习惯。学校积极组织“亲子嘉年华”的体育活动，让家长和孩子一起参与其中，也有效地拉近了亲子距离，增进亲子关系，增强了家长和孩子的身体素质。

学校体育在整个教育体系中占有举足轻重的地位，它是立德树人任务得以落实、学生综合素质得以提升的基础工程，也是推进教育现代化、建设教育强国和体育强国不可或缺的一环。更重要的是，学校体育为学生提供了一个锤炼意志、培养顽强拼搏精神的平台，使学生在运动中体验挑战与成长。群众路小学的乐群大体育课程深入贯彻新课标，牢牢把握立德树人的教育核心任务，并彰显了“健康第一”的教育理念。乐群大体育课程秉持循序渐进的原则，有计划、有目的地设计体育活动，有针对性地指导训练学生体能，将课外体育活动与课堂教学共同整合为一个完整的体育活动体系，致力于促进学生的身心健康、体魄强健，以实现学生的其全面发展，真正落实学校体育“以体育人”的崇高理念。

第二节　乐群大体育课程的三大特色

近年来，在大体育观的倡导下，我国中小学校纷纷开展大体育课程建设，其实施有四个主要特点。一是大体育课程更加注重全面素质的培养，注意将传统体育运动与现代健康理念相结合。例如，一些学校大体育课程拓展了传统运动项目，引入了健身操等现代健康运动，以更好地满足学生对综合性体育知识的需求。二是大体育课程注重培养学生的团队合作与沟通能力。这些课程通过组织团队项目和集体活动，促使学生树立团队协作的意识，提升沟通交流的技能，培养更广泛的社交能力。三是更加注重教学方法和评价方式的改进。不少学校采用项目式教学、小组合作等灵活多样的教学方法，提高学生的体育课堂参与度和学习兴趣。四是在学生综合素质的评价上，强调除运动技能外的软实力的培养。

在吸纳上述实践和研究成果的基础上，群众路小学乐群大体育体育课程不仅仅注重学生身体的锻炼，更深刻地融入了全人教育的理念，通过独特的设计和实施方式，为学生提供了更丰富、更多层次的学习体验，在宏观、中观、微观三个层面上形成了系统性特色结构，不仅使乐群大体育课程更加富有趣味性和实用性，而且为学生提供了更全面和个性化的体育教育体验。

一、宏观层面：构建乐群大体育课程体系

在宏观层面上，乐群大体育课程体系的设计注重多元化学科内容，以构建丰富而全面的知识体系。除了传统的体育运动，课程涵盖健康科学、心理学等多个领域，旨在培养学生全方位的体育素养。通过引入现代健身操、团队建设和体育营销等新颖内容，课程体系更贴近学生的兴趣，满足他们对多样化体育知识的需求，使大体育课程更具吸引力和实用性。

在教学方法方面，乐群大体育课程体系着眼于个性化教学。它采用灵活多样的教学方法，通过组织多样性的活动、比赛和项目，满足学生在体育方面的个性发展需求；引入项目式教学和小组合作学习等方法，促使学生在实践中培养团队协作能力，锻炼领导力。这种灵活性不仅关注整体班级的发展，而且关注每位学生的个体差异，使学生能够在学习过程中找到适合自己的体育兴趣和特长。

综合性评价体系是乐群大体育课程体系的又一大特色。它通过建立完善的评

价机制，全面考查学生在体育课程中的表现，不仅注重运动技能的提升，而且关注团队协作、领导力等软实力的培养。这种综合性评价体系不仅有助于学生全面发展，而且为教育者提供了更全面的数据支持，以便于更科学、有效地进行课程调整和优化。在乐群大体育课程体系中，宏观层面的设计强调全面性、个性化和科学性，旨在为学生提供更为丰富、实用的体育教育体验。

1. 体育课程（课内课程）

体育课程，即体育与健康课程。新课标指出："体育与健康课程是一门以身体练习为主要手段，以增进学生健康为主要目的的必修课程。"该课程具有实践、基础、健身和综合等特性，着重于学生在学习体育与健康的知识、技能和方法的同时，通过身体的练习和道德教育的渗透，来培养学生坚强的意志品质，并养成参加体育锻炼的良好生活习惯。体育课程不仅为了培养学生的身体素质，还为了促进学生全面发展。体育课程明确的综合发展目标，确保学生在体育课堂中得到全方位的发展。这些目标包括学生身体素质的提升、运动技能的培养、团队协作的能力、领导力的培养以及健康生活方式的养成。群众路小学秉承"体育精神引领健康人生"的理念，执行新课标，建构大体育课程体系。课程体系统整理国家、地方、学校课程中"体育与健康"选项需求的课程资源，并依此来确定体育与健康课程的理念、目标、内容、学习方式、课程评价等。群众路小学通过学、练、赛一体化设计增强学生体魄，关注学生的体育核心素养提升，身心美和谐发展，最终达到学生乐群的根本目的。

在个性化学习方面，乐群大体育课程需要充分考虑学生的个体差异，制定个性化的学习计划，使每个学生都能在适合自己特点的训练方案中找到学习的乐趣。强调运动技能的教学也是体育课程不可或缺的一部分。通过系统的技能培训，学生能够掌握运动的基本规则和技巧，提高在不同运动项目中的表现水平。

团队协作与领导力培养同样是体育课程的重要组成部分。通过团队运动项目和合作性活动，学生能够培养合作精神、沟通技巧和团队意识，为未来的社会交往奠定基础。同时，鼓励学生担任队长或领导小组，培养他们的领导力和组织协调能力，使他们在集体中发挥引领作用。

体育课程应当与健康生活教育相结合，帮助学生养成良好的生活习惯。通过健康生活的教育，学生可以了解到合理的饮食结构、规律作息和适度运动的重要性。这种健康教育的融入有助于学生更好地理解运动与健康的关系，形成健康的生活方式。

一个完善的体育课程，还需要建立科学的评价体系。评价不仅仅应该关注学生的运动水平，更应该考察他们的团队协作、领导力和身体素质的全面发展。通过这样综合而有序的体育课程设计与实施，学校将为学生提供一个促使他们全面成长的健康教育平台，使他们在未来更好地应对生活的各种挑战。

2. 大课间体育课程

大课间体育课程是群众路小学体育教育中的重要组成部分，旨在在繁重的学习任务中为学生提供短暂而愉快的休憩时间，希望通过体育活动促进学生身体健康和心理愉悦。在这个特殊的时间段内，为学生创造了一个充满活力和活跃氛围的空间，学生有机会参与各种活动。学校参照国家课程标准，着眼学生的兴趣激发和体能达标，对大课间活动的内容进行建构，设定明确的课程目标，实现大课间的教育价值，制定了一套循序渐进的培养体育锻炼习惯和提高运动能力的大课间课程方案。乐群大体育课程包含的大课间体育课程通过五个阶段建构：热身准备阶段、激趣导入阶段、运动参与阶段、放松整理阶段、静心专注阶段。学校制定多项管理细则，建立奖励机制，设计运动手环、冰箱贴等学生喜爱的奖品。学校还申报了福建省教科研课题，以课题研究为抓手，使乐群大体育课程内容更丰富、形式更多样、效果更突出、价值更凸显。

此外，大课间体育课程也被视为缓解学习压力、放松心理压力的有效途径。通过愉悦的音乐、酣畅的训练、各种形式的展示、游戏 PK 等活动，学生能够在紧张的学习氛围中得到短暂的缓解，提高心理健康水平。这种心理压力的释放，对于学生的学习效果和生活质量具有积极的影响。

团队合作与社交是大课间体育课程的其中一个重要方面。通过集体操练、小组游戏等团队性的活动，学生有机会培养团队协作精神、提高集体荣誉感，同时促进同学之间的交流和友谊。这样的社交体验有益于学生的人际关系建构，为他们的成长提供了重要支持。

在综合发展的体育教育理念下，大课间体育课程承担着更多的责任，充分利用短时的活动，是为了在学校日常生活中促进学生身体、心理和社交层面的全面发展。通过巧妙设计的大课间体育课程，学校为学生提供了一个健康、活跃和充满乐群精神的学习环境。

3. 课后体育课程（课外体育课程）

课后体育课程作为学生课外活动的重要组成部分，旨在通过更有针对性的训练和活动，进一步提升学生的体育水平，培养他们的特定兴趣爱好，并且延续白天体育课的效果。这个时间段，将为学生提供更加专业化、个性化的体育培训和锻炼机会。

（1）校内外一体化——家庭运动

为了增强学生的核心力量，家校形成合力，保证扎实有效地开展校外一小时锻炼。学校制定《福州市群众路小学家庭运动管理细则》，由学生自行设计制作“家庭运动达人卡”，记录每日与家人共同运动的过程，参与的家长完成运动项目后签字。每月班主任汇总交与学校德育处进行呈报“运动达人家庭”，优胜者获得奖励。教师在寒暑假期间及特殊时期利用网络平台推送运动资源，使学生在家有效地进行体育运动。

（2）“学、练、赛”一体化——课后服务

学校在课后服务中引入体育单元，分田径、篮球、排球、击剑、羽毛球、乒乓球、击剑、啦啦操、少儿橄榄球等特色课程。不同年级的学生选择相适应的课程，教师指导学生学习体育技能、掌握体育健康知识。坚持多年的社团对体育教学起到了明显的促进效果，积累“学、练、赛”的经验，提高了学生的规则意识，引导学生正确看待输赢和竞争。

专项技能培训是课后体育课程的一项关键特色。学生可以参与一些专业性较强的项目，如足球、篮球、游泳等，并接受专业教练的指导。这样的专项培训不仅有助于提高学生在特定领域的运动水平，而且有助于培养他们的团队协作精神和领导力。

此外，课后体育课程还通过丰富多样的活动，培养学生的兴趣爱好。如开设羽毛球、网球、瑜伽等多元化的运动班，学生可以在自己感兴趣的领域中深入学习，并享受运动带来的快乐。这样的体验不仅培养了学生的个人兴趣，还拓展了他们的运动视野。

除了专项技能和兴趣培养，课后体育课程还注重培养领导力和团队协作能力。通过组建运动团队或小组，学生有机会担任领导角色，学习组织协调团队活动，提高领导力和团队协作的能力。这样的经历不仅在体育领域有所收获，还为学生未来的社会交往和职业生涯奠定基础。

更重要的是，课后体育课程不仅关注学生运动技能的提升，还关注学生身心健康的全面发展。通过合理设计的体育活动，学生能够释放学习压力，提高免疫力，为他们的全面成长提供了良好的支持。这个时段的体育课程，既延伸了学生的学习和锻炼，也培养了学生积极的生活方式。

综合而言，课后体育课程在学生的个性发展、兴趣培养、领导力和团队协作能力等方面发挥着重要的作用。通过这个时间段的专业性培训和多元化活动，学校为学生提供了更丰富、更有深度的体育教育体验，为他们的未来打下了坚实的基础。

二、中观层面：以体能训练为大课程核心抓手

在乐群大体育课程中，多样性的体能训练方式是培养学生发展全面素质的关键，有氧运动、无氧运动、力量训练等多种形式相互交织，为学生提供了全方位的锻炼。有氧运动，如跑步、游泳等，强调对心肺功能的挑战，促使学生在持久运动中培养良好的呼吸和循环系统。无氧运动，例如高强度间歇训练，更专注于爆发力和瞬时能量释放，有助于提升肌肉力量和耐力。而力量训练，注重肌肉的发展和关节的稳定性，通过负重训练可提高学生的整体力量水平。

这种多样性不仅是为了满足不同学生的兴趣和需求，而且是为了在训练中获得综合效益。例如，通过交替进行有氧和无氧训练，可以使学生的心血管系统更好地适应各种负荷，提高整体的身体适应性；力量训练则有助于防止运动损伤，提高骨密度，为学生未来的终身运动打下坚实基础。

乐群大体育课程不仅强调多样性，还注重制定个性化的体能训练计划。每位学生的体质、兴趣、运动历史都不同，因此定制化的训练计划可以更好地满足个体需求。通过对学生进行身体素质测试和运动评估，制定出针对性的训练方案，不仅提高了训练的有效性，也减少了运动损伤的风险。

乐群大体育课程以体能训练为抓手，不仅注重身体素质的提升，而且培养了学生积极向上的体育精神。在训练过程中，学生面对各种挑战和困难时，需要发挥坚韧不拔的毅力。这样的锻炼不仅局限于体育场上，还渗透到学生的日常生活和学业中。

通过克服体能训练的困难，学生学会了战胜困难的勇气和毅力，这对于他们未来的发展至关重要。培养积极向上的体育精神，不仅使学生在体育活动中能够更好地挑战自我，还为他们树立了不怕困难、勇攀高峰的信心。

以体能训练为抓手的大体育课程特色，通过多样性的训练方式、个性化的训练计划以及培养积极向上的体育精神，为学生提供了更为丰富和有效的发展机会。这一特色不仅促进了学生身体素质的全面提升，还培养了他们具备团队协作、沟通技能以及终身运动观念的综合素养。通过这样的大体育课程，学生将在全面发展中迎来更为健康、积极的未来。

三、微观层面：聚焦七大板块的学习训练

在乐群大体育课程的微观层面，体能训练的关键性不可忽视。为了全面提升

学生的身体素质，七大板块的训练被视为一项关键而全面的举措。这些板块包括核心力量训练、灵敏训练和速度训练等，它们共同构成了对学生身体素质的全方位提升。

在微观层面的大体育课程中，乐群大体育聚焦于七大板块的学习训练是为了全面提升学生的体能水平。每一个板块都有其独特的训练内容，旨在促进学生在不同方面的身体素质发展。

1. 基础力量训练

乐群大体育基础力量是身体运动和表现的基础。它主要涉及身体的稳定性和移动能力，而这些都依赖于强壮的肌肉和骨骼。基础力量训练主要集中在腿部、臀部和核心部位的肌肉群，旨在提高这些区域的力量和稳定性。这对于维持良好的身体姿势、提高运动表现以及预防运动伤害都至关重要。通过各种基础力量训练，如高抬腿、半蹲小碎步等，学生能够增强腿部和臀部的肌肉力量，有助于改善身体姿势、提高运动表现。此外，基础力量的提升还能够增加身体的稳定性和平衡能力，预防运动伤害，提高身体的适应性和耐力。

因此，基础力量训练是乐群大体育任何运动和健身计划的重要组成部分，是一个不可或缺的环节。

2. 核心力量训练

乐群大体育核心力量是身体整体稳定性和力量的基石。核心力量训练主要集中在腹部、背部和臀部等核心部位的肌肉群，旨在提高这些区域的力量和稳定性。这不仅对于维持正确的姿势和身体平衡至关重要，还在各类体育运动中发挥着关键作用。通过各种核心力量训练，如波比跳、平板支撑、俯身 W 推肩等，学生能够增强腹部和腰背部的肌肉力量，有助于改善姿势，减轻腰椎负担。这对于日常生活中的健康和运动表现都有着显著的积极影响。此外，核心力量的提升还与预防运动伤害、提高运动效能密切相关。

3. 灵敏训练

乐群大体育灵敏训练注重的是身体对于刺激的迅速反应和精准控制，包括对于空间感知和身体协调性的提高。这一板块的训练往往包括敏捷性训练、平衡性训练和反应性训练等，旨在培养学生敏捷、机动和协调的能力。例如，通过快速变换方向的训练，学生能够提高对周围环境的感知和快速做出反应的能力。这对于许多体育项目，如篮球、足球等，都至关重要。平衡性训练则通过一系列的平衡动作，锻炼学生的身体协调性和平衡感，对于提高运动表现和预防意外摔倒具有显著效果。

4. 速度训练

乐群大体育速度训练旨在提高学生在短时间内完成动作的能力，包括起始速度、加速度和最高速度的训练。这对于许多体育项目，如短跑、游泳等，都是至关重要的因素。通过爆发力的提升，学生能够更迅速地启动并达到最高速度。这种训练不仅有助于提高运动员在比赛中的竞技水平，还对日常生活中需要迅速反应的场景有积极影响。速度训练的多样性使得学生能够在各种运动中找到最适合自己的训练方式，从而更好地发挥潜能。

5. 耐力训练

乐群大体育耐力训练在大体育课程中占据着重要的位置，涵盖了有氧耐力和无氧耐力两个方面。这一板块的训练旨在提高学生在持续运动中的表现，包括长时间的有氧运动和短时间的高强度无氧运动。有氧耐力训练主要通过长时间的、中低强度的有氧运动来实现，例如慢跑、游泳和骑行。这种训练可以有效提高学生的心肺功能，增加氧气输送到肌肉的效率，延长耐力表现。有氧耐力的提升对于学生在长时间运动中的持久力和心血管健康至关重要。无氧耐力训练注重的是在短时间内达到高强度的运动表现。这种训练形式包括高强度间歇训练、负重训练等，旨在提高肌肉的耐力和爆发力。无氧耐力的提升对于需要短时间内爆发力的体育项目，如短跑、举重等，具有显著的促进作用。

6. 爬行训练

乐群大体育爬行训练不仅注重身体的力量和灵活性，还强调全身肌肉的协同工作和核心稳定性的提高。爬行动作需要身体各部分的协同运动，涉及肩部、腰部、臀部等多个关键肌肉群，从而全面提升身体的力量。爬行时，身体需要保持平衡，强化了核心肌群的稳定性，这对于维持正确的姿势和减少腰背部的负担非常有帮助。爬行训练要求身体做出多样的移动，有助于提高身体的灵活性和协调性，对于运动员在各类体育项目中更为灵活地应对变化的场景具有积极意义。

训练中结合侧抬腿、登山者、曲臂侧点地等动作和不同难度，逐渐增加训练强度。这些动作既可以作为独立的体能训练项目，也可以融入整体的训练计划中，为学生提供全面而有趣的锻炼体验。

7. 营养膳食

乐群大体育营养膳食在学生身体素质的培养中同样至关重要。健康教育课介绍健康饮食的概念和重要性，让学生了解各类食物的营养价值和食物搭配的原则，从而帮助他们养成健康的饮食习惯，避免不良饮食导致的健康问题。良好的饮食习惯能够为学生提供足够的能量和所需的营养成分，促使体能训练更具效果。如：

提供能量：运动过程中消耗大量能量，合理的饮食能够提供足够的碳水化合物、蛋白质和脂肪，维持学生的体力需求。

促进恢复：训练后，身体需要进行恢复和修复。蛋白质的摄入有助于肌肉修复，碳水化合物则能迅速补充体能储备。

维持水分平衡：运动过程中，人体会大量流失水分。合理的饮水和膳食中的水分摄入能够维持水分平衡，提高运动表现。

均衡摄入：合理搭配碳水化合物、蛋白质、脂肪等各类营养素，确保全面满足身体各项需求。

膳食多样化：通过摄入多种食物，确保获取各类维生素、矿物质等微量元素，维持身体各系统的正常功能。

合理控制能量：根据体能训练的强度和时长，调整能量摄入，避免过度摄入或摄入不足。

以上较全面而科学的身体素质培养方案，不仅为了学生在参与体育活动时能获得更出色的表现，而且为了学生在整个学业生涯中能培养一种健康的生活方式。通过将体能训练与合理的营养膳食相结合，学生将在多个方面受益匪浅。

这一综合性的培养方案有助于提高学生的学习效率和专注力。研究表明，定期的体育锻炼和均衡的营养摄入有助于改善认知功能和提高学习动力。通过促进血液循环、增加氧气供应，这些训练和饮食措施有助于提高大脑的活力，使学生更加专注于学业。

这一综合培养方案对学生的身体健康和免疫系统有积极的影响。良好的体能训练不仅能够强化肌肉和骨骼，还能提高心肺功能，降低患病风险。结合合理的营养膳食，学生的免疫系统将得到增强，更能够应对各种外部压力和疾病。

这一综合培养方案还有助于培养学生的团队协作精神和社交技能。体育活动常常涉及团队合作，而灵敏训练等项目更是需要学生在团队中密切协作，通过共同参与这些训练，学生将培养出团队合作的精神，学会与他人有效沟通并相互支持。

更重要的是，这一综合培养方案有助于形成健康的生活态度和终身运动观念。学生通过这些训练不仅是为了迎接眼前的体育挑战，而且是在为未来的生活打下坚实的基础，这种积极向上的生活态度将伴随学生成长，并在日后的职业生涯和社会交往中发挥积极作用。

因此，学校通过在学生的日常生活中持续贯彻这七大板块，努力培养出更为全面、身心健康、阳光自信的学生，为学生终身发展奠定了坚实的基础。

第三节　乐群大体育课程的三全评价体系

在乐群大体育课程结构中，课程评价是重要一环，具有把握课程方向和调节教学活动的功能。“三全评价体系”构建了一种全面、多维度的评估框架，旨在深度剖析学生在体育学科中的综合表现。乐群大体育课程的这一评价体系的独特之处在于其涵盖了身体素质、心理素质和团队协作三个关键方面，为教育者提供了更全面、更具深度的学生评估手段。乐群大体育课程的三全评价体系旨在培养学生的多方面能力，推动学生全人发展。

一、评价是撬动乐群大体育课程的杠杆

在我国大体育课程实施领域，中小学校普遍重视课程评价体系的建设。对学生在体育课程中的表现进行全面而科学的评价，有助于教师更好地指导教学，提升教育质量。文献综述显示，我国一些学校的大体育课程采用了多元的评价方法。

首先，成绩评价作为传统的评价手段，主要侧重于体能和技能方面的量化数据，包括对学生在体育测试中的成绩进行评分。其次，课堂表现评价则更注重学生在课堂上的整体表现，包括参与度、团队协作和领导力等方面。再次，一些学校逐渐引入了更为全面的综合素质评价，考查学生在身体素质、协作能力、创新力等多个方面的表现。这些评价方式存在一些问题，过于注重成绩评价容易造成对学生个体差异的忽略，而传统的课堂表现评价可能受到主观因素的影响，难以客观公正；综合素质评价虽然更全面，但由于缺乏普遍共识和标准化操作方法，其实施仍面临一定困难。

乐群大体育在评价方面弥补了传统方法的不足，更强调全面性和主体性。在全面性评价方面，除了考查学生的技能和体能水平外，更注重培养学生的创造力、团队协作等软技能。这种全面性评价有助于更好地反映学生在不同方面的发展。与此同时，乐群大体育更强调主体性评价，即将学生视为主体，充分尊重其个性和发展轨迹。通过关注每个学生在课程中的个体表现，评价更具针对性，能够更好地满足不同学生的需求。总体而言，乐群大体育在评价方面的创新弥补了传统评价方法的不足，更全面地反映学生在体育课程中的综合素养，为学生的全

面发展提供了更有力的支持。

二、全过程评价

乐群大体育课程的全过程评价超越了单纯关注学生在体育活动中的最终成绩，而是更为全面地审视学生在整个学期或学年中参与体育活动的全貌。不仅包括对学生参与度的观察，还关注他们付出努力的程度、在团队协作中的表现及在体育技能和身体素质方面的个人进步等多个层面的定期评估。

学生的参与度被视为全过程评价的重要指标。通过观察学生在体育活动中的积极程度、主动参与的态度及对各项运动项目的热情，可以全面了解每个学生对体育课程的投入程度。这不仅有助于发现学生潜在的兴趣点，更是为个性化的教学提供了依据。

付出努力的程度是全过程评价的重要组成部分。通过对学生在课堂上展现的毅力、坚持不懈的努力和克服困难的精神进行观察和记录，教师能够更全面地了解每位学生的学习态度和自我驱动力，为个性化教学的精准定位提供了基础。

在团队协作方面的表现是全过程评价的重要考量。通过学生在集体运动、团队项目或合作比赛中的表现，可以评估学生在协作和沟通方面的能力。这不仅有助于培养学生的团队意识，也为学生未来的社交能力奠定基础。

乐群大体育课程的全过程评价主要体现在校内、校外两方面。当学生在校内开展各类体育锻炼活动时，教师针对学生的个人表现与团队的集体表现分别进行评价，从过程的参与度到结果的达成情况，从个人的表现到团体的协同分工，每个学生在体育锻炼过程中都能收获基于自身表现的不同评价。除此之外，班主任以及带队教师也能够通过“班级优化大师”以及口头评价的方式对于学生的体育活动表现进行评价。

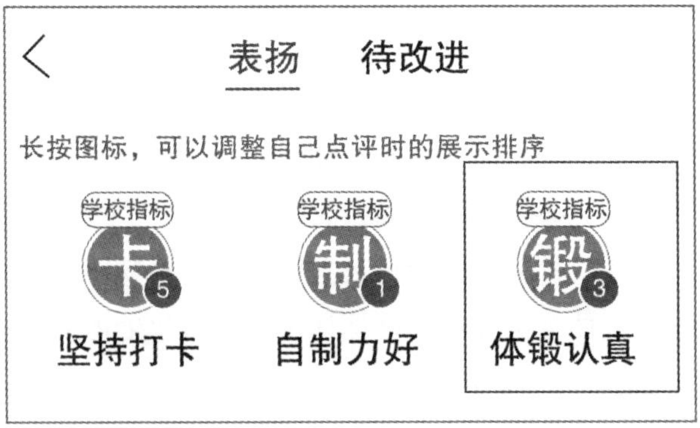

图 2-2 “班级优化大师”评价界面

以下是群众路小学五年级某班一名女生的作文《体锻标兵成长记》的摘录，记录了踏小碎步的自我反思与评价的全过程：

> 我都五年级了，要更矜持一下、老成一些。哼，要不是学校和老班的要求，我才不想参加呢。在最开始参加体锻的时候，我其实并不愿意做，相比起累人的体锻动作，我更喜欢藏在队伍中间东瞧瞧西看看，时不时就晃悠到同学身边和他们聊天。有一天我突然发现教练讲的前后小碎步这个动作很好玩，于是试了一下，也不知道怎么回事，就被班主任看到了。起初我还不当回事呢，没想到他居然在当天的班会课上向大家宣布我是“体锻标兵”，还邀请我上台为同学们进行前后小碎步的动作展示。天啊，如果能重来一次我一定要控制自己不踏小碎步了。师命难违，我只好乖乖上台踏起了小碎步。听着台下叽叽喳喳的说话声，我心想：我一定做得糟糕极了！可令我意外的是，班上的同学们居然没有笑话我，反倒是有几个人鼓起了掌，渐渐地，掌声在班级蔓延开来，就连老师也笑着为我鼓起了掌。后来，老师在大家的目光下打开了“班优”给我加了分。在大家羡慕的注视下，我回到了座位上。那一天，我第一次知道原来体锻可以给我带来这么美滋滋的感觉！
>
> 在后来的每一次体锻中，我开始试着做好每一个动作，我希望不光是前后小碎步，我的其他动作也能成为班上的标杆，成为大家学习的榜样。不知道老师是不是听到了我的心声，他在体锻的时候总是时不时地走到我身旁，让我周围的同学们学着我的动作来，尽管被人盯着有些不好意思，但心里还是很神气的。尤其是每天体锻结束后回到班上等加分的环节，每当我看到老师勾选我的名字，那悦耳的“班优”加分提示音在耳边响起，那感觉真是美极了！

乐群大体育课程的全过程评价在课后体育活动中依然有所体现。当寒暑假来临，学校会下发“家庭运动达人卡”（如图 2-3），通过“家庭运动达人卡”与钉钉群线上打卡相结合的方式鼓励学生主动参加体育锻炼，并组织体育教师对学生的居家锻炼动作进行指导，让评价在校内外持续发生。

家庭运动达人卡							
二年五班			姓名：林××				
时间	11月10日	11月11日	11月12日	11月13日	11月14日	11月15日	11月16日
项目	跳绳	慢跑	跳绳	跳绳	跳绳	拍球	跳绳
参加人员	林×× 奶奶	★■	★■	★■	★■	★■	★■
时间	11月17日	11月18日	11月19日	11月20日	11月21日	11月22日	11月23日
项目	滑轮	跳绳	跳绳	慢跑	滑轮	跳绳	滑轮
参加人员	★	★■	★■	★■	★	★■	★■
时间	11月24日	11月25日	11月26日	11月27日	11月28日	11月29日	11月30日
项目	滑轮	滑轮	跳绳	跳绳	跳绳	慢跑	慢跑
参加人员	★	★	★■	★■	★■	★■	★■
时间	12月1日	12月2日	12月3日	12月4日	12月5日	12月6日	12月7日
项目	跳绳	跳绳	跳绳	拍球	拍球	滑轮	滑轮
参加人员	★■	★■	★■	★	★	★	★
时间	12月8日	12月9日	12月10日	12月11日	12月12日	12月13日	
项目	跳绳	跳绳	拍球	拍球	滑轮	滑轮	
参加人员	★■	★■	★	★	★	★	
备注：代表符号　★我　▲父亲　■母亲　◆其他成员　●全家人							

图 2-3　家庭运动达人卡

个体在体育技能和身体素质方面的进步是全过程评价的核心。除了关注学生原有水平的提高，还需要关注学生在不同体育项目中的适应性和综合素质的发展。通过全面的技能评估，体育教师能够为学生量身定制更具针对性的训练计划，促进学生全方位的体育发展。

总体而言，全过程评价旨在通过对学生在体育活动中全面发展的过程进行深入观察和评估，为个性化教学和长期健康锻炼提供针对性的支持。这种评价体系的目标是推动学生在整个学年中不断进步，激发学生对体育活动的热爱和坚持锻炼的意愿。

三、全方位评价

乐群大体育全方位评价体系致力于对学生在多个方面的能力和素质进行深入考察，超越了仅仅关注体育运动技能水平的狭隘视角。它旨在全面挖掘学生的潜力，不仅看中学生在某一方面的出色表现，还注重学生在多元素素养上的全面发展。通过全方位评价，学校得以更全面地了解学生的发展状况，为学生提供更为个性化和有针对性的指导，培养学生多方面的能力，使学生在未来社会生活和职业中更具竞争力。

乐群大体育全方位评价的核心之一是关注学生在团队协作方面的表现。它通过观察学生在集体运动、团队合作中的角色扮演、协调能力和沟通技巧，评价学生在团队环境中的表现。这有助于培养学生团队协作的精神，使学生在未来的职业生涯中更好地适应团队工作的需求。

领导力的培养是全方位评价的重要方面。教师通过学生在体育课程中是否展现出领导才能、组织协调的能力，评估学生领导潜力。全方位的领导力培养旨在培养学生在不同场合中都能够发挥领导作用的综合素质，为学生未来担任领导职务提供有力支持。

自我管理技能也是全方位评价的重要内容，包括学生在运动训练中的自我调控、目标设定、时间管理等方面的表现。通过全方位评价，学校能够更好地了解学生是否具备独立自主的学习和训练能力，为学生未来的个人发展打下坚实基础。

全方位评价还聚焦于学生的身体素质发展。除了技能水平的提升，更注重学生的整体身体健康状况、有氧耐力、力量和灵活性等多个方面的综合素质。通过全方位的身体素质评价，学生能够更好地了解自身的强项和改进空间，全身心投入健康的生活方式中。

<table>
<tr><th colspan="6">2021—2022学年群众路小学“成长杯”奖项申报表</th></tr>
<tr><td>申报者姓名</td><td></td><td>性别</td><td></td><td>班级</td><td></td></tr>
<tr><td colspan="6">申报内容</td></tr>
<tr><td colspan="3">请在相应的申报栏中打“√”</td><td colspan="3">自我评价（申报理由）</td></tr>
<tr><td rowspan="3">养正</td><td>自律之星</td><td></td><td colspan="3" rowspan="9"></td></tr>
<tr><td>交往之星</td><td></td></tr>
<tr><td>进步之星</td><td></td></tr>
<tr><td>健体</td><td>运动之星</td><td></td></tr>
<tr><td rowspan="4">善学</td><td>语言之星
（语文 英文）</td><td></td></tr>
<tr><td>数理之星</td><td></td></tr>
<tr><td>艺术之星
（美术 音乐）</td><td></td></tr>
<tr><td>科技之星</td><td></td></tr>
<tr><td colspan="6">本学年获得的最高奖项</td></tr>
<tr><td>奖项内容</td><td colspan="5"></td></tr>
<tr><td colspan="6">赏识者的话</td></tr>
<tr><td>家长寄语</td><td colspan="2"></td><td>班主任意见</td><td colspan="2"></td></tr>
<tr><td>相关学科教师意见</td><td colspan="2"></td><td>学校审批意见</td><td colspan="2">审批组组长签字
年 月 日</td></tr>
</table>

图 2-4 “成长杯”评选申报表

总结阶段则是对整个评价体系的综合梳理，为今后的体育教学提供经验和启示，为持续改进和优化提供依据。如群众路小学每年一次的“成长杯”评选，是学校从养正、健体、善学三个方面，面向全体学生进行的一项综合性评价。其中就有专门针对“运动之星”的评选。运动之星评比标准有：热爱体育并积极参加各项体育锻炼；有一项体育方面的爱好和特长；积极参加各类体育比赛，为所在集体在体育竞赛、活动中争得荣誉。评选结果是对学生在日常学习生活中，积极参加体育锻炼与各类体育竞赛的一种鼓励与肯定。每年“运动之星”的评比活动，为学生树立身边的榜样，促使更多的学生热爱运动，收获强壮的体魄，拥有正确的体育精神。

在全方位评价的指导下，学校能够更加全面地培养学生的多元能力，使他们在未来的社会和职业竞争中更具优势。这种评价体系不仅关注学生的个体发展，而且注重培养具备全面素养的未来领导者和积极社会成员。

四、全成员评价

乐群大体育全成员评价强调所有参与者（学生、教师、教练等）在整个教学过程中的相互作用和共同努力。它不仅关注学生个体的发展，还注重团队的整体表现。全成员评价可以充分发挥每个成员在体育课程中的作用，形成协同合作的良好氛围。

首先，学生的全面发展不仅取决于个人努力，还与教师和教练的指导密切相关。全成员评价通过收集学生对教学质量的反馈，了解他们在课堂上的真实感受，从而更好地调整教学策略。同时，教师和教练的全方位评价是必不可少的，他们在制定课程计划、培训方案和组织活动方面的贡献影响着学生的发展。通过定期的团队会议和反馈机制，全体成员能够分享经验、解决问题，形成更加协同一致的步调。

其次，团队合作是体育教学中的重要组成部分。全成员评价强调团队的整体表现，包括教师和教练的协同工作以及学生在团队中的相互支持。通过对团队协作的全面评价，教师和教练可以发现协作中的亮点和潜在问题，有助于提升整个团队的效能，激发每个成员更积极地参与体育教学活动。

群众路小学的乐群大体育课程将评价的权力赋予全校师生与学生家长。当学生在校进行体育锻炼时，体能教练与体育教师不仅能从专业角度对学生表现进行集体层面的总评，还能够进入各个班级针对性地对个别学生的动作进行详细的点评与指导。各班班主任以及带队教师也能够对本班学生的表现情况进行评价。学校还精心挑选了学生代表作为评委，通过对各个班级方阵的动作完成情况进行不同程度的赋分来进行有差异性的评价。此外，学校还定期邀请学生家长作为评委进校参观，并就各班级的表现进行打分。通过上述方式，大体育课程的评价体系得到了极大的丰富和完善，在校内形成了“体能教练+体育教师+班主任+带队教师+学生代表+家长”的全成员评价体系。

通过三全评价体系，乐群大体育课程旨在培养学生的全面素养，推动学生在体育活动中不断进步，并为学生未来的发展奠定坚实的基础。这一综合评价体系的应用将有助于学生的综合素质提升，培养了学生的领导力、团队协作能力、自我管理能力和积极向上的体育精神。

第三章 乐群大体育课程的实施机制创新

群众路小学始终坚持党的教育方针和立德树人根本任务，积极探索“五育融合”，全方位推进素养教育的深化发展，秉持“树德、睦群、好学、强身”的教育理念，逐渐形成了乐于群体活动、融入创新特质的体育课程体系。

第一节 乐群大体育课程教学的制度化发展

乐群大体育课程教学制度化是我国课程意义与价值制度化的一个具体而微的缩影。在改革开放的四十多年里，课程制度与我国法制化建设进程相同步。随着体育新课程改革实践的不断深入，课程管理由中央向地方和学校三级管理制度逐步确立；而随着校本课程和教师开发课程活动的展开，课程研究、课程开发和课程评价的多元化主体逐渐形成。在大体育观的倡导下，从课程制度对课程各个领域的制约、导向和促进的辩证而言，体育课程制度的重要性越来越凸显。

一、大体育视角下体育课程制度研究的理论基础

任何理论都不是凭空产生的，而是源于特定的社会背景。在此，将探讨大体育视角下体育课程制度产生的社会背景和历史演进脉络，以便更好地理解这一课程制度的起源和发展。

1. 大体育视角下体育课程制度产生的社会背景

制度框架和政策支撑对教学改进提供了核心支持。早在 20 世纪 90 年代，课程框架和教材内容的适时调整就已拉开帷幕，进而在 21 世纪迈入课程管理与评价机制的全面优化阶段，推动我国教育课程体系向着标准化与合理化方向迈进。在全面推进基础教育课程改革的大环境中，体育课程同样经历了持续的更新和创造性调整，取得了明显的改革成果。然而，课程创新依然遭遇若干阻碍，如实际

政策落实不到位、改良效果未达预期等。尽管每一次课程变革伴随着新教学标准和政策文件的颁布，旨在引导课程内容的广泛落实与应用，但我们不能期望仅凭政策推动就能激发相关人员自发适应和积极配合这些变化。课程的推动者和实施者，无疑都会在一定程度上受制于传统课程思维模式的制约。在课程改进进程中，如何突破传统惯例和制度限制，成为当务之急。

2. 体育课程的历史演进脉络

在历史制度主义视角下，“历史”一词不单是对“从前”简单的指涉，更根本的是把握它在时光流转中引发的持久作用。正是一系列复杂的历时因缘使这些影响得以贯穿至当下。因而，要深究体育教学制度改变的系统逻辑，必须先绘制体育课程政策变革的历史轮廓。回溯 1949 年以来校园体育教学的演进，学界普遍以时间线和重大事件为依据，基于社会变迁期或不同代次的课程改革特色划分出不同阶段。通过借鉴已有的分期理论，并以体育教育政策的发展为考量，同时顾及每次改革的时代背景，这里把 1949 年后学校体育课程的发展历程分为三个主要的转型时期。

体育教学制度在 1949 年至 20 世纪 70 年代末期发生转变。从 1949 年至 20 世纪 50 年代末，教学规程不断革新，在从新民主主义逐步走向社会主义的教改中，借鉴苏联教改模式，对我国的基础教育体系构架产生了重大影响。教育部于 1951 年至 1953 年编译了苏联的体育课程教学纲要和配套教材，为改善旧有教育体制、搭建新的课程结构而努力，促进了课程体系的重新塑造。来自苏联的高度中央集权的管理模式，对我国从小学到中学的体育教学时长、内容与课程管理施加了严格规范，对中小学体育课程的体制制定产生了直接效果。同时，通过教学计划与纲要对课外活动的具体规划，课程框架得到了扩展，使得校园内的课外体育活动与体育课程相互补充。此外，我国体育教育在教学技巧和规范上也继承了苏联的教育理念与方式。然而，随着实践的深化，各方开始探求对苏联体制的突破，在调整课程体系时寻求创新。根据全日制中小学的临时工作规程，教育部对体育教学的安排进行了更新，对晨练、课间操及课外体育活动进行了规范性的明确，进而推动了体育课程资料的完善和教学方式的革新。紧接着，因“文化大革命”的冲击，学院的体育及健康教学秩序一度陷入了顿挫状态。然而，在党的十一届三中全会后，依循新颁布的指令，国家终于逐步恢复校园的体育与健康教育并进行了系统重建。

体育教学架构在 1979 至 2000 年间经历变革时期。在改革开放初期，教学体系的重构目标是修复过往混乱时段遭受损害的教学体系秩序，通过一连串体系策略不断阐释体育教学的地方特色，以期逐渐改进原先教学体系的运作模式。《中小学体育工作暂行规定》颁布的 1979 年至 20 世纪 80 年代中后期，我国一贯遵循中央集权的教学模式。随着改革不断深化，1985 年中共中央面对当时的教育管理体系过于僵化的问题，决定进行教育体制革新，提出减少官方管控与分层次管理的改革方案。在教学大纲及教材的编制上，教育部门着手修订并刷新体育教学大纲，调整了以必修科目为核心的教学方式，结束了唯一标准教材的编写体制。关于学校体育的规范化措施，我国制定了高水平的学校体育行动指南，并发布了有关学校体育卫生的两部条例，以及教育及体育法律，把学校体育卫生工作带入法制化管理之道，进一步提升了体育教学体系的规范化和制度化。除此之外，体育教学也显著增强了自我发展能力和主张自身需求的意愿，使学科型教学与活动型教学两种模式的并行，将课堂内外的各项教学活动纳入统一的教学范畴。尤其在 1999 年，我国基础教学迎来新一轮课程大纲的编订时期，针对体育教学改革与本土实际相结合的探讨日益深入，得益于以往的不断积累与沉淀，学校体育的制度架构渐次成熟，并且沿着标准化、系统化的轨迹向前推进。

自 21 世纪之始，我国校园体育课程的更新处于积极探索期。受老旧教育体系固有阻碍所牵制，教育工作者往往只得设立“新标准”，以步骤化的方式推进改良。如从宏观的课程改革大局来看，第八次基础教育课程改革以《基础教育课程改革纲要（试行）》为开端，推出了更为丰富的教学理念。那时，新的课程指南对于体育教学的职能提升建立了规章基准。课程体系的管理重心逐步下沉，由曾经的集中统一模式渐变为国家与地方、学校共同参与的多元治理结构，这波改制和尝试对课程体系现代化产生了重大影响。国家层面为了确保课改的有序推进，相继出台了“中央 7 号文件”等指导文件，为学校体育教学以及课外体育活动提供了支持性的框架。当前，体育与健康科目中的核心素养在基础教育阶段被视作至关重要的导向，体育课程连续性的建设，涵盖小学直至高中，旨在促进课内外体育活动、课后训练以及竞技比赛的一体化进展，把课程改革推进至更统一、更科学的新境界。二十多年来，随着新的课程改革的推行，学校体育教学的法制化建设步伐加快，相关政策具有明显的推动力和目标性。这不仅体现在学校体育课程的官方规章制度上，也反映在教育文化观念这类非正式制度方面，两个层面都向体系化方向演进。

二、传统小学体育课程教学存在的主要问题

目前，我国中小学体育课程改革已经取得了一定的成果，但还存在不少问题，如在具体实施过程中学生从事体育活动的热情与关注度较低，校园中运动设

备缺乏，体育教学的模式过时，评价体系缺乏科学性，等等。

1. 传统体育课程内容较为单一

当前，尽管大众对体育的理解已经出现新的转变，仍有一部分教师惯于依照往昔授课的模式指导学生，缺乏在方法和体系上的革新与适时调整。这种情形导致体育课与时代进步未同步，与学生实际情况相脱节，演变成了一个只按固定流程施教的平淡课堂。例如，课程常以跑步开场，随后是伸展运动，最终学生被安排自主活动，这样一来，体育课的宝贵时光没能得到充分利用。

2. 学生参与的积极性不高

低年级在校学童身心成长阶段正波动不定，其易见之症状便是自我约束力欠缺，充满活力且爱好趣事，易于疲倦，上课时常难以集中精神听取教师讲解。现如今体育教学环节往往由学生围跑道奔跑、做广播操等缺乏吸引力的活动构成，室内课程因天气恶劣让学生感觉更为枯燥，部分教师或向学生传授体育知识，或放任学生自主活动，只要求保持课堂纪律即可，长此以往，学生对体育课的热情与参与意愿逐渐消退。

3. 对体育课程的重视程度不高

尽管如今新课标理念不断深入，并且素质教育理念也受到越来越多人的认可，但是传统教育的影响仍然还存在，部分学校、教师及家长对于体育课程的重视程度并不是很高。虽有些学校在时间表中添加了额外的体育教学时段，为学生提供了更多户外活动的机会，但因缺少必要的运动设备和充足的场地资源，这些学校的体育活动往往只能局限于在操场上开展，无法避免受到气候等自然条件的制约。而且，一些教职员工在体育教育观念上没有与时俱进，继续沿用旧有的教学方法，使得体育课程日渐形同虚设。另外，家长们对体育教育的认识也存在偏见，普遍认为体育仅仅是为了让孩子锻炼身体，并不能促进学习进步，有的还担心会因此影响孩子的学业。

此外，各地中小学体育课程改革，普遍面临着两个方面的挑战。首先，体育课程改革需要加强教育理念和教学模式的创新。传统的教育模式注重知识的灌输，而现代的体育教育更加注重学生的全面发展和实践能力的培养，因而，体育教学的导师应该精通前沿的教育观念与授课技巧，重视激发学生的积极性、创新精神和操作技能。其次，中小学体育课程改革需要重视体育文化的传承和创新。传统的体育文化是中华民族宝贵的文化遗产，要在改革中坚持传承和创新，要注重培养学生对体育文化的理解和认识，让学生在锻炼身体的同时更好地领略中华民族体育文化的魅力。

针对这些问题，乐群大体育通过丰富课程内容、提高学生参与度、加强对体育课程的重视等方式，取得了一定的成效。

三、乐群大体育加强课程化与制度化实施

2019年，我国先后颁布了三个至关重要的指导文件，包括《关于实施健康中国行动的意见》《关于全面加强和改进新时代学校体育工作的意见》及《关于深化体教融合促进青少年健康发展的意见》。它们不仅对学校体育的管理体系和操作流程提出了更先进的标准化要求，而且推动了体育课程教学的边界的发展，从校内拓展至校外，从简单的体育活动发展成支持青少年全面健康成长的体系，催生了大体育理念，影响着学校体育课程的更新构建。体育与教育的结合本质，在于深度整合两者的精髓。教育部明确提出，体育教学不仅是全面素质教育中不可或缺的一环，对于培养全面发展的社会主义建设者这一教育目标来说更是举足轻重。但是，儿童的成长并非只在学校教育领域内进行，其成长背景也涵盖家庭、社区乃至更加广阔的社会。教育的实施其实是在不断不息中展开的。由此，在推行体教结合的方向上，“教”所承载的意义绝不应仅仅囿于学校园地，而应覆盖孩子们生活的全部领域。正因为这样的认识，大体育的概念应时而生，倡导一种更立体、更深入的体育教育整合策略。

在全面实行“双减”策略和新课标之际，大体育事实上深化了既有的体育教学思想并扩展了其外延。立足于学校体育的角度，它将家庭和社区的资源整合起来进行有意识的布局，旨在打造一个学生能够时时刻刻接触到体育活动的环境与氛围，以使体育自然融合进学生的日常生活中，变成他们生活的常态和行为模式的组成部分。“双减”政策实行至今，学生的学业和课外辅导负担有所减轻，从而拥有了更多可以自主安排的时光，这种局面为大体育课程的发展带来了更多的机遇。推广大体育课程不仅对学生身心全面发展具有创新性的推动作用，而且是实践“通过体育塑造人的全面发展”的教育观念的不二之选。

在学校的整体规划引导下，乐群大体育课程项目依托教师、家长及社区志愿者的共融合作，向学生们提供了一系列切实可行的体育锻炼计划。从结构层面分析，该课程是学校课程架构的分支，成了校本课程的一部分元素。根据现行的课程结构三层次理论，乐群大体育并不包括“国家课程”的内容。若跳出既有框架，从培养学生身心的更高立场审视并整合乐群大体育课程，“体育与健康”这门国家课程便转化为乐群大体育实现内容完善和体系连续性的关键环节。基于这样的视角，在规划乐群大体育课程时适当放宽理论限制，跳过等级上的差异，把

它当作一个独特且完整的教学计划，力求在其中融入并普及“体育教学一体化”的教学思想与教育哲学。

四、乐群大体育课程的制度化与课程化建构

首先，乐群大体育课程是一种全面的、综合性的课程体系，旨在培养学生全面发展的体育素养和健康的生活方式。除囊括了学生的生理健康之外，亦涵盖了他们的精神状态和社交适应力等多个层面。通过乐群大体育课程的实施，学生不仅能够掌握体育技能，还能够培养体育品德和体育精神。其次，乐群大体育课程的建构需要从课程化的角度进行思考。必须把大体育训练融入校园的课程结构之内，实现与各学科门类之间的交融统一，建立起一个协调的整体。进一步地说，要依据学习者的年龄、性别、喜好等差异因素，规划多元化的课程内容与教育手段，以迎合学生们的个性化发展需要。

1. 制度化建构

在 2018 年举行的国家教育会议上，习近平同志着重强调教育的首要职责是维护立德树人的根本准则，并致力于造就德、智、体、美、劳各方面均衡发展的新一代社会主义先锋。2020 年 9 月 21 日，国家体育总局和教育部联合颁布了旨在聚焦融合体教并促使青少年平衡发展体育与文化学习的《关于深化体育与教育融合促进青少年健康成长的意见》，以此来支持青少年的健康发展，锻炼意志，完善品格。2022 年 4 月 21 日，新课标正式发布，更加注重培育学生健全价值观念、关键技巧和必要的人格特质。这些，均为打造全方位的“整体体育”课程目标提供了坚实的理论支撑。

眼下，随着“双减”政策的实施，提高了对学校高质量发展的要求，学校亟须通过提高教育品质和效益实现突破。同时，学校要致力于引导学生利用额外空出的时间进行个人全面提升。生活在一个促进德、智、体、美、劳全方位成长的生态中，这一点尤为关键。鉴于体育活动本身的特殊性和吸引力，大体育有望成为触发综合改进的重要起点。

至关重要的是，体育教学内容的培育理念应与校园教学原则保持高度一致。也就是说，乐群大体育课程需要成为实现学校培养宗旨的关键途径和手段之一。因此，乐群大体育课程的教学目标，或是与学生的成长目标紧密相连，或是与毕业生的形象特征直接关联。比如，若学校毕业生的形象被定义为“黑、瘦、硬”，那么，学校的发展愿景便是在“乐群精神”的文化价值引领下，成就一所体现良好秩序和展现旺盛生机的现代文明学校。

2. 课程化建构

为实现乐群大体育教学计划的宗旨，须依据幼童的日常生活及学习状况策划合适的教学大纲及内容。其教学宗旨在于解答培养哪种人才为核心，而教学内容着重于选择何种材料和方式以实现育人的目的。在乐群大体育教学的内容方面，要凸显包含课堂内外、学校内外、必修选修课程、随时随地等多维特性，以达成全时空遍布、形式多样化之效果。通过对乐群大体育教学方案的摸索与实践，群众路小学已逐步搭建起一套教学体系，初步构建了包含“必修课程”“选修课程”“辅助课程”“延伸课程”等4个二级指标，“体育与健康”“大课间”等10个三级指标的课程体系（如图3-1）。

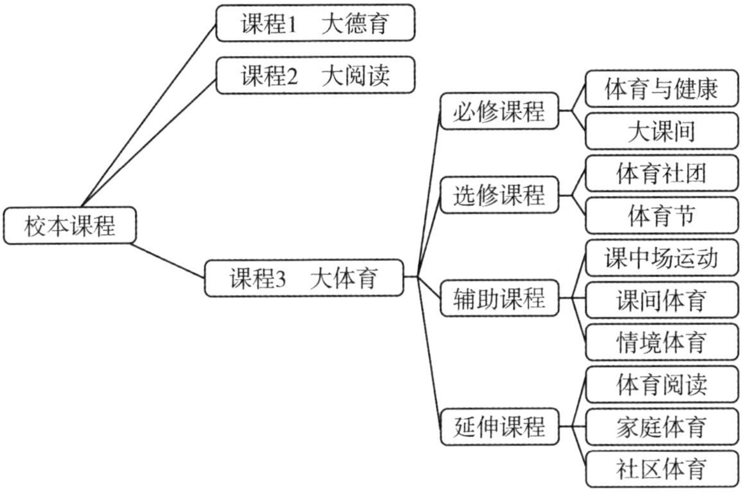

图3-1　乐群大体育课程结构图

观之于理论，这样的课程常被归于自选性质，但在具体实施中，尤其对低年级学生来讲，融合自选课程与必修内容的教学策略十分关键。在必修的部分，将国家明文规定的“体育与健康”课程纳入考量，借此手法令完整的体育教学更加清晰与全面。这种模式不但能提升课程普及时的影响力与地位，还助于在整体的体育教学体系中确定其角色与价值。

教育拓展已经融合进乐群大体育教育的架构之内。实行这种教育拓展的执行者已经超越了学校教师的范围，扩大至学生的家庭成员和所在社区的工作者。不可忽视的是，学校在大体育教学中履行核心与领航角色，拓展课程的筹划凸显了学校在乐群大体育活动中的主导作用。在校园、家庭与社区携手协作教育的背景下，学校不单是主要的动力源泉，更是领跑者，肩负着把家庭和社区纳入教育伙伴行列的实施职责与义务。教育拓展的概念制订、计划布置及执行落实都由学校负责，而且学校还会建立专门的评估体系来确保该项目效果受到跟踪监控。

五、乐群大体育课程的课程化实施

教育机构针对上述培训目的与内容，投入了大量精力确保乐群大体育系列课程得以有效执行，这包括乐群大体育必选课、乐群大体育自选课、乐群大体育支持课及乐群大体育拓展课这四个层面的实际操作。

1. 必修课程的实施

一是增设体育活动课。该活动课属延缓实施服务项目，相关经费投入由财政承担，虽然这部分经费不算过于沉重，但确实为群体中的每一位成员提供了执行推迟服务的所需支撑。所有成员积极参与每个上课日为所有年级带来两段额外的大型校园体育活动时段，也是充实国家课程规范的一项关键措施。通过这种做法，低年段学生在常规的 40 分钟体育课程之外，获得额外的 25 分钟的大型课间锻炼时间，从而在日常课程的安排和持续时间上，保证了他们在学校的体育运动时间每日至少达到一个小时的基本要求。与此同时，中、高年级的学生在独立管理自己学习的能力上得到了提升，他们在附加的“广泛体育”课堂上体现出更强烈的积极性和自主性，因此轻松确保达到每日最少一小时日常体育锻炼的强制性标准。所谓的“双导师体制”下的“同年级体育锻炼课程”，指的是同一年级的不同班级将同步进行体育活动，凭借学校“广泛体育”课程的管理团队对于活动内容的周密策划，一位体育教师将担任多班级的运动课程指导，同时每班将分配一位其他学科教师以组织协调为职责。借助体育教师的宏观引导与其他教师的细致操作，两者密切配合，共同确保体育锻炼课程的效果与质量。

二是加强休息时间的运动效用。越来越多地，全国各地学校提升对课间休息期间的运动重视程度。这类课间体育活动因其项目多元化、组织方式灵活而不同于传统的体操，能全方位提升学生们的速度、力量、耐力和协调性等多方面身体能力。其成效得益于活动种类繁多、形式可变化并具有独到风格。围绕着学生的具体背景和周边环境资源的实况，群众路小学有针对性地规划了一系列多姿多彩的课间运动。在基础的体育项目如健身操、广播体操、跑步之外，学校还创意性地引入了跳绳、啦啦操和创新体能训练等富有特色的运动项目，极大提升了体育活动在课间对学生们的吸引力。

该教育架构致力于融合不同教育阶段的体育学习内容，将培养学生素质作为教学的中心理念，并以实操项目为关键教学环节，目的在于确保国家体育课程能够有效地落实，是确保教育品质的基石。拿一、二年级学生为例，这一时期是孩子们承上启下成长的敏感期，学校以体育游戏为框架来设计体育课，宗旨在于让孩子们透过游戏化的活动对如田径、球类等体育项目有初步的了解。此外，学校亦注重整合多样化的大型教学单元与课程任务，将体育文化融入运动技能和体能训练的教育过程，旨在实质促进学生至少掌握一至两项体育技巧的教学目的。

2. 选修课程的实施

群众路小学提供了两种体教结合的途径：多姿多彩的运动节和形形色色的运动爱好小组。运动节向全校学生敞开大门，涵盖跑步、游泳、羽毛球、篮球及跳绳等丰富的运动种类，同学们可以根据个人喜好和体能条件筛选一至两项进行锻炼。运动爱好小组是依托学校自身及周边的体育资源搭建起来的平台，除了传统运动项目外，还加入了击剑、啦啦操等新颖、风靡一时的活动，促使更多的学生参与其中。整体而论，精品选修课的真谛在于它们的多样化和可选性的完善，同时也要确保品质。体育选修课程与学校体育文化互为表里，构成了一种相互促进的关系。同学们的广泛选择权并不会削弱学校体育文化的特色；相反，若校园中营造出一种浓郁的体育氛围，势必会激发学生参与运动的积极性，由此为体育特色项目的深化培育出更稳固的人才基础。

3. 辅助课程的实施

在教学辅助课程里，短期的课内互动是必不可少的组成部分。这一环节被纳入辅助课程，是基于它特定的目标设立的。其核心并不在于体能训练，而是借助神经科学的观点，有意地在常规教学之中穿插大约两分钟的简短而有趣的身体运动，目的在于减轻长时间坐着所导致的身体负担，促进血液流畅，确保大脑得到充足氧气，从而点燃学生的学习激情，并提升他们的学习效率。课间操和情景化体育活动的本质，在于营建一个活跃的体育氛围，并引导学生有组织地参与其中。由此可见，学校创设的环境与其推广的教学内容密切相关。在辅导性课程的大框架内，学校将众多传统的运动游戏整合到课间体育活动，比如在教室或走廊设置特别的运动区域，进行如踢毽子、原地蹦跳等适宜的活动，这样的做法不仅有利于放松学生的身心，还增强了他们对学校的认同感。

4. 延伸课程的实施

拓展教学的推行需要取得家庭与社区的协作支持，因而制造良好的教学气氛变得分外关键。在群众路小学，体育和阅读不仅归入乐群大体育教学项目的一部分，同时也是“大阅读”计划的核心组成部分。挑选阅读材料需要根据孩童的成长特征和兴趣爱好提供合宜的引导；阅读方法上，需要构建有效的阅读支持系统；至于阅读效果，涉及建立阅读分享及展示的平台和优化阅读评价机制。家庭中的体育教学，是以作业的形式分配到各家庭，包含了检查、回馈及评估过程，在不少情形下，亲子共同进行的运动作业有助于提升和加强家长与孩子的亲情关系。“全家一同跑跳，温馨充满家园”的社区活动，成为群众路小学体育教学进入家庭的特色项目。通过以体育活动为纽带，增进亲子和睦，打造和谐的社区环境，我校的体育课程不只停留在校园，而是实质上渗透到社会之中，真正使“以体育塑造人才”的教育思想向更深层次的展开。

总之，乐群大体育课程是一种全面的、综合性的课程体系，需要从目标定位和课程化建构两个方面进行深入思考和实践。只有这样，才能够真正实现培养学生全面发展的体育素养和健康的生活方式的目标。

第二节　乐群大体育促进跨学科融合教学

乐群大体育不仅仅是一门学科，更是一种跨学科的教育理念。它以体育为基础，融合了其他学科的知识和方法，为学生提供了更全面、更综合的学习体验。通过大体育的实施，我们可以促进跨学科融合教学，培养学生的综合素养和跨学科思维能力。

一、大体育课程开展需要跨学科融合

自新课标颁行以来，各校各阶段各学科的教学都发生了理念、方法和目标等方面的革新，针对知识理论进行的教学不再是课堂教学的唯一内容，学科的理论价值也不再是教学的唯一价值，学生的个性成长和全面发展开始成为教师关注的重点。群众路小学乐群大体育也在积极尝试跨学科融合教学。所谓跨学科教学，就是学科与学科之间的联动教学，是单一学科突破学科界限以后向外延伸开展的教学活动，基于学生能力与素养的全面发展设计并推行，侧重培养学生的综合思维、综合能力。小学体育看似是一门与其他学科没有太大关联的学科，也是唯一大部分教学活动都在室外的学科，但其实它与很多学科都有着一定的联系，课堂上进行的游戏和开展的活动不仅能促进学生身体素质的提升，对学生的思维发展和心理健康同样能够产生一定的助力，甚至在体育训练过程中也可能需要用到其他学科的知识与技能，而这些，为小学体育的跨学科教学奠定了基础。

站在更深层次的视角来看，体育学科本身与其他学科并不是完全割裂的，其他学科知识或技巧的融合在某种程度上有助于完善小学体育的整体教学体系，跨学科教学这种综合性更强的教学活动能够帮助学生更好地认识体育、理解体育、爱上体育。而就目前小学阶段体育学科的教学实践而言，学校的不重视、教师的不专业是导致体育教学模式单一的主要原因，也是导致学生对体育课程无法提起足够兴趣和体育育人价值无法充分发挥的直接原因。为了能够更好地发挥体育学科的育人价值，提升体育学科育人效果，教师在设计体育跨学科教学活动时需要遵循兼容性、交互性和科学性等原则，并重点关注体育学科的教学定位与教学价值，以便为学生提供更有针对性的指导。

二、乐群大体育跨学科教学设计原则

一是兼容性。跨学科教学本质上就是打破学科界限以后的多学科联动教学，以某一个学科的教学内容为中心，将其他学科的知识渗透于该学科的教学内容或教学活动中，使单一学科的教学也能够变得更加多元化。站在这一视角来看，小学体育教师在跨学科理念下进行教学设计首先就需要遵循和体现兼容性这一原则，教师要先对本学科的教学内容进行筛选和整合，确定教学设计的中心思想与核心主题，再筛选其他学科的知识内容，找到合适的切入点，使不同学科的知识可以无障碍地融合在一起。

二是相互性。跨学科教学是一种综合性更强的教学活动，不同学科的知识内容都可以在跨学科的教学活动中实现融合，而这些渗透于核心课程教学活动中的其他学科知识正是跨学科教学综合性与知识性的主要来源。基于此，教师在小学体育教学中的跨学科教学设计还需要遵循相互性这一基本原则，即在将其他学科知识融入体育教学活动之外注重体育知识在其他学科教学活动中的渗透与融合，也就是说，体育在跨学科教学活动中既可以是“本”，也可以是“支”，跨学科教学既要能够提升体育课程教学质量，也要能够提升其他学科教学质量。

三是科学性。无论在哪一个学科或哪一种形式的教学活动中，盲目选择的教学内容和设计的教学活动都不能为课堂教学效果的提升提供助力，不合适的内容反倒对教学产生反作用，甚至阻碍教学活动的开展，因此合适、合理也是跨学科教学设计的一大追求。在这一追求下，小学体育教师在设计跨学科教学活动时就要遵循科学性的基本原则，在选择学科和选择学科知识时注重所选部分与体育课程本身的适配性，以达到更好的跨学科教学效果。

三、乐群大体育小学体育跨学科教学实践

从学科本身来说，体育学科的教学内容与其他学科有着性质上的区别，乐群大体育要想实现体育与其他学科的有效融合，就需要以体育课程活动为中心，充分挖掘其他学科知识的育人价值，在渗透与互补中建立各学科知识间的联系，打造更完善的体育跨学科教学体系。综合小学生的心理特征与小学体育学科的课程特征来看，融合其他多学科知识开展趣味性更强的体育综合实践活动是小学体育跨学科教学的主要模式。心理学研究也曾表明，趣味化的体育游戏或体育运动能够更好地调动学生的兴趣、激活学生的认知，让学生在主观能动的驱使下自觉参与各项有助于提升身体素质的活动，使原本枯燥无味的部分体育运动在跨学科知识的加持下变得更符合学生的兴趣爱好和精神需要，为学生提供更多正向的引导。不妨来看群众路小学乐群大体育跨学科教学的三个尝试。

1. 小学体育与语文学科的跨学科教学

语文是一门综合性强的学科，以语言文字为教学载体，以各种文学作品为教学内容，向学生传输横跨各不同学科的相关内容，在跨学科的教学活动中有着较高的适配性，如语文教学中涉及的各种课内外文学著作就不乏体育运动项目内容。在群众路小学三年级某班《障碍跑》教学中，林老师向学生布置了以绕过障碍为基础，通过小组讨论创设不同的障碍并探究不同过障碍方式的任务。学生一开始没有明白教师的意图，浪费了大量时间也无法达成教学目标。这样一个常规课堂的实际问题，带来了跨学科教学的可能性与必要性。

这要从学生的角度和已有经验出发构建课堂语言。一个看似简单的任务——创设不同的过障碍方式并尝试，却因为学生无法明白教师的意图而思维受阻。解决问题的关键，在于如何利用学生已有经验和知识来帮助他们明白教师的任务意图。语文学科中造句与仿句的本质问题正好与之契合。如绕过障碍这一任务，可进行“我可以绕过障碍”的仿造句子练习，并要求小组演练，用实践证明所仿句子的可行性。语文的造句、仿句是学生的已有知识与经验，由此学生的发散思维、想象空间被打开，不同的过障碍方式层出不穷。在仿句的良好效果基础上，扩句更是将障碍跑的后续教学引入佳境。用扩句“我可以（轻轻地、快速地、安全地……）过（跨、钻、跳、滚……）过（高高的、宽宽的、低低的……）障碍”，可帮助学生进行深度思考与实践，解决课堂教学重难点。教师在整个过程中不需要过多地参与设计，而是更多地帮助总结经验。学生运用已有知识与经验，进入了深度学习状态。

跨学科知识的融入，唤醒了学生的已有经验，改变了学生的思维方式和学习方法，形成了一个循序渐进的跨学科教学过程，解决了教学实际问题。

2. 小学体育与数学学科的跨学科教学

从表面看来，体育学习动的是身体，数学学习动的是大脑，二者之间在教学逻辑上存在着很大差别，但实际上，体育运动在培养学生数学核心素养方面有着一定的优势，体育训练过程中更是经常用到各种各样的数学知识和技巧，这些为小学体育与数学学科的跨学科教学提供了极大的发挥空间。在小学体育与数学学科的跨学科教学设计中，教师可以根据实际情况利用不同种类的运动来培养学生的数学思维与数学意识，或融合数学学习方法来帮助学生理解运动知识与运动技巧。例如，小学数学中对平面图形有新的认知和理解，教学往往注重学科知识的传授，而忽略了知识在实际生活中的应用，可能会让学生感到枯燥乏味，缺乏学习动力。为了应对这一难题，可以把体育与数学的知识相结合，激发学生的学习热情，提升他们的学习效果。以足球运动为例，球类运动中要用到的主要器材“球”是培养学生数学图形意识的有效载体，乐群大体育的小学体育与数学跨学科教学有如下设计：

一、教学主题

脚背正面运球和平面图形认知。

二、教学目标

运动技能：学生能说出脚背正面运球的动作要领，能用脚背正面运球技术进行直线运球。

健康行为：学生在练习和游戏中能够积极参与，遵守规则，表现出合作精神。

运动精神：学生能培养出面对难题不畏缩、积极应战的优秀性格。

数学能力：学生复习四年级数学“点、线、面”的知识，对平面图形有新的认知和理解。

三、教学重难点

教学重点：脚背正面运球技术动作。

教学难点：用脚背正面运球技术进行直线运球，并思考各种平面图形的构成。

四、教学过程

课堂导入：教师通过足球脚背正面运球，让学生复习四年级数学

"点、线、面"的知识，从而对平面图形有新的认知和理解。

准备活动：教师通过加减乘除速算抱团游戏让学生进行无球的热身，再让学生进行有球的前后左右移动。

知识讲解：科技辅助教学中，讲师详细解说如何用脚背正面控球的关键技法，并组织学生实施跨越两个标记点的直线式控球练习。在此过程中，学生需沉思多种平面几何图形的组合，并创新思维。利用控球的方式和技术，引导学生勾勒出多样的平面图形。

游戏竞赛：教师组织学生进行抢夺数字桶的游戏比赛，让课堂氛围变得更加活跃。

素质拓展：教师带领学生进行素质拓展和放松活动练习，并让学生回顾足球运球描绘图形的过程，加深学生对平面图形的理解。

授课小结：讲师汇总本次课程的要点，并对学生们的学习情况给出评估。

跨学科教学通过将体育活动与数学知识相结合，让学生在实际情境中应用所学知识，提高了学生的问题解决能力和实际应用能力。

3. 小学体育与音乐学科的跨学科教学

将体育与音乐融合的教学模式主要体现在全面发展教育中。这种跨界教育不仅有助于学生的技术技能提升和体质加强，还通过艺术与体育的相互熏陶推动全人教育的深入实施。在体育与音乐交融的过程中，学生得以领悟到"动感美"的魅力，并在此过程中塑造审美能力。

通过引入音乐和体育的教学内容，学生能有效缓解精神压力并促进心理健康的发展。音乐的融合不仅让学生领略艺术之美，而且有助于提升他们的艺术修养，使得体育课不再单调乏味，而是饶有趣味。在音乐的伴奏下，一个充满生机的放松的学习环境将孩子们紧紧吸引，帮助他们迅速融入体育活动，消散身心疲惫，并能体验到运动带来的快乐。此外，恰当的应用音乐元素，还可以帮助学生节省对生理能量的消耗。

例如，在群众路小学二年级《双人合作跳绳》这一课的准备活动环节，导入"快乐的小青蛙"情境，选取与情境相符合的背景音乐《快乐的小青蛙》，带领学生进行绳操热身，引导学生边跳边唱，让学生有节奏地跟做绳操热身。欢快的音乐结合趣味热身调动了学生练习的积极性。找朋友合作跳练习中，导入"小青蛙交朋友"情境，在《找朋友》的背景音乐中，教师引导学生跟唱音乐。以两列横队男生为例，练习中学生在音乐响起后开始逆时针慢跑，并在音乐停止时快速找朋友，找到朋友后与朋友分别站在绳子的一侧。为了调动学生练习的积极性，教师用语言激励学生，让学生在学中玩、玩中练，充分体现以学生为主体的教学理念。游戏环节，创设“小青蛙爱劳动”的情境，以《劳动最光荣》为背景音乐。游戏方法：前后 4 人一组，以并脚跳（双手握绳柄，双脚踩绳）的方式进行接力比赛，第一位学生跳到 15 米处的终点，将标志碟（种子）放进呼啦圈内（田野），接着跳回起点与下一位同学击掌接力，下一位同学到终点收标志碟带回……以此类推，直至最后一位同伴返回起点。通过游戏教学，学生在情境中体验了劳动的乐趣。

简而言之，乐群大体育课程通过跨领域的合作，努力打通不同学科之间的隔阂，在体育学科的基础上探寻不同领域知识的相互联系，辅助学生进行知识的转移，促进高级思维能力的培养。其目的在于帮助学生树立正确的价值理念、掌握关键技能以及塑造核心品质，全方位提升他们的人文素养。乐群大体育着眼于培育学生在面对新情况、新挑战及多变复杂环境时，能够综合运用跨学科的知识进行问题解析和处理的综合能力。

第三节　乐群大体育实施一体化教学

国务院办公厅《关于提升校园体育活动强化学生身心全面发展的指导意见》特别强调，要将培养学生对体育运动的热情、建立健康的运动习惯、学习必备的体育技能和提高学生的身体健康水平作为发展的关键点，探索基于体育教育的整体化育人体系。然而，由于人们对体育运动的认识和态度存在局限性，导致目前我国中小学校现有的体育课程分科、分层、分专业，缺乏整体性和连贯性。因此，建立“一体化”的体育课程体系是我国中小学校体育教育改革与发展的必然选择，也是促进全民健身和提高国民素质的重要举措。乐群大体育课程正是实施一体化教学育人的校本实践。

一、学校传统体育课程一体化建设的发展

运动学科具有全面性特征，担当着推动学生身心协调进步的重任。在开展体育课程时，需采纳整合化的教育方法，建立与优化全方位体育教学体系。这一教学模

式下的整合化运动课程，旨在促进学生的健康成长，帮助他们更好地掌握运动技巧。全面性的体育教学不单聚焦于“体”的培养，更注重“心”的教育。在一个覆盖面广的体育教学架构之中，整合化的运动课程不只能够达成“以体育造就人才”和“以体育塑造个体”的教学宗旨，亦能助力学生实现全面性的成长发展。

将中小学体育教学纳入统一体系，对于学科知识的高效传播是不可或缺的。针对小学生较为宽裕的课后时间，这一时间段成为体育教学安排的黄金时期，需依照国家标准，不仅要着重于小学阶段的体育课程体系建设，还要确保课程内容的连续性和体育技能等级评定的规范化。乐群大体育在小学层面结合实际教学环境，构筑以激发学生兴趣为核心的有限运动项目整合，实现课堂内外一体性发展的教学模式。研究表明，小学时期是铸就体育锻炼习惯的重要阶段，此时孩子们如果更多接触到趣味性而非专业级别训练，更容易在日后的体育竞赛中脱颖而出。国际上许多中小学体育教学实践也印证了这一点。在我国六年的小学体育课程中，应侧重于通过有趣的方式培育学生的兴趣，同时重视打造孩子身体发展所需的基础运动技巧。鉴于小学生自我管理能力尚待提高，教师需要主动作为，精心规划课程，激发学生对体育的热情，并为其提供掌握专项体育技能与体质提高的基石。随着国家政策推动“充分开展体育课”的实施，紧接着我们面临的任务是合理安排体育教学内容。在小学的早期阶段，应注重发展孩子们的基础体能和运动技能，以游戏为核心的课程训练是主要手段。同时，努力培养学生的运动爱好，致力于在小学高年级时期促使学生体育兴趣的多样化发展，为学生进入中学阶段选择专注的体育项目奠定坚实的基础。

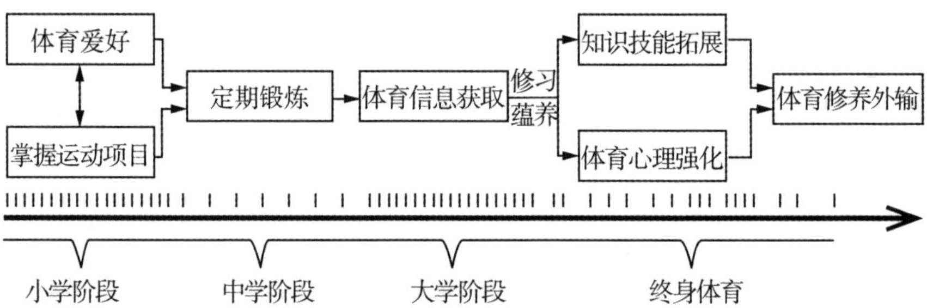

图 3-2　学生体育发展阶段与内容

二、乐群大体育构建一体化育人格局

依据小学生的动态成长、智慧展开和生理增长等方面的通则与特质，不同学习阶段与年龄时期的孩子们对锻炼具备多样化的需求层次。乐群大体育旨在以服务学子终生体适能与心身康泰成长为出发点，打造融合型体育教学大纲，旨在突显体育教学、身体锻炼、休闲娱乐等复合性功能与混合价值，为体育教学革新进一步深化提供参考，推进校园体育教学素质，助力学生成才的全面进步。

乐群大体育教学目的体系构建不应仅限于课程内容。我们必须识别出三个不同层级——课程的宏观目的、各个阶段课程的具体目的及每堂课的教学目的，从而能够有效落实和操作全面体育教育的目标。

初衷定位将“体育素养提升”作为核心课程目的。乐群大体育课程的核心，放在锻炼学生体育素养上，它代表了校园体育发展的主旨方针。这一概念由经济合作与发展组织（简称 OECD）提出，强调素养是知识、技能及态度三大基本组成部分的合体，在体育领域亦然，缺一不可。体育课的知识领域不止局限于体育本身，也触及健康和安全的方面，强调知识传递的重要性。体育能力是体育素养中最为关键的元素，要求对运动技巧的灵活而精确掌握，并着眼于培养学生的终身体育能力。态度展现了个人对体育的感情和体育道德的内涵，即体育精神的外化。把体育课程的总体目标聚焦在素养的养成上，有益于推动学生在身心健康及体育活动方面持久而全方位地成长。

乐群大体育课程以“知、能、行、健”为关键点设办体育课程分段目标。体育课程分段目标，包括学段目标、学年目标、学期目标等，均需聚焦在“知、能、行、健”四个关键要素的形成与发展上。

“知”，主要是知识与认知。人的很多体育知识与认知水平的提高需要后天的学习与培养，即通过体育学习让学生掌握必备的体育与健康知识，懂得科学锻炼的方法，了解体育文化内涵，弘扬传统体育文化精神，提高文化自信。通过科学的体育锻炼，促进认知水平提高，为技能学习、体能锻炼、健康促进奠定良好基础。“能”，主要是技能与体能，综合体现在运动能力上。运动能力是日常或特定环境中运动技能的准确运用，包括基本运动能力和专项运动能力。一体化倡导注重对学生运动能力的培养，为学生享受体育乐趣、促进身心健康、实现健康而幸福的人生提供必要保障。“行”，主要是行为与品行。“行”与“知”相伴而生，突出“行”与“知”的关系，注重“知行合一”的文化思想。对“行”所包含的行为与品行的理解，聚焦在健康与安全行为和道德品行上，通过体育学习让学生养成锻炼习惯，具有良好的体育与健康行为；贯彻“立德树人”，强调“以体树人”和“以体化德”，培养学生具有良好的体育品德，达到“育体”“育心”，综合“育人”，实现生命教育之目的，为终身锻炼、适应社会、健康发展、幸福人生保驾护航。“健”，主要是健康与健美。“健”强调“自强不息”的文化思想。对

“健”的理解，是体育增强体质、增进健康与塑造美的体型等的功能价值体现，也是“天行健，君子以自强不息”顽强拼搏的意志品质等精神塑造，表现出刚健有力、拼搏进取的体育精神，通过体育锻炼促进身体和心理的健康发展。

乐群大体育以“知识技能、体能素质、情感品格”为着力点形成体育课堂教学目标。体育课堂教学目标与课程分段目标相比更加具体可操作，在目标维度上更加集中。知识技能学习、体能素质锻炼、情感品格培养三个维度是“知、能、行、健”四维课程目标的具体化，也是对新课改以来经常使用的“认知目标、技能目标、情感目标”等教学目标维度的完善与优化。知识技能学习是培养终身体育运动能力的基础和保障，除了体育知识与运动技能，健康与安全知识、健康技能与安全技能也包含其中。体能素质锻炼是促进基本运动技能和专项运动技能学习的关键，基于身体素质发展敏感期不同，各学段、各年级学生体能素质锻炼内容有区别。情感品格培养是体育教学的“育心”目标，基于体育课程教学内容、形式与方法的多样性以及学生不同阶段自身发展的特殊性，学练内容不同，发展特点有别，学生体育情感与品格培养具有阶段性特征。

一体化体育课程内容的构架需全面而有条理，内容设置应涵盖知识学习、技能培养、身体训练及行为习得这四个关键领域（如图 3-3）。

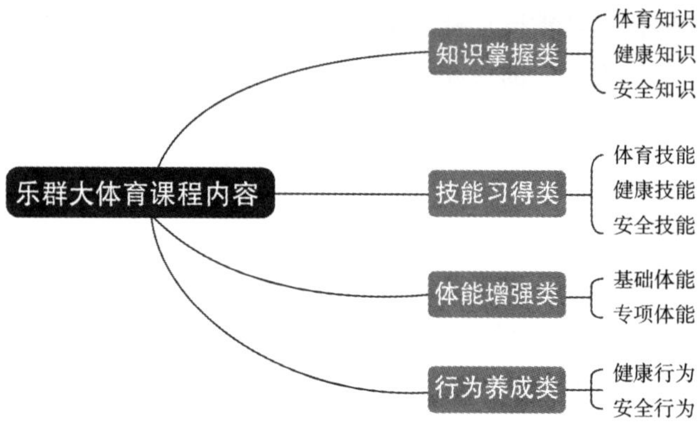

图 3-3 一体化体育课程内容结构

首先，认知获取是学生借由教育习得的行为，在综合化体育教材的编排中如树立主干，囊括了所需掌握的体育理论知识，并延伸至健康、预防安全等多个领域。诸如武术的源流、篮球竞赛章程等属体育领域，而青少年时期进行体育训练的基本知识则属健康类，泳池安全自保指南则是安全类知识。以上各类理论性学识项目构成了知识性学习的重要组成部分，它们为打牢知识的根基提供了帮助，有利于深化其他学习内容，促进身体健康。

其次，学生须透过学习与实践来掌握技艺。技艺涵盖体育活动能力、健康保养能力以及防护安全能力。体育活动能力可进一步划分为基础体育活动能力与特定体育活动能力，其中，基础体育活动能力包含了走路、奔跑、跳跃等日常生活中基本所需的能力，特定体育活动能力则是指篮球、排球、足球、游泳、武术等具体体育项目的相关技艺。学生对体育活动能力的学习与熟练，为日常的体育活动、终身参与体育运动，以及拥有一个健康和幸福的生活打下了坚实的基础。而健康保养能力和防护安全能力的习得，则共同推动了生活品质的提升和生命安全的保障。

再次，学生通过体育锻炼来提升体力。体能训练分为基本体能和专业体能两个核心部分，它们都是体育教学大纲的重要组成部分。基础体能训练能够促进基本运动技术的习得与精进，而专业体能训练则有利于特定运动技术的掌握与提高。拥有一定水平的体能和技巧对于运动素养的塑造和进步至关重要，对身心健康有着积极的推动效果。

第四，学生长期学习、训练、实践养成习惯。此中习惯大抵分为康健习惯及保险习惯两类。康健习惯譬如切实进行预备活动以备激烈运动；而保险习惯则如棍球讲习时，击球练习中确保学生间有恰当的防护间隔。具备健全的康健习惯、相应的知识以及相关技术，三者协同作用可促进身体健康；而配备了防范习惯、了解相应的保护知识及掌握必要的安全技巧，三者共同作用可确保人身安全。人之活动健康与安全并重，方能确实保障生命的安康与品质。

体育教学活动的开展就是依据既定的课程目的，逐步实践课程内容的手段和步骤。在融合乐群大体育理念的综合体育教育模式推进过程中，教学理念、活动方式和学习类别等多方面因素协同作用，统筹致力于满足学生们的成长需求。

三、乐群大体育一体化实施策略

新课标提出，教师要依据学生的学习需求和兴趣爱好，面向全体学生落实“教会、勤练、常赛”的教学理念，这也恰恰体现了校园体育综合性策略和执行的精粹。鉴于具体情况，群众路小学依托“学、练、赛”的三大环节，推进以全校师生为对象的体育活动，积极推进学校“全面体育”发展的综合新策略，全力营造校园体育协同进步的新巅峰。

1. “学”是“常赛”的基石

“学”是一个由外界信息内化为个人知识的过程。体育知识的获取，必须以教师的指导与传授为先导，并在体育教学这个核心场域中得以实施。希望学生能够持续参与体育比赛，就需要他们具备一定层次的体育技术水准，并通过学习来习得。

因此，掌握了相应技能才能成为参赛的根本条件。活泼愉快的“快乐的动会”体育课方式，可以有效提升学生对学习的热情，帮助他们学习并掌握运动技巧。

2. “练”是“学会”的途径

“练”是一项由个人主导的活动。掌握运动技巧需要依靠不断且有规律的刻苦操练。技艺掌握的速度牵涉学生的体质强度及投入训练的时长，故而反复操练是掌握技能不可或缺的途径。对于校园体育而言，课间休息时的大型活动、放学后的体育锻炼、周末的校外活动和体育俱乐部的各类活动，这些都是为学生提供频繁训练机会的有效途径。

3. “赛”是“勤练”的舞台

“赛”是内功外显的过程。学生须将平时训练所积累的体育技艺在比赛中展露无遗，借此收获成就感与快乐，感受体育活动的独特魅力，并彰显体教结合的深远意义。因此，只有“频繁竞技”方能持续为学生提供展示自我技能的平台，并实现教育的宗旨。学校的体育教育工作应致力于为每位学生提供频繁参赛的机遇，通过设置各种赛事如逐课竞赛、逐班较量、年级角逐、校园大赛等多样化比赛形式，赋予学生更多展现自我技能的机会（如图 3-4）。

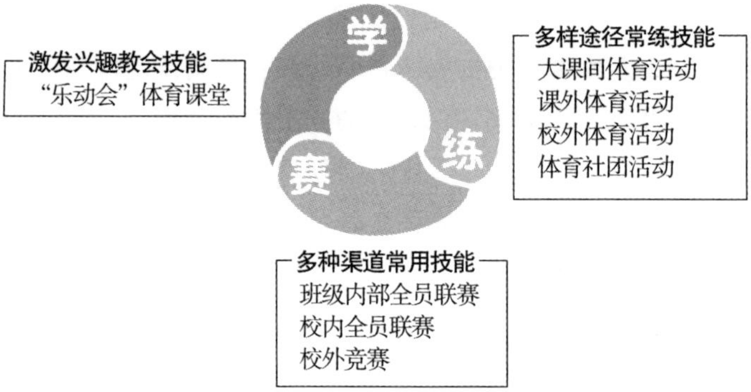

图 3-4 乐群大体育实施“学、练、赛”一体化

教学中如何具体落实开展呢？

1. 基础在“学”

乐群大体育在课堂上彰显了以下特质：注重学生为本的个性化教学法、“寻乐学习”带来的学习兴趣、偏重实际操作的动手能力、体现体育精神的育人功能。它根据“快乐运动会”的教学亮点，结合教师的特长和学生生理、心理成长需求，将国家标准课程本土化，刷新了传统的教学模式。

(1) 培养核心素质对体育课程的连贯性提出了较高标准

技巧的掌握必须经历从泛化到分化、最终自然运用的过程，这需要持久不断地学习才能实现。依据教师团队的专业优势，在三个不同层次上推行“2+1”制体育教学（第一层次为“3+1”），即每周两节基本运动课程加一节具有学校特色的课程。这样的教学设计，基本课程旨在提高学生的基础体能和基本动作技能，校本课程旨在使学生熟练掌握1至2个选定的专项运动技能。通过每周的系统训练，学生能够更有效地学会并应用这些运动技巧。

(2) 课程内容的编排围绕赛事所需进行精心构建

拿篮球课程为例，内容的串联是这样设计的：边移动边运球—对抗持球对手—移动中传接球—盯防空手对手。学生掌握了移动中运球的技能之后，便会在比赛实践中激发出对如何盯防持球对手的学习兴趣；当学生在比赛中遭遇密集防守难以脱身时，便会产生对移动中传接球进行脱困的学习需求。这样围绕赛事需求来设计串联系列课程内容能够使技能传授与比赛实况紧密相连，有效唤起学生的学习动力，并解决了技能教学中低效重复的难题。

(3) 有目的性地学习

教学目标应具体且便于衡量，学生需在明白自己所应掌握知识的内容、学习方式及其运用方法；教师应向学生明确传达详尽的学习标准与操作指南，引导学生带着可评估的学习目的进行学习。教师依照“五会”（会表达、会操作、会应用、会吸收、会为人）的标准，针对每堂课不同的教学焦点，设定学生的学习目标。如在新教授篮球运球课上，专注于技能教授，将“能够准确陈述运球时球触手的位置，能够展现沿直线运球的技巧，能够观察并评判伙伴的技术动作好坏”分别确定对应“会表达、会操作、会吸收”。又如进行篮球运球技能复习的课程，重在技巧的熟练运用，此时的目标被设为“能够在不断移动中躲避追赶者并运球，能够与伙伴共同研究比赛策略并协作，能够恪守比赛规则、做到诚实信用”，分别对应“会应用、会吸收、会为人”。教学大纲“五会”的目标并非必须在单一课堂中全面展现，可依据授课内容及教学模式的差异性，选取重点目标以实施评估。然而，在课程总体目标和各个单元目标的框架下，需对“五会”的具体要求有明确规定。明晰的目标设定有助于学生透彻了解学习内容，从而有效地提高学生自主学习的技能。

(4) 有维度的“评”

学生体育学业质量评价标准，应能全面反映学生体育核心素养培育情况，是学生体育学习与锻炼成果的集中表现。使用“知、能、行、健”四维评价体系，可以对学生认知与知识、技能与运用、行为与习惯、体质健康进行数据收集与评价生成。数据采集方式分为定量与定性两个方面，分别对应日常教学行为和各项测试数据。评价的内容基本属于常规的教学评价内容，但应将评价内容按维度分类并能够尽量以电子化形式采集评价信息，即使理论测试也可以使用平板电脑或者到计算机教室进行网络考试，课堂表现数据可以使用“班级优化大师”等即时评价 APP 对学生进行评价与数据收集，让评价内容转换成评价数据，并按“知、能、行、健”四维进行分类，从而转换成为学生体育学业综合评价数据。

2. 保障在“练”

校外运动项目构成了学校体育教育的关键部分，同样，对于提升学生体能和促进其健康发展来说也是一种关键的活动模式。

（1）大课间体育活动丰富

乐群大体育在确保激励学生们积极性与参与感的前提下，巧妙运用创新思维应对学校空间资源的限制，重新构思了适用于大课间的系列活动。经过细致策划，这些活动在教育含义、娱乐性及科学性上均得到提升，它们主要以适合原地完成的体操动作为核心，辅以其他多元化的项目。如立足于学校特有的健身操和经典田径项目，融入广受学生喜爱的花球啦啦操及有趣的素质与拉伸练习，配合欢快动感的音乐，使学生在移动范围不大的情况下保障锻炼密度与强度。这些活动均伴随着旋律欢快的音乐，旨在保证即使活动空间受限，学生们也能维持相当的锻炼频率和强度。在设计各项动作时，特别强调实用性与简便性，省略了繁杂的技巧动作，并根据学生不同年龄段的身体能力进行微调。例如，对于啦啦操，四至六年级的孩子会练习带有弹力的腿部动作，而一至三年级的孩子只需进行基础的抬腿动作；在步伐移动上，高年级学生会有位置转换以丰富动作变化，而低年级则保持单一方向的步移。经过持续优化和精细调整，大课间的这批活动已在锻炼效果上符合科学标准，据数据统计，活动参与率高达 95%，学生的平均最高心率达每分钟 156 次，均值心率保持在每分钟 126 次，完全达到小学生体质健身的运动密集度和强度标准。

（2）课外体育活动练“兴趣”

课外是学生与同伴一起自发组织进行喜爱的运动和游戏的黄金时间，所以对于课外体育活动需要充分尊重学生的个性与爱好，不做统一、强制的内容限制，而在器材、时间、场地与项目指导方面予以安排并做好保障。器材保障方面，课间学校有部分器材放置于借用处，学生可以随手取器材进行活动，课前将器材放回原处。而体育锻炼时间，学生可以以班级名义到器材室借取活动器材，活动结束后归还。时间与场地保障方面，由学校统筹安排，保障场地合理分配，在确保安全的前提下班班都有专属活动场地与固定活动时间。项目指导方面，学校每日安排体育教师进行巡视与指导，同时结合学校学期赛事安排指导学生进行相应项目的练习。在以上四个方面的保障下，能够有效地给予学生自主发展体育运动的时间与空间，同时在赛事的驱动与教师的指导下培养学生热爱体育运动的兴趣。

（3）校外体育活动练“习惯”

校外体育活动是学校体育的延伸，有利于弥补校园体育活动的局限性，增加不同学生体育锻炼的需求，促进学生养成持续的体育锻炼习惯。校外体育首要解决学生锻炼的“练什么”“在哪儿练”的问题，体育作业应该能够有效指导学生“练什么”“怎么练”，体育作业的时效则重在教师的评价与反馈，且应根据学生水平的不同选择不同的布置作业方式。例如中、低年级的学生，可以利用“天天跳绳”APP 布置作业，内容充满游戏与趣味，还能自动排名，与同学进行 PK，能够吸引中、低年级学生主动参与。高年级学生可以通过 QQ 群或者“体能天天练”APP 进行更多体能与技能的作业布置，学生能够及时提交上传作业，利于教师批改，及时反馈与指导学生校外运动情况。

（4）体育社团活动练“爱好”

专业体育社团作为学校体育的重要组成部分，承担着培养学生运动爱好、提高体育特长学生运动水平的作用。每个体育社团以品牌化运作，拥有自己的团名、团徽，如“飞毛腿”田径社团、“小飞侠”篮球社团、“小精灵”体育舞蹈社团等。部分社团拥有自己的文创品，增加参与学生的认同感与凝聚力。社团依托各自项目特点，形成了各自特色的教学形式。如田径队教练员开发出许多富有趣味性的练习方法和游戏，摆脱田径枯燥无味的训练感，吸引学生参与。又如篮球队以运动教育模式作为训练方法，以赛促练、以练促学，培养有技能、会运用、能比赛的篮球少年。

学校体育社团均呈开放化，社团不是少数特长学生的专属，对学生始终保持开放状态，只要学生对体育社团感兴趣，都可以向社团教师申请加入。以“飞毛腿”田径队为例，每天上、下午都进行训练，周末寒暑假常年无休，学生每日可以任选时间段参加训练，只要想参与训练随时都可以加入。

3. 活力在“赛”

（1）频繁竞技活动

频繁竞技活动是综合教育体系下体育教学中不可或缺的环节。在全面推进体育活动布局时，学校追求让每一位学生都参与比赛，掌握竞技技巧，享受竞赛的乐趣。学校借由特色课程，组织各类课内外比赛、各年级间的竞技和田径赛事等，可谓活动遍布于整个学年，为的是让学生在持续的比赛实践中提升自我技能，促进个性全面发展。

每个参与者均有机会参与竞争。所有的竞赛活动都秉持着人人有份的原则，因此出台了多项确保人人都能加入的规定与标准。以篮球比赛为例，每个比赛阶段必须更换上场的选手，确保比赛终了时全体学生都有参与记录，缺少则被视作输掉比赛。又如，在集体项目中，若团队人数不等，较少人数的队伍需在裁判监督下，从本班级中随机选取学生以平衡人数，促进学生的普遍参与，使竞赛真正变成每位学生展示自我的平台。

(2) 课堂上均设有竞赛式环节

依托体育校本课程，在课内开展班级内部的联赛，这一机制旨在营造一种持续的竞技氛围。例如，在篮球课上，学生被分为六到八个队伍进行比赛，男女混合。以赛事的形式将一整个学期的课程内容连接起来，每堂课都会预留十分钟的时间给学生进行篮球比赛，队伍之间依据既定赛程开展比赛。比赛时，未参赛的学生会担任裁判、计分等角色，这样的做法让所有学生都能沉浸在一个充满激情的篮球比赛中，去体验篮球运动所特有的魅力。

(3) 班级之间经常进行体育竞赛

为了体现体育教育的重要性，学校将班级间的竞赛整合到学校全面教学计划之中。依据学生年龄的特征、学校的体育教学亮点及校本体育课程的内容，每年学校都要为各个年级制订详尽的体育比赛日程安排。每个班级在每学年至少需要参加两场全体学生参与的体育竞赛。参赛的成绩与班级的优秀评定、班主任的绩效考核直接相关，这样的机制旨在提升教师对体育教学的关注程度，增强学生参赛的积极性，进而刺激学生增强自身的运动技能。

实施综合性的课程改良，以及围绕“学、练、赛”的核心理念整合学校的体育活动，实现了学校体育任务的融汇和调和，推动体育教学向着更科学合理、更井然有序的方向发展，确保每位学生都能从中获益。目前，乐群大体育课程的教学、训练和科研等各项工作进展有序，成效显著。校内，开足开齐体育课，并投入大量资源开展大课间、运动嘉年华、课中微运动等丰富多彩的校园体育活动，充分保障学生校内体育锻炼时间，营造浓厚的校园运动氛围；校外，学校积极创新体育家庭作业，开展丰富的亲子体育活动，有效推动了学生良好锻炼习惯的养成，极大提升了学校的品牌影响力。近年来，学生体质健康水平逐年上升，各体育项目运动队均在区、市比赛取得可喜成绩。同时，乐群大体育课程也带动了体育教师的专业成长，群众路小学承担了多项省级体育教师培训，提供示范课、研讨课 30 余节，参与多项省、市、区级课题，获奖多项，发表论文多篇。

第四章　乐群大体育课内课程教学

发展学生核心素养是学校教育教学的出发点和落脚点。体育学科在促进学生核心素养方面具备独特的学科特质。《中国学生发展核心素养》框架中所提出的18个基本要点，如“珍爱生命”涉及掌握适合自身的运动方法与技能，“健全人格”要求具备积极的心理品质、自信自爱、坚韧乐观，“社会责任”强调团队意识与互助精神等，这些要点的实现均与体育学科特性紧密相连。因此，体育学科应在这些要点的基础上展开体育课堂的转向与体育教学的变革，将学生发展核心素养融入体育课堂与教学中，使之与培育学生核心素养的顶层设计产生互动，最终实现学生核心素养的全面发展。乐群大体育积极推动体育课程教学改革，充分发挥好课堂教学发展学生核心素养的主渠道、主阵地作用。

第一节　乐群大体育课内课程的理论架构

学校体育课程的理论架构是构建全面、科学、合理体育课程的重要基础，旨在将体育教育的理论与实践相结合，促进学生身心健康，提高体育技能，培养运动习惯，塑造全面发展的个体。这一理论架构不仅包括体育课程的目标、内容、实施方式、评价标准等方面的理论指导，还涉及对学生个体差异、学习进程、教育环境等要素的深入研究。1949年以来，我国体育课堂教学经历了多次改革，呈现出一个不断探索、不断完善的趋势。

一、体育课堂教学改革发展概述

我国体育课堂教学改革在1949年后取得了一系列显著成果，可划分以下三个阶段：

1. 强调“三基”的课堂教学时期

1949 至 1987 年间，我国体育课堂教学着重于基础知识的传授和问题解决能力的培养。国家先后颁布了五份体育课程标准。这一阶段，我国社会发展的需求、拨乱反正的胜利、改革开放的春风以及国家建设的迫切需求共同推动了学校体育教育的发展。体育教学在此期间逐渐回归本源，重视体育技能的学习与实践能力的提升，强调“三基”（基础知识、基本技术、基本技能）的培养，同时倡导增强体质的理念。

2. 重视培养学生体育认知与实际应用能力的课堂教学时期

1988 至 2000 年间，我国基础教育逐渐复苏，素质教育及终身体育等理念推动了认知能力与实践能力的协同发展，并据此制定了五份体育课程标准。这一阶段的核心目标是培养学生的体育认知能力，大力学生升其实践应用能力，体育教学以体育课程体质健康与运动技能相结合为价值导向，教学内容主要以传授运动技巧和培养健康知识为主。

3. 强调核心素养培养的课堂教学时期

2001 年至今，我国教育领域对核心素养的培养倾注了大量心血，以实现学生全面能力的均衡发展。在此过程中，亦发布了五份体育课程标准。在这一阶段，体育学科的重要任务是推动教学模式从“知识传递”向“素养培育”转型，从而打破传统体育教育中身体锻炼与技能培养的二元分离现象，让课堂主体地位还给学生。其间，体育课堂教学着重关注学生身心健康和实践应用能力的培养，并倡导采用多元化的评价方式。

由上可见，1949 年后中国体育课堂教学历程呈现出从注重“基础知识传授”到“过程方法习得”再到“情意品质建设”及“体育学科能力”的培养，教学目标从强调学生的“认知”能力转向“实操”能力。当前，体育课程的主体地位得以恢复，强调实践育人这一体育学科的本质，充分展现了体育课程“以人为本”的情感关照和“健康教育”的人文理念。

二、学校体育课堂教学演进特征

1. 国家体育课程与健康课程标准的演变特点

体育课堂教学依据体育与健康课程标准开展。结合课程标准的相关表述，可以发现以下特点：

一是基本能力历来受重视。从历史发展的角度来看，基本能力在体育课程标准的设置中始终处于核心地位，无论是在 2001 年、2003 年、2011 年还是 2017

年的版本中，基本知识与技能都是首要的教学目标。在小学体育教学中，虽然认知能力、问题解决能力和综合能力的培养备受重视，但创新能力的培养却并未得到足够的关注。

二是综合能力的重要性不断提升且内容日益丰富。自 1904 年清廷课标首次提出对儿童身体发育、行为习惯的关注以来，综合能力的要求始终呈平衡波动态势发展。进入 21 世纪，体育课程着力推进素质教育，大力提升学生综合能力。例如，2001 年版课标对学生身心发展给予高度重视，体育课堂围绕心理、生理两个层面开展综合能力教学；2011 年版课标在综合能力教学要求中增加了民族传统体育活动项目的学习，并强调学生应掌握营养、卫生和疾病防御等健康知识；2022 年版课标进一步关注健康知识的迁移应用，强调体育与健康教育的融合，突出“育体”与“育心”的相结合。随着课程标准的演变，体育课堂对学生综合能力的培养愈发重视且内容日趋丰富。

三是问题解决能力日益显现多元化特性。随着时间的推移，小学体育课堂教学对问题解决能力的要求也在不断演变，呈现出日益多元化的趋势。在前期，问题解决能力主要关注日常生活中的实际应用，如养护身体、调节情绪等；在中期，重点转向合作交流和适应环境、抵抗疾病等方面；到了后期，则以科学方法为导向，推动多元化发展。这种多元化的趋势反映了小学体育课堂教学对问题解决能力要求的不断深化和完善。在体育课堂中，培养学生问题解决能力的过程，是一个集成了科学方法、实践操作与思维分析能力三者交织发展的过程。这三个关键要素的演变，清晰地勾勒出体育课堂教学从简单到复杂的演变轨迹。自 1978 年版的课程标准开始，就已经对学生的科学方法提出了要求，如“初步懂得用科学的方法锻炼身体”。随后的课程改革使科学方法的表述更为精确，如“学会获取体育与健康知识的方法”和“掌握调节情绪和与人交往的方法”等。

四是实践操作能力的提升在体育教学中具有重要地位。实践操作能力能够激发学生的主动性和主体性，使学生在体育活动中能够更好地发挥个人水平。新一轮的课程改革进一步强化了对学生主体性的重视。2001 年版课标明确指出“安全地进行体育活动”，凸显了体育教学中安全教育的重要性。到了 2022 年版课标，对于实践育人的重视达到了一个新的高度，强调让学生在实践中深化认识、提升自我。

五是思维分析能力在体育教学中也扮演着重要角色。这种能力在 1988 年版课标中首次被提及，但当时仅被简单地概括为注重能力培养和启迪思维。而在 1992 年版课标中，对思维分析能力的要求保持了一致的方向。到了 2022 年版课标，对于学生思维分析能力的要求更为明确和具体，强调学生要具备举一反三、融会贯通的能力，并能运用结构化的知识与技能解决生活中的实际问题。这一变化反映了对学生思维分析能力培养的深入和细化。

六是认知能力由外而内地迈向平衡与多元。体育课堂在认知能力培养方面经历了三个阶段。首先，在1950年以前的基础阶段，人格品质是主导，重视个体品德的塑造；其次，1950—1978年，进入了价值观念的塑造期，主要强调“共产主义、集体精神、爱国理念”的教育；最后，1978年以后，以情感态度的培养为主。总体来说，认知能力由外部驱动逐渐向内部平衡与多元化发展。

此外，在体育课堂教学中，人格品质和价值观念的培养至关重要。自1987年起，课标对认知能力的要求逐渐丰富，人格品质的培养注重体育道德与品格的养成，价值观念涉及团队精神、革命精神等。2022年版课标更加强调体育品德的塑造，并强化了其他方面的培养要求，学科本质在认知能力中的比重较小，情感态度的培养则始终贯穿其中。

2. 小学体育课堂教学改革演进特征

在回溯体育课程标准中体育课堂教学要求的变革历程时，我们可以清晰地看到，其具体内容、叙述方式和价值取向都经历了根本性的变化，其内涵和外延也在不断地丰富和拓展。在起始阶段，体育课程教学将重点放在培养学生的问题解决能力和综合能力上，强调对学生全面素质的培养；随着时间的推移，体育课程教学的重点逐渐转向对学生综合能力、认知能力的培养，注重在体育教学中提高学生的思维能力和实践能力；而到了当前的深化时期，体育学科能力的培养已经呈现出多维并进、动态相融的发展趋势，注重在体育教学中培养学生的综合素质和全面发展。具体表现为以下四个特征：

（1）从单一分离走向多元融合

首先，体育课程教学的模式经历了从单一到多元的发展。自1949年以来，课程教学的要求逐渐转向对学生认知能力和问题解决能力的并重。随着改革开放的推进，体育课标开始强调创新能力的培养。这一转变反映了教育理念的不断更新和完善，旨在培养具有全面能力的学生。

其次，体育课程教学的内容也经历了从彼此独立到相互交融的演变。在早期的体育课程中，问题解决能力的培养主要关注儿童的身体护理和生长发育。然而，随着时间的推移，课程内容的范围逐渐扩大，融入了科学锻炼方法和体育娱乐方法等内容。这种变化有助于学生在学习过程中获得更广泛的技能和知识，提高他们的综合素质。

此外，体育课程改革对学科能力的要求也在逐步完善。除了传统的认知能力和基本技能培养外，问题解决能力和创新能力逐渐成为重要的培养目标。这种转变反映了教育体系对人才培养的全面性和创新性的重视，旨在培养具有创新思维和实践能力的学生。

综上所述，体育课程教学的历史演变体现了教育理念的不断更新和发展。从单一的教学模式到多元的课程内容，再到对学科能力的全面要求，这一系列变化都反映了教育体系对人才培养的重视和努力。通过不断完善和更新教育体系，我们可以培养出更多具有全面能力和创新精神的学生，为未来的社会发展做出积极贡献。

（2）学生主体性与学科实践性发展并重

在我国的义务教育阶段，小学体育课程教学的历程一直与学生的主体性和学科实践性的演进并行。随着时间的推移，体育、教学、学生、运动、学习、活动等关键要素在体育课程标准中出现的频率持续增加，反映了教学内容的不断充实。这一过程清晰地描绘了学生个性塑造和问题解决能力发展的逻辑链条。从1904年的体育课程标准中开始强调学生的身体养护，到2001年的课程标准进一步强化探究能力，体育课堂的教学目标已经从单纯的知识应用和体能强化转变为对综合实践能力的重视。

与此同时，学生的主体性也在教学过程中逐步突显。这不仅仅体现在课标内容的演进上，更在于教学方法和理念的变革。特别是在2001年的课程标准中，对于发展学生的个性、积极性、自觉性、独立性和创造性的明确要求，标志着学生主体性在体育课堂教学中开始受到更多的关注和重视。这种变化不仅体现了教育理念的进步，而且在实质上推动了学生在体育学习中的主动性和参与度。

（3）贯彻可持续发展教育理念

在实施可持续发展教育相关国际承诺之后，教育的价值与意义得以显著提升，并且与科学、政治意愿齐头并进，被公认为实现可持续发展目标的支撑力量。体育课标提出的“培养学生的革命精神、组织规约、公民道德、奉献精神、社会责任感”等内容，可以视作可持续发展教育价值观在体育教学中的具体体现。而“建立和谐的人际关系、用科学的方法参与体育活动、注重能力的培养、启迪思维、将技能应用到日常生活、发展实践和创新能力”的要求，则可视为可持续发展行为目标和行动维度在体育课堂中的实践。自2001年以来，可持续发展理念与体育教学的融合不断深化，从技战术思维、培根铸魂、启智增慧到科学志趣、创新意识养成等各个层面，全面融入了可持续发展教育理念。2022年版课标进一步强调面向未来、改革创新，注重以体育人、综合育人的理念，并对学生可持续发展能力提出了更高的要求。

(4) 不同发展阶段价值取向悬殊

在过去的百年间，我国小学体育学科的教育理念经历了深刻的演变。从强调集体和基础的“双基”教育，到注重个体发展和综合素质的素养教育，我国体育教育不断适应时代的需求。同时，教学方式也从传统的灌输式教学转变为师生互动、共同成长的合作模式。这种变化不仅体现从对知识和效率的关注转向对创新和发展的重视，还揭示了体育学科价值观念的深刻转变。

体育学科的价值不仅在于基本技能和综合能力的培养，而且在于问题解决能力、认知能力和创新能力的提升。这些能力的提升反映了体育学科价值客体内涵的变化，体现了价值主体内在需求的演进。在体育课堂教学中，以社会自我控制为导向的教育观念逐渐转向以协商和个体超越为导向的教育观念。这种转变反映了教育观念的不断进步和开放，也体现了对学生个体需求和社会发展的关注。以2001年版课标为例，它首次提出了对学生社会适应能力的发展要求，这促使相关课堂教学研究更加关注学生个体与社会和谐相处的状态与过程。通过深入探讨学生社会自我价值取向与个体自我价值取向的统一，我们能够更好地理解体育教育的本质和目标，为未来的教育改革提供有益的借鉴。

3. 当前小学体育课堂教学亟待改进

随着教育的现代化步伐不断加速，学校体育在学生全面发展以及落实立德树人任务中的重要性愈发突出。根据新课标，体育学科的核心素养在各个教育阶段得到了明确。体育课程的目标在于培养学生的运动能力、健康行为和体育品德，从而为学生未来的发展奠定坚实的基础。

在审视当前的教学现状与已有的研究资料后，我们发现了一些值得关注的问题。尽管前人从多个角度对核心素养在体育课堂教学中的培养进行了探讨，但研究仍存在一些局限：首先，核心素养的理论研究较多，而关于如何将其融入体育课堂教学的实践研究相对较少；其次，新课标所提出的大单元教学和结构化教学等新理念在实践中的运用尚处于起步阶段；再者，核心素养在体育教学内容的选择、学习方式的深化以及课堂学习评价等方面的实际融入程度仍需进一步研究，以更好地体现新课标的精神；最后，在实际教学中，缺乏统一的目标引领使得课时设计的目标制定多样且未聚焦于核心素养。

面对这些挑战与局限，我们需要进行深入的研究与实践探索，以推动学校体育教学的持续改进。通过加强核心素养与体育课堂教学的融合研究，深化大单元教学和结构化教学的实践探索，以及关注教学内容选择、学习方式创新和课堂学习评价等方面的研究，我们有望更好地实现学校体育在促进学生全面发展以及落实立德树人任务中的关键作用。

从深层次原因来分析，体育学科核心素养的概念在2017年的高中体育与健康课程标准的修订中首次被明确提出。它的产生背景并非体育学科自身发展的内在动力，而是受到了《中国学生发展核心素养》发布的影响，并被期望在学校教育的各个学科中得到实施。然而，这也导致了体育学科核心素养的组成要素过于复杂，各要素之间缺乏内在的逻辑性和紧密联系，无法有效地反映出体育学科核心素养的特点和要求。体育学科核心素养的提出并非来自基层的实践经验，而是由体育课程的理论研究者提出的，因此在实际的教学过程中，许多基层的体育教师仍然坚持传统的教学观念和方法。例如，他们通常认为在师生关系中，教师应当处于权威地位；在课堂教学目标上，他们过分强调目标的达成而忽视了过程中的体验；在运动技能的学习上，他们更注重单一技能的反复练习和掌握。这些观念都不利于发展学生的学科核心素养，因此，体育教师需要基于核心素养重新审视和理解体育教学，转变他们的教学观念和思维方式。

此外，体育课堂教学的内容选择也是一个重要的问题。目前，许多小学的体育课堂主要围绕《国家学生体质健康标准（2014年修订）》的测试内容进行教学；大部分初中的体育课堂则紧密围绕体育中考的内容展开，特别是在初三阶段，体育课堂的学习内容基本上都是中考的测试项目。这些现象的产生有多方面的原因，其中最主要的是受到《国家学生体质健康标准》测试、体育中考以及传统单一技术教学观念的影响。

综上所述，核心素养属于整体的规划设计，而课堂教学则是具体的实施过程。如果两者之间缺乏有效的沟通和衔接机制，就很难实现从顶层设计到基层实践的无缝对接。群众路小学在这方面做出了有益的尝试，基于发展学生核心素养的理念，构建了乐群大体育的课堂教学体系，成功地将顶层设计与基层实践相结合，为推进体育课程改革提供了“群小经验”。

第二节　乐群大体育课内课程教学图谱

体育学科核心素养是学生核心素养在学科层面的具体体现，是体育课程学习过程中形成的关键能力与品质，具有终身、关键和持久的特点。我国对学生核心素养的顶层设计为体育学科核心素养的发展提供了指导，但其真正落实则依赖于体育课堂与教学实践。因此，体育学科核心素养的发展必须紧密结合体育课堂与教学，使它真正惠及学生。

体育学科的核心素养是培养学生全面发展的关键要素之一。在体育教学中，我们应注重培养学生的体育核心素养，使它成为学生终身发展的必备品质。为此，群众路小学积极探索基于核心素养的体育课堂呈现与教学转换方式，以实现学生体育核心素养的落地生根。

一、乐群大体育课内课程体系的课程实施架构

乐群大体育课内课程教学体系是基于发展学生核心素养的体育课堂呈现与教学转换的实践成果，以“三核五维一基多元”为基本框架（如图 4-1），注重培养学生的体育核心素养，促进学生的全面发展。

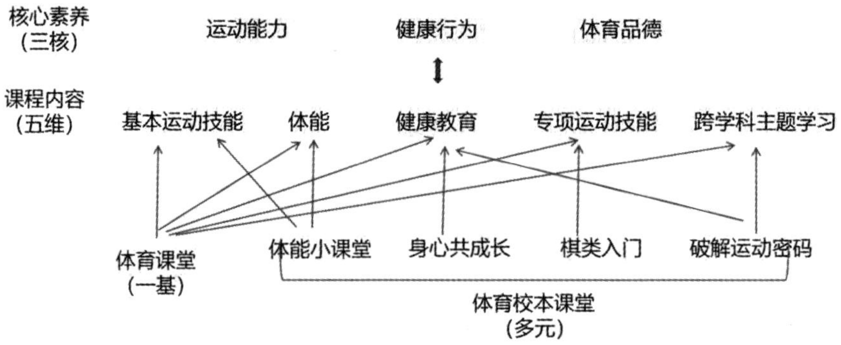

图 4-1　乐群大体育课内课程教学图谱

乐群大体育课内课程教学体系的“三核”是指体育课堂应具备的三个核心要素：运动技能、身体素质和体育品德。在体育教学中，我们注重培养学生的运动技能，提高他们的身体素质，同时培养他们良好的体育品德，如尊重规则、团队合作、勇敢拼搏等。

乐群大体育课内课程教学体系的“五维”则是指体育教学在促进学生全面发展过程中应关注的五个维度：健康行为、运动参与、运动技能、心理健康和社会适应。这五个维度的全面培养，可以有效地提升学生的体育核心素养，为他们终身发展奠定坚实基础。

乐群大体育课内课程教学体系的“一基多元”是指以基础性运动技能为核心，通过多种运动项目和教学方式的融合，实现学生体育核心素养的多元化发

展。在体育教学中，我们应注重基础性运动技能如跑、跳、投、掷等的培养，同时结合多种运动项目和教学方式，以及游戏化、竞赛化等教学手段，激发学生对体育运动的兴趣和热情，提高他们的运动技能和身体素质。

总之，乐群大体育课内课程教学体系是培养学生体育核心素养的有效途径。通过“三核五维一基多元”的实践运用，我们可以更好地将学生核心素养的培养融入体育教学中，促进学生的全面发展。

二、乐群大体育课内课程教学方式的特点

根据体育课程标准，学校尝试建构了一种新的教学方式，它以培养核心素养为核心，涵盖了基本运动技能、体能、健康教育、专项运动技能和跨学科主题学习等五大教学内容。为了实现这一目标，创建了多种不同的体育校本课堂，如“体能小课堂”“身心共成长”和“破解运动密码”等。这些课堂形式各异，旨在为学生提供丰富多样的学习体验，激发他们对体育的兴趣和热情。这种教学方式强调体育与生活的紧密结合，旨在通过丰富多样的活动和项目，激发学生的运动兴趣，培养他们的团队协作能力和创新精神。

1. 从消极到积极：改变学习模式

被动学习往往表现出消极的态度，机械地、受他人支配地学习，甚至带有抵触情绪。在这样的学习模式下，学生缺乏学习热情和参与度，导致学习效率低下、进展缓慢、氛围沉闷。而主动学习则表现出积极的态度，可以灵活地、自主地控制学习过程，并怀有较高的学习意愿。在这种模式下，学生充满学习热情，积极参与学习，从而提高学习效率、加快学习进度、课堂氛围活跃。

乐群大体育课内课程通过创新的教学方式，成功地促使学生学习态度从被动转为主动。首先，教师们利用课堂反馈、竞赛机制和评价体系，激发学生的自信心，使他们相信自己有能力掌握知识和技能。其次，教师们精准地调整教学难度，充分了解学生的学习情况，以适应不同学生的需求，避免了过于简单或过于困难的内容，确保教学内容既具有挑战性又充满趣味性。此外，教师们还给予学生适当的自主权，鼓励学生自主选择、合作探索，培养学生主动学习和解决问题的能力。以投掷动作的学习为例，教师创造条件让学生探究不同姿势和发力点对投掷效果的影响，激发他们的好奇心和探索欲望。同时，教师们也特别关注后进生，及时给予他们鼓励和引导，帮助学生建立信心，明确努力方向，使每个学生都能在体育学习中取得进步。对于表现优秀的学生，教师们也会给予肯定和鼓励，并鼓励学生发挥榜样作用，带动同伴共同进步。

在乐群大体育课堂教学中，我们深入贯彻了“乐”的理念，即把握适度的快乐，摒弃浅尝辄止、浮于表面的快乐，追求深层次、丰富多彩、更具满足感的快乐。例如，在每节体育课前，教师会安排具有针对性的热身活动，旨在使学生在活跃身体的同时，能够全神贯注、充满兴趣。这些热身活动经过巧妙的调整，能使学生感受到体育运动的乐趣，为后续的教学做好准备。在快乐的体验中，学生自然而然地积极参与。

乐群大体育课堂教学中学生的自主性和积极性是对“群”的核心理念的最好诠释。当前，体育课堂上并未出现学生消极偷懒的情况，大部分学生都能紧跟课堂节奏积极参与各项练习，并且乐于与同伴一同参与课堂运动。这得益于教师在体育课堂教学中增加了群体参与的机会和时间，并对“乐群”活动的适应性进行了合理分层，以确保测量得到的练习密度和运动负荷是相对合理的。比如，在学习运球时，教师通过团队竞技的方式激励学生参与课堂练习，并根据比赛距离、设置障碍、运球条件等设置有趣的游戏规则，确保每个学生都乐于参与，并在分层比赛中获得成就感。

总的来说，乐群大体育的体育课堂不仅使学生享受运动带来的乐趣，而且激发他们思考的积极性；不仅推动学生主动参与，而且培养他们持续参与的习惯；不仅让学生愿意参与，而且使他们乐于融入群体。

2. 转变教学方式：从教师主导到学生自主

在传统的体育课堂教学中，师生关系通常是教师传授、学生学习的方式。这种方式注重形式，忽视了学生的实际学习效果。尽管有不同的教学方法，学生往往不明白如何真正地学习；虽然有统一的评价标准，学生真正掌握了多少并不清楚。

“学导式”教学是一种新的尝试，它主张学生先行学习，教师再给予指导和引导。这种教学方式的应用使得师生在课堂上的角色和态度发生了显著变化，教师从传统的“教”的角色转变为更加注重引导的角色。

乐群大体育课堂采用“学导式”教学方式，以发展学生的核心素养为出发点，意味着教学应该围绕学生的发展需求进行。如果学生的主观能动性没有得到充分的调动，他们的发展速度就会减缓；如果学生在课堂上只是被动地接受学习，那么“以学生发展为中心”的理念就无法实现。因此，乐群大体育课堂教学强调教师的主导作用和学生的主体地位。当学生的主体地位得到充分体现时，教师的主导性可以更多地倾向于引导和帮助学生进行学习。也就是说，教师应该在学生学习现有方法的基础上，帮助他们纠正错误的学习方法，掌握更好的学习方法，从而提高学习效率，这样才能使新课标中倡导的课程基本理念“以发展学生核心素养和增进学生身心健康为主要目的”得以实现。

通过“学导式”的教学方式，学生能够积极参与学习，由于事先有了体验，他们在学习中的运动表现更加精准。例如，在“身心共成长”的校本课程中，教师通过提问、讨论和辩论引导学生思考“身心健康的标准”，让他们从自身出发探究如何通过合理作息、坚持运动和膳食搭配来实现身心健康。

3. 浅表变深层：课堂上变革传统学习环境

在当前的体育教育背景下，传统的体育课堂模式已经逐渐显现出其局限性，为了更好地培养学生的体育核心素养，深度课堂的转型成为教育发展的必然趋势。深度课堂并非简单地改变教学方式，而是要构建一个以学生学习为中心的课堂环境。

在乐群大体育的教育理念下，体育教师需要从学生的实际需求出发，深入了解学生的体育基础和目标需求，以便更好地指导他们的学习。在教学过程中，教师需要充分利用肢体语言、身体互动和口头指示等方式，对学生进行有效的反馈和引导，从而帮助学生更好地理解自己的学习情况和进步程度。同时，教师还需要引导学生进行批判性思考和反思，鼓励他们提出问题并寻找答案，以培养他们的自主学习能力和批判性思维。

在乐群大体育的深度课堂中，学生不仅是学习者，而且是课堂的重要参与者。他们需要主动参与课堂活动，通过实际操作和体验来加深对体育知识的理解和掌握。同时，教师需要根据学生的实际情况和学习需求，灵活地调整教学方式和内容，以满足学生的学习需求。

总的来说，乐群大体育的深度课堂强调的是学生的主动学习和积极参与，同时也需要教师的有效引导和反馈，由此可以更好地培养学生的体育核心素养，促进他们的全面发展。

4. 转变单一评价为全面性综合评价

根据新课改的要求，体育学习评价应实现过程性评价与终结性评价的结合。传统的终结性评价过于关注学生对运动技能的掌握程度或通过测试学生体质健康和体能水平来评估学习效果。然而，这种评价方式存在局限性，既不能全面反映教学质量，也难以调动学生的学习积极性。

为了解决这一问题，乐群大体育课堂评价采用多维度、综合性的评价方式。这种评价不仅关注学生的学习过程和结果，还注重学生的个体差异和全面发展。通过多元化的评价手段，如记录学生出勤、课堂表现、随堂测验等，结合过程性评价与终结性评价，能更全面地了解学生的学习状态和实际效果。

在乐群大体育课内课程的评价体系中，“乐”代表着体育运动给学生带来的愉悦体验，强调学生在体育学习中的幸福感受；“群”则关注学生在团队中的合作与贡献，评价学生在集体中的价值；“乐群”则从整体上衡量学生在乐群大体育课程中的全面发展，满足学生的多元化需求。

乐群大体育课内课程的教学评价是一个持续发展的评价体系，不仅关注学生的心理变化，还深入了解学生的学习方式，以确定哪些教学内容和方法更符合学生的学习需求和能力提升。体育学科的特殊性要求我们以“乐群”为评价标准，这既是一种行为要求，也是对学生心理和能力的全面评估。乐群的积极程度与学生的学习动力、已有的运动习惯及性格特征紧密相关。在乐群过程中，学生的表现，特别是他们在学习中的思考能力、科学的体能锻炼方式及应对突发情况的能力，都是评价学生学习效果的重要依据。乐群大体育课程评价关注学生从无到有、从少到多、从知识技能掌握到实际应用的动态发展过程，强调发展中学生学习成果的优劣变化。

乐群大体育课内课程的教学评价利用现代信息技术手段，提高评价的客观性和科学性。我们尝试构建智能评价体系，结合主观评价和客观数据，为教学提供更有针对性的反馈。例如，通过智能设备记录学生的运动数据，包括运动时间、心率变化和能量消耗等，可以更准确地掌握学生的运动负荷和课堂组织的合理性。这种智能评价方式不仅提高了评价的效率，而且为体育教育质量的提升提供了更准确的判断依据和改进建议，符合未来教育的发展趋势。

可见，乐群大体育课内课程能够给学生带来幸福感、存在感和获得感的体验。当我们将评价的焦点集中在这“三感”上时，它便超越了传统评价的局限性，成为一种更为开放、包容和立体的综合评价。这种评价方式不仅是对原有评价方式的超越，更是从学生的学习与发展角度出发提供了更为精准的评价标准。

三、乐群大体育课内课程的教学成效

通过多年的实践，乐群大体育课内课程致力于实现六个转变：

1. 体育教师角色重塑：从权威转向至关重要的伙伴

在乐群大体育课堂中，教师角色发生了显著的转变，主要反映在教育理念的更新和学生主体地位的加强。

传统的体育教学中，教师常常以“控制者”的身份出现，强调规则和秩序，而学生则处于较为被动的地位。然而，在乐群大体育课堂中，教师的角色逐渐从

“控制者”转变为“引导者”和“伙伴”。这种转变不仅体现了教育观念的进步，而且突显出对学生个体需求的尊重和满足。

乐群大体育课堂中的教师不再仅仅是传授运动技能和知识，更是通过引导学生积极参与和交流，帮助学生发现自己的潜能，培养终身体育的意识和习惯。他们不仅教授运动技能和知识，更注重培养学生的综合素质和自主学习的能力。

教师的角色转变在乐群大体育课堂中具有显著的教育意义。这种转变使得教师能够更好地理解学生的需求，关注学生的个性化发展，并在教学过程中提供有针对性的指导和支持。此外，教师的角色转变也促进了师生间的互动与合作，加强了彼此之间的情感联系和信任。

在乐群大体育课堂中，教师作为“引导者”和“伙伴”的角色，能够更好地激发学生的兴趣和动力，促进他们的积极参与。同时，教师通过引导学生进行反思和总结，可帮助他们更好地理解和掌握运动技能和知识，促进他们的全面发展。

总之，乐群大体育课堂中的教师角色转变对于培养学生的体育核心素养具有积极的影响。这种转变有助于提高教学质量和效果，促进学生综合素质的发展。同时，教师角色的转变也反映了教育观念的不断更新和教育发展的新方向。

2. 对于教学效果的再思考：从“目标导向”到“过程导向”

在教育领域中，我们常常以教学目标是否达成来评价教学效果的好坏。传统的体育教学中，我们依据布卢姆的分类来设定认知、情感和运动技能的目标，并以此作为教学效果的衡量标准。然而，这种以目标为导向的教学方式在实践中逐渐暴露出其局限性。

当我们重新审视体育教学的目标时，不禁要问：“除了目标是否实现，我们是否更应该关注学生的体验和感受？”“如何在教学过程中培养学生的认知和情感目标，并对其进行合理的评价？”这些问题促使我们对传统体育教学进行深入反思。

乐群大体育课内课程为我们提供了一个新的视角。它不再仅仅关注教学目标的实现，而是将视线转移到教学的全过程中。在这个过程中，教学内容、教学方法和师生互动策略等要素都发挥着重要的作用，共同为学生的学科核心素养发展创造了一个良好的环境和体验场域。在这样的课堂中，学生的体育品格、体育精神以及健康行为所需的情绪调控和适应能力得以发展。例如，通过强调同伴间的合作、对话、反思和体验，学生能够更好地理解团队合作的意义。只有当学生真正体验到同伴合作对自身运动学习的帮助，他们才能深刻体会到合作对个人成长和学习的深远意义。

因此，我们应该重新思考教学效果的评价方式。除了关注目标的实现，我们更应该注重学生在过程中的体验和感受，以及如何在教学过程中培养和评价他们的认知和情感目标。这不仅有助于提高体育教学的质量，更有助于促进学生的全面发展。

3. 课堂教学的转型：从“浅层教学”走向“深度教学”

在课堂教学模式的转变中，我们看到了从浅层教学向深度教学的迈进。对于发展学生体育学科核心素养，深度教学的理念显得尤为重要。郭元祥教授的观点是，深度教学并非简单地增加知识量或提高难度，而是基于知识的内在结构，引导学生深入理解学科的思想和意义系统，而不仅仅是停留在表面的符号学习上。

在体育教学领域，这要求我们重新审视运动技能与技术的本质。传统体育教学往往过于注重技能和技术的传授，而忽视了技能和技术背后的价值和意义。乐群大体育课内课程则更加注重重新发现和挖掘运动技能背后的价值，不仅关注学生通过学习运动技能来掌握技能和技术，而且进一步地关注学生在学习过程中的思维、逻辑和方法。

发展学生体育学科核心素养，不仅仅意味着提高学生的运动能力，更重要的是培养学生的体育精神、道德观念、品格和健康行为。这一理念与深度教学中的关键特征是相吻合的，即对目标的深入理解、对教学过程的体验和反思，以及情境性的评价。

乐群大体育课内课程对于发展学生学科核心素养的教学目标具有过程性、具体性及具身性三重特点。运动技能的掌握和技术应用的熟练程度是具体可测的、具身实践的、可衡量的目标。然而，对于学生体育情意因素的目标则是过程性的，需要学生在参与运动学习的过程中逐步体验和培养。

在乐群大体育课堂中，教师会充分利用情境进行教学活动。例如，在一次观摩中，教师利用游戏比赛环节中出现的犯规情况，引导学生进行深入的反思。这种反思不仅是对规则的反思，还是对体育精神、团队协作等体育伦理和价值观的反思。教师通过这种情境性的评价方式，帮助学生将学科核心素养内化为自身的价值观和行为准则。

综上所述，乐群大体育课内课程通过深度教学的方式，致力于发展学生的体育学科核心素养，不仅关注技能和技术的传授，还注重培养学生的思维、价值观和行为方式。这种教学模式对于培养全面发展的人才具有重要的意义。

4. 走向深层次理解：从“技能肯定”到“技能超越”

乐群大体育课内课程的教学理念，不局限于技能的传授，还注重学生的自主学习和价值观的塑造。体育与健康的核心素养相互关联，其实现依赖于学生的身体锻炼和运动参与。例如，体育品德素养都需通过运动技能的学习和运动参与来体现。因此，乐群大体育的课堂教学首先强调“技能肯定”，即肯定学生的运动能力素养是发展其他素养的基础和前提。

同时，乐群大体育的课堂教学也追求“技能超越”。这种超越并非技能的量与难度的增加，而是深入技能的本质层面。它重视学生在运动技能学习和运动参与过程中的身心体验，让学生在运动中体验到成功的喜悦和进步的快乐。此外，作为社会场域的体育教学，应让学生在运动参与中感受到角色的价值，回归教育的本源。

简言之，乐群大体育课内课程旨在实现学生运动技能、运动参与、身体健康、心理健康和社会适应的全面发展。通过充分发挥体育的育人功能，我们能够有针对性地培养学生的体育学科核心素养。例如，在运动能力方面，我们要求学生掌握两种运动技能，了解规则并参与比赛；在团结合作等体育情感方面，我们通过“技能超越”的方式，进一步发展学生的体育学科核心素养。

5. 教学主体转变：从“师讲生练”走向“师生对话”

在教育领域，教学主体的转变是一个不断演进的过程。从传统的“师讲生练”模式，逐渐向更具互动和开放性的“师生对话”模式发展。这种转变不仅体现了教育理念的进步，还反映了对学生学科核心素养培养的重视。

在体育与健康学科核心素养的培养中，学生的主体感受尤为重要。教师的关怀行为，不仅体现在对运动能力和体育品德的关注上，还延伸至对学生心理活动状态的了解和关心上。这一过程强调了“师生对话”的价值，成为乐群大体育课内课程的重要组成部分。

乐群大体育课内课程致力于将教学过程中的“师讲生练”模式转变为更为人性化和个性化的“师生对话”。这不仅是形式的改变，还是教学内涵的升华。通过教学对话，学生能够在运动参与中发现问题、解决问题，实现从“以教为主”向“以学为主”的真正转变，从而将过分关注传授知识与技能转变为培养学生核心素养，促进学生形成积极的学习动机、学习态度和学习行为，最终实现自我成长和学科核心素养的提升。

“师生对话”并非简单的言语交流，而是建立在问题意识基础上的深度互动。这种对话不仅发生在课堂上，还延伸至课后的反思和总结上。通过对话，学生能够更深入地理解运动技能和比赛规则，培养出良好的心理品质、人际交往能力和合作精神。

在乐群大体育课内课程中，“师生对话”是实现“育体”与“育德”双重要求的关键环节。通过教师提问，学生表述对动作的理解，师生不但实现知识的传递，更是彼此敞开精神世界，促进了精神交流和价值分享。教师能够及时发现学生在运动参与中的困难和问题，给予针对性的指导和帮助。同时，师生对话的过程也是引导学生与学生对话、学生与自我对话的过程，为学生提供了展示自我、表达观点的平台，有助于培养他们的批判性思维和自主性。

综上所述，教学主体的转变是教育发展的必然趋势。在“以学习为中心”的前提下，从“师讲生练”到“师生对话”，不仅是形式的变革，还是教育理念的升华。乐群大体育课内课程作为这一变革的积极践行者，通过“师生对话”模式，为学生学科核心素养的培养提供了有力支持。

6. 教学内容组织：从“技能教学”走向“主题教学”

为适应新时代发展学生体育学科核心素养的新一轮课改要求，我们必须超越传统的教学框架，即以运动技能和技术传授为主导的课程内容组织方式。在传统“精讲多练、勤学常赛”的基础上，更多地以运动文化和运动体验为中心，构建一种主题教学模式——聚焦主题，设计完整的学习活动，将“学、练、赛”有机结合，引导学生在充分动起来的过程中享受运动乐趣，形成丰富、深刻的运动体验，在做中学、学中思、思中得。过去，我们的体育教学过于强调运动技能的提高和训练，以教会学生为目标，而对学生的情感态度、价值观的培养以及运动项目的深度体验缺乏足够的关注。这种以技能为中心的教学内容组织方式，虽然有助于学生掌握运动技能，但并不完全符合体育与健康学科核心素养的发展要求。体育与健康学科核心素养不仅仅包括对学生运动能力的培养，更重要的是培养学生的体育品德和健康行为。

为此，我们需要转变思路，超越过去的技能中心教学模式，转而采用主题教学模式来组织教学内容。乐群大体育所倡导的主题教学模式需要整合三个关键要素：情境创设、教学模式的创新运用以及情境中的评价。首先，情境的创设应该是可见和显性的。在乐群大体育课内课程教学的主题教学模式中，情境创设应紧密围绕学科核心素养，确保其实效性。例如，在运动项目比赛的对抗与竞争情境中，学生可以体验到尊重对手、遵守规则及团队合作的重要性，从而获得积极的情感体验。

其次，体育课堂上的探究性“问题链”要从教学的实际目的出发，围绕教学目标提出一系列探究性较强且有层次性、有针对性的问题，在小组内或学生之间探讨的过程中引领学生灵活运用所学知识和经验，去分析问题、进行实践并得出结果。例如，在学习排球正面双手垫球的内容时，采用小组自学的方式，在小组长的带领下观看排球正面双手垫球的视频，教师提出有中心、有序列、相对独立的问题。在教师的引导下，从实际关键性问题出发并不断追问，层层递进，促使学生产生疑问，进行分析和验证，产生深度的思考，帮助学生深入体验探究过程。

最后，我们需要立足前两者，实现在教学过程中对学生学习的情境性评价。这是发展学生体育学科核心素养的关键，也是由体育与健康学科核心素养的特点所决定的。体育学科核心素养具有可学、可教、可操作和可显性评价的特点。针对体育精神、品格、道德以及健康行为等内容，我们需要在情境中进行评价。例如，在同伴之间的合作中，应及时地鼓励和点评，让学生体验到合作的意义和价值。

因此，建立以主题教学式的教学内容组织方式对发展学生学科核心素养至关重要。这种教学内容组织方式，不仅有助于提高学生的运动技能和知识水平，还能促进他们在情感态度、价值观以及社会适应能力等方面的全面发展。例如，可在游戏环节让学生分组进行讨论，于不违反规则的前提下如何更好地进行团队协作，以尽快地完成游戏任务并取得胜利。

第三节　乐群大体育课内课程问题导学案例

乐群大体育课内课程在实施中，面临着诸多需要解决的实际问题，这里结合水平 1 中二年级的《双人合作跳短绳》一课，着力探讨如何以问题导向为核心培养学生的核心素养，并提升他们的综合实践能力。

首先，传统体育教学中存在一些显著的问题。如：教师往往采用灌输式教学，导致学生缺乏独立思考和探索的空间；教学设计过于简单，缺乏深度，导致学生无法真正理解和掌握知识与技能。这些问题不仅限制了学生的思维发展，也影响了他们的学习效果。

为了解决这些问题，乐群大体育课内课程尝试采用问题化教学方式，强调从学生的实际需求出发，根据他们的身心特点进行有针对性的教学设计。教师通过设置问题情境，引导学生主动思考和探索，培养他们解决问题的能力。同时，教师还鼓励学生提出自己的问题和见解，激发他们的创新思维和批判性思维。

在《双人合作跳短绳》一课中，我们进行了具体的问题化教学实践。教师通过设计一系列问题情境，引导学生思考双人合作跳短绳的技巧和方法；鼓励学生自己提出问题，引导他们在实践中寻找答案。这些方式，有效地促进了学生思维的发展和实践能力的提升。

在未来的教学中，我们将继续深化问题化教学的实践和探索，为提高体育课堂实效做出更大的贡献。

一、乐群大体育课内课程开展问题设计链条化的意义

乐群大体育课内课程作为一种强调团队协作和社交能力的综合性体育课程，对于问题设计的要求尤为严格。而问题设计链条化的方式，正是在这一背景下应运而生的一种教学策略。所谓链条化问题，是指通过一系列相互关联、层层递进的问题，帮助学生建立起完整的知识体系，培养他们解决问题的能力。

在乐群大体育课内课程中，问题设计链条化不仅有助于教师系统地、有条理地传授知识和技能，还能引导学生进行深入的思考和探索。问题设计链条化的应用，充分体现了乐群大体育课内课程对于学生思维能力培养的重视。这种教学方式鼓励学生跳出单一的思维模式，学会从不同的角度去审视问题，从而提高他们的创新思维和批判性思维。

通过问题设计链条化，乐群大体育课内课程还能够有效地激发学生的求知欲。教师精心设计的问题链条，就像一道道谜题，吸引着学生去揭开谜底。在这个过程中，学生不仅获得了知识，还培养了自主学习能力和探索精神。

问题设计链条化还有助于培养学生的团队协作精神。为了更好地解决问题，学生需要与同伴进行深入的交流和合作，共同寻找答案。这种教学方式不仅提高了学生的沟通能力和合作精神，还有助于培养他们的集体荣誉感和团队精神。

综上所述，问题链条化的设计不仅有助于提高教学质量，还有助于培养学生的综合素质和全面发展。因此，教师在乐群大体育课内课程教学中应充分运用问题设计链条化的策略，以更好地实现教学目标。

二、乐群大体育课内课程开展问题设计链条化的实际应用

在乐群大体育课内课程中，课时问题设计得更具聚焦性。首先，我们重点关注核心问题，以确保课程目标明确。遵循序渐进的原则，我们将问题从简单到复

杂进行分解，以便学生更好地理解和掌握。其次，我们还根据体育运动的结构和原理，设计出一系列子问题作为练习环节的指导，旨在帮助学生解决教学中的核心问题。通过这种方式，学生在乐群大体育课内课程中不仅能够学到运动技能，还能培养出解决问题的能力和团队合作精神。

1. 乐群大体育课内课程教学的问题设计思路

在乐群大体育的课堂教学设计过程中，我们特别重视问题情境的创设。麦卡锡提出的“4MAT 模式”，强调了“四何问题”分类法，即“是什么、为什么、怎么样、假如怎么样”。在此框架下，我们特别重视“怎么样”和“假如怎么样”，引导学生深入思考。

体育学科的技能学习主要是程序性知识。我们针对学生的认知水平，以学生为中心，使用具有层次感、结构化和持续性的“四何问题”来组织教学。通过构建一系列的问题链，我们帮助学生更有效地迁移知识，掌握技能，并实现持续进步。

在《双人合作跳短绳》课中，我们精心设计了五个问题（如表 4-1），其中四个属于“怎么样”类型的问题，一个属于“假如怎么样”类型的问题。这些问题不仅有深度，而且能有效地培养学生的思维能力和解决问题的能力。

表 4-1　《双人合作跳短绳》问题链设计

核心问题	问题顺序	问题内容	问题解决
如何双人合作跳绳，做到手脚配合协调、节奏稳定？	问题 1	如何跟着哨声的节奏跳短绳？	复习单人跳
	问题 2	如何双人同时起跳、同时落地？	双人十字跳
	问题 3	如何双人同步连续跳跃？	双人连续跳
	问题 4	如何进行双人合作跳短绳？	双人合作跳绳
	问题 5	还有哪些合作跳短绳的方式？	自主创编

鉴于小学生的年龄和生理特征，教师充分考虑到将问题的深度与问题提出方式相结合，积极构建具有挑战性的问题情境。

例如，在乐群大体育课内课程的双人十字跳环节中，教师与学生共同参与，体验运动的乐趣与合作的重要性。教师首先与一名学生一同进行示范，但这次示范中，教师故意采用了不同步的起跳方式，以此创设一个探究问题情境。

师：同学们，请仔细观察老师和同伴在双人十字跳中的表现。你们觉得我们能够做到同时起跳、同时落地吗？

（师生进行示范）

师：看来我们没有做到，你们觉得问题出在哪里？

生：（兴奋地回答）没有同时起跳。

师：非常好，那么我们该如何调整才能做到双人同时起跳呢？请你们在练习中找出答案，并将你们的发现分享给其他同学。

（学生在练习中相互探讨、尝试）

生 1：我发现我们手牵着手，一起喊“1、2、3 跳”，就可以同时起跳了。

生 2：我们也可以用眼神交流，确定起跳的时机。

师：同学们真的很聪明！通过身体、语言等发出信号，你们找到了双人同步起跳的方法。记住，多加练习会让你们更加配合默契。

在这个教学实录中，教师通过提问引导学生观察、思考和尝试，激发了学生的好奇心和探究欲望。学生在实践中发现问题，并通过合作找到解决方案，提高了协作能力和创新思维。这种以问题为导向的教学方法有助于提高乐群大体育课堂的效益，让学生在运动中体验到乐趣和成就感。

三、乐群大体育课内课程问题实践探究化的探索策略

乐群大体育课内课程作为一门以身体练习为主要手段的课程，不仅关注学生体育技能和体能的发展，还重视问题解决能力和实践探究能力的培养。在这样的教育理念指导下，教师在设计和解决问题时，需要积极引导学生通过身体练习寻找解决问题的办法。为了实现这一目标，教师需要采用问题驱动的教学方法，通过设置具有挑战性和探索性的问题，激发学生的好奇心和求知欲，促使他们主动参与到身体练习中，在亲身实践中发现问题、解决问题。

同时，教师的主导作用在问题实践探究过程中也至关重要。教师需要密切关注学生的练习过程，强化过程性指导，确保课堂的运动密度与强度。在引导学生进行自主、合作、探究练习时，教师不仅要关注学生技能和体能的发展，还要注重培养他们的问题解决能力和团队合作精神。

通过这样的教学方法，乐群大体育课内课程不仅能够帮助学生掌握基本的运动技能和体能，还能促进他们的身心健康发展，培养出具备创新精神和实践能力

的未来人才。

乐群大体育课内课程重视培养学生的团队合作和集体协作能力，注重学生在集体运动中体验快乐、发展技能。例如，在“双人同步起跳”课堂教学中：

师：同学们，今天我们要学习双人同步起跳。这是一个需要两人合作完成的动作，我们需要找到一个方法，让我们的跳跃能够同步进行。现在，请你们自由组成小组，每组两人，开始尝试并寻找最佳的同步方法。

(学生自由组成小组，开始练习并讨论)

师：我看到大家都在积极地尝试，有的小组已经开始找到一些同步的方法了。现在，请每组同学分享一下你们的发现和方法。

生1：我们发现，当两个人一起喊“1、2，1、2”的时候，我们的跳跃可以保持同步。

生2：我们尝试跟着音乐节奏跳跃，发现这也是一个很好的方法。

师：同学们的方法都非常棒！你们通过合作和尝试，找到了不同的同步方法。在双人同步起跳中，沟通和协作是非常重要的。我们既要学会倾听对方的节奏和指令，也要敢于表达自己的节奏和指令，这样才能更好地同步。

课例中，教师首先让学生自由组成小组，然后通过尝试和讨论，让学生自己探索双人同步起跳的方法。这样的教学方式更加注重学生的自主探究和团队合作，能让学生在实践中学习和体验。同时，教师强调了沟通和协作的重要性，这正是乐群大体育课内课程所倡导的教学理念。

通过这样的教学方式，学生不仅可以掌握双人同步起跳的技能，还可以培养团队合作和沟通能力。他们在实践中学会了相互倾听、相互配合、相互信任，这些品质对于他们的个人成长和未来发展都是非常重要的。同时，这种教学方式也让学生更加享受体育运动的乐趣，提高了他们的学习兴趣和积极性。

四、乐群大体育课内课程问题解决的启发性探索策略

乐群大体育课内课程注重问题的解决与运用策略，尤其强调问题解决的启发性。这意味着在设计和实施教学时，我们不仅要关注当前问题的解决，更要着眼于学生未来的发展。教师通过引导和启发学生经历问题的提出、探索、解决和运

用，促进学生的全面发展，培养学生的体育学科核心素养。

在乐群大体育的课堂教学中，我们精心设计了富有挑战性的练习内容，并鼓励学生积极参与问题的解决。我们运用多元化的学习活动，如合作探索、竞赛和相互评价等，以激发学生的学习兴趣和动力。通过这些活动，学生不仅能够巩固所学知识，提高运动技能，还能培养自主探究能力和团队合作精神。

我们希望通过关注乐群大体育课内课程问题解决的启发性，使学生能够更好地理解和掌握运动技能，提高自身的体能和竞技水平。同时，我们注重在问题解决过程中培养学生的协作精神和沟通能力，以便他们能够在未来的生活和工作中更好地与他人合作、解决问题，成为全面发展的优秀人才。

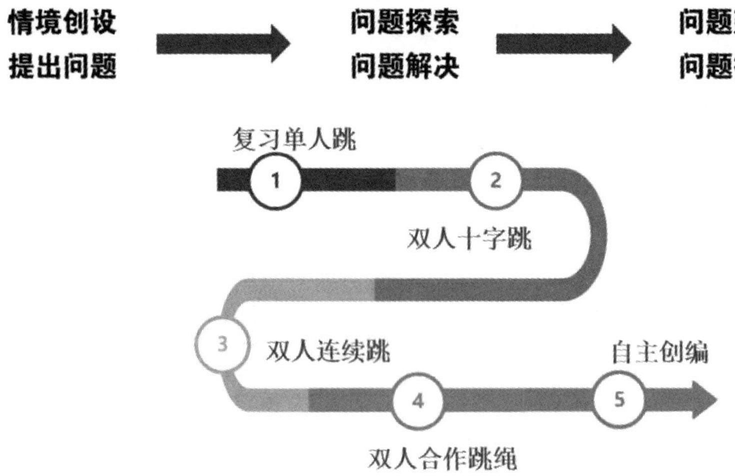

图 4-2　“双人合作跳短绳”问题解决过程

在“双人合作跳短绳”一课中（图 4-2），我们看到了一个学生从认识到实践，再到反思与改进的完整过程。通过这种深度合作的方式，学生的运动技能得到了提高，同时也在无形中培养了团队合作精神和学科核心素养。

首先，问题的提出激发了学生的探究欲望。他们不再是被动地接受知识，而是主动地去尝试发现问题，并尝试去解决它。这种问题导向的学习方式，有助于培养学生的独立思考和解决问题的能力。

其次，观察与模仿环节为学生提供了学习的模板。通过观察教师的示范，学生能够快速掌握双人跳的基本技巧。这不仅提高了他们的学习效率，也培养了他们的观察力和模仿力。

其三，配合练习环节是本节课的重点。在这个过程中，学生需要不断地调整自己的节奏，与搭档保持一致。这种默契的配合不仅需要学生具备较高的运动技能，还需要他们具备良好的沟通能力。通过不断练习，学生学会了如何与他人合作，培养了团队合作精神和协作精神。

其四，反思与改进环节为学生提供了自我提升的机会。通过反思，学生能够发现自己在双人跳中存在的问题，并针对性地进行改进。这种反思和改进的过程，有助于培养学生的批判性思维和自主学习能力。

最后，成果展示环节为学生提供了展示自己的舞台。在这个环节中，学生可以向全班展示自己的练习成果，并从中获得成就感。这不仅提高了他们的自信心，也培养了他们的表现力和公众演讲能力。

综上所述，乐群大体育课内课程通过这种深度合作的方式，使学生在掌握运动技能的同时，也培养了体育精神和体育品德，真正实现了运动能力、健康行为和体育品德的全面发展。

五、乐群大体育课内课程问题拓展与延伸的探索策略

乐群大体育课内课程的教学目标对学生运动能力的提升有新的认识，是在掌握基本运动技能和体能的基础上，更加注重培养学生的专项运动技能运用和创新精神。

为了实现这一目标，我们积极鼓励学生分析和解决新问题，通过实践操作来培养创新思维和实际应用能力。在乐群大体育课内课程中，我们设计了丰富多样的团队项目，让学生在挑战中锻炼自己的技能，发挥自己的创造力。

此外，我们还注重将课堂上学到的技能与实际生活相结合，鼓励学生发挥想象力，创造出属于他们自己的运动方式。这样的教学方式不仅可以提高学生的运动能力，还可以激发他们的创造力和想象力，培养他们的创新精神。

在乐群大体育课内课程中，我们强调学生的主体性，采用探究式学习方式，让学生通过观察、思考和实践主动学习和掌握运动技能。这样的教学方式可以更好地激发学生的创新精神，培养他们解决问题的能力，使他们在未来的生活和工作中更好地应对挑战。

例如，在“双人同步起跳”课堂教学中：

师：双人一带一跳的合作跳法，咋跳才协调呢？

(同学们纷纷举手)

生 1：就是节奏得稳，手脚得配合好。

师：除了这个，你们还有其他跳法吗？

（大家都激动了）

生2：咱们可以试试，两个人各拿一根绳子的一头，一起跳。

生3：还可以在跳的时候，玩点新花样，比如进进出出，这样更好玩。

生4：咱们为啥不试试三人或四人一组呢？那样玩法更多！

师：哇，你们的想法真不错！这样练习，你们就能更好地掌握跳绳技巧了。而且啊，这种敢于尝试、勇于创新的精神，不仅能用在跳绳上，还可以用在生活的其他方面哦！

在上述教学实录中，“自主创编”环节展现出了显著的教学效果。教师通过引导学生自主思考和创新，使学生在掌握跳绳技巧的同时，也培养了创新思维和团队协作能力。

首先，教师通过提问让学生自主思考并总结跳绳的基本技巧，不仅帮助学生回顾和巩固了已有的知识，还为后续的创新活动打下了基础。

随后，教师进一步启发学生，通过开放性问题成功地激发了学生的创新思维。学生在经过思考和讨论后，提出了多种新颖的合作跳绳方法，既丰富了课堂内容，又锻炼了学生的创新能力。

最后，教师对学生的创新成果给予充分的肯定，并鼓励他们将这种创新精神拓展到学习和生活的各个方面。这种鼓励性的评价对于提高学生的自信心和激发他们的学习兴趣具有积极的推动作用。

综上所述，通过在乐群大体育课堂中实施“自主创编”环节，学生不仅掌握了跳绳的基本技巧，还培养了创新思维和团队协作能力。这种教学方式有助于提高学生的综合素质，促进他们的全面发展。

乐群大体育课内课程问题化教学只是群众路小学体育课程改革探索的一个缩影。它重视创造问题环境，引领学生在自我研究、团队协作和探索的路径中寻找答案，这对于提升教与学的课堂效果，以及培养学生的学习独立性、问题解决能力和创新精神，都具有显著的影响。虽然问题化教学是培养学生体育与健康课程核心素养的有效方法，但在实际操作中，如何针对不同课程类型进行有效的提问设计，以及如何平衡师生间的交流互动与保持课堂练习的密度和强度，仍然需要深入的探讨和挖掘。

第五章　乐群大体育大课间体育课程

大课间体育活动是群众路小学乐群大体育课程体系的三大核心模块之一。乐群大体育的开展，源于对大课间体育的政策性把握和大课间育人价值的充分认识，重在培养少年儿童身心两健，以身体为主，兼顾心理，发展核心素养。

第一节　乐群大体育大课间体育课程的理论架构

群众路小学大课间体育课程旨在为学生提供全面且富有趣味性的身心活动体验，通过多样化的运动项目和活动，促进学生身体协调性、灵活性和基本运动技能的发展。同时，也在潜移默化中培养学生对体育运动的兴趣和热爱，培养体育精神与团队合作精神。

一、大课间的内涵与政策要求

“大课间”通常指单一的课间操，属于课外体育活动的一种表现形式，是学校有目的、有组织、有计划开展的课间体育活动。1999 年，教育部把“课间操”更名为“大课间体育活动”。关于大课间体育活动的定义，学者们从不同视角、不同目的及不同功能等方面进行了解读。朱莉莉认为，大课间体育活动是学生在学校参加的除体育课以外有组织、有目的、有计划的体育活动，具有参与全体性、锻炼目标多重性、活动内容多样性、组织形式灵活性、管理方式多样性等特点。程欢认为，大课间体育活动是以改善学生体质、教授运动技能、锻炼学生意志、培养学生体育意识，有目的、有组织、有计划的课间体育活动，一般在上午和下午的大课间休息时间开展，具有内容丰富、形式多样、评价多元等特点。曲宗湖提出，大课间体育活动是近几年在课间操基础上发展起来的一种学校体育新的组织形式。

小学大课间体育活动是促进小学生体质健康发展的重要保障。学术界部分学者认为，健康本能地包含着体质，体质是健康的基础。国务院督导办印发的《关于组织责任督学进行“五项管理”督导的通知》明确规定，学校要落实好大课间体育活动的制度，中小学校必须每天安排 30 分钟的大课间体育活动，每节课间应安排学生走出教室适量活动和放松。随着教育部提出给小学生减轻作业负担的开展，小学生的课余时间增加，可以用来参与体育活动的时间也随之增多，学校体育在学校教学中所占的比例也越来越大。大课间体育活动是学校体育的重要组成部分，是满足“阳光体育运动”每天运动一小时的必要条件，对学生健康行为培养而言是非常有利的举措。大课间体育活动是课外体育锻炼的重要方面，目的是通过强化“教会、勤练、常赛”的教学手段，让每位学生基本并熟练掌握 1—2 项运动技能，最终达到提高运动能力的目标。教育思想家蔡元培强调“德、智、体、美、劳”五育并举，要求学生多方面共同发展。健全人格是教育的终极目标，而体育的教育功能主要体现在育人和人格培养上。大课间体育活动从文字层面可以看出直属体育范畴，但也有教育功能，是培养德智体美劳全面发展和实现素质教育的有效途径。

二、小学开展大课间体育的价值内涵

大课间体育活动是在原课间操基础上发展起来的一种新的学校体育组织形式。与课间操相比，大课间体育活动时间长、活动内容多、组织形式活、练习强度适宜，不仅对学生紧张的学习起到调剂作用，而且对促进学生身心健康有明显的实效。

1. 提高学生身体素质

大课间体育活动可以让学生在四季户外的阳光下进行锻炼，增强体质，提高身体素质。它能增强心肺功能。大课间体育活动通常包括有氧运动，如冬季长跑、跳绳、做操等。这些运动可以有效地提高学生的心肺功能，增强心脏和肺部的耐力，使学生在日常生活和学习中更加有活力。它能增强肌肉力量。大课间体育活动可以通过各种力量训练，如各项进阶式体能训练等，增强学生的肌肉力量，不仅有助于提高学生的体力和耐力，还能预防运动损伤。它能刺激学生的骨骼生长和发育。通过运动，学生的骨骼密度增加，有助于预防骨质疏松等骨骼疾病，从而全面提升身体健康水平。它能提高身体柔韧性。大课间做的“三操”，通常也包括一些伸展运动和热身练习，可以帮助学生提高身体的柔韧性，对于预防运动损伤和维持身体健康非常重要。它能改善身体姿态。通过参加大课间体育活动，学生可以学习正确的身体姿态和动作技巧，有助于改善学生的坐姿、站姿和行走姿态，预防脊柱侧弯等问题的发生。它能帮助学生消耗多余的热量，控制体重，对于预防肥胖和相关的健康问题非常有益。因此，经常参加大课间体育活动的学生通常更少生病，身体更加健康。

2. 培养学生的运动兴趣和习惯

大课间体育活动可以让学生接触到各种各样的体育项目，激发学生的运动兴趣，培养学生的运动习惯。一是增强学习动力。大课间体育活动激发了学生的学习动力和积极性。通过参与体育活动，学生能够体验到成就感，激发他们在学习其他学科时追求同样的成功。体育活动中的竞争和合作也能够培养学生的进取心和团队精神，进而转化为学习动力。二是提升注意力和专注力。进阶式体能训练需要学生集中注意力和专注力，这对于培养良好的学习习惯非常重要。通过大课间活动的“学、赛、练”，学生能够学会专注于当前的任务，并且在学习时也能够更好地保持专注，从而影响到学生在其他学科中的学习态度，使他们更加努力地追求知识和成长。三是培养自律和责任感。参加大课间体育活动需要学生遵守规则和纪律，按时参加训练和比赛。这种自律和责任感的培养迁移到学习中，使学生更加自觉地完成学习任务，提高学习效率。具体而言，通过参与体育活动，学生能够增强学习动力，提升注意力和专注力，培养自律和责任感，提高时间管理能力，增强学习兴趣，改善学习态度，从而在学习中取得更好的成绩。

3. 促进学生心理健康

大课间体育活动可以让学生放松身心，缓解学习压力，促进心理健康。学生在参加体育活动的过程中，可以让他们释放能量和情绪，增强自信心和自尊心，培养积极向上的心态。首先，增强自信心和自我认同感。大课间体育活动为学生提供了展示自己能力的机会。通过参与活动，学生能够获得成功的体验，从而增强自信心，获得良好的自我认同感。这种自信心的提升可以延伸到学生的学习和生活中，使他们在面对挑战时更加从容自信。其次，减轻学习压力。学习可能会给学生带来一定的压力，大课间体育活动则为学生提供了一个放松和释放压力的机会，让他们能够暂时抛开学习负担，通过运动来舒缓身心，减轻学习压力对心理健康的负面影响。第三，培养团队合作精神。大课间体育活动中的“三操”“拔河”等活动是以团队形式进行的，学生需要与队友相互配合、共同努力才能取得好成绩。这种团队合作的体验能够培养学生的团队合作精神和集体荣誉感，让他们学会关心和支持他人，增强社交技能。第四，提高情绪管理能力。大课间体育活动可以帮助学生学会更好地管理自己的情绪。在体育活动中，学生可能会经历成功、失败、挫折等各种情绪，通过正确引导可以逐渐学会控制和调节自己的情绪，提高情绪管理能力。第五，预防心理问题的发生。运动可以促进大脑分泌多巴胺、内啡肽等神经递质，这些化学物质能够帮助学生缓解焦虑、抑郁等负面情绪，提高心理健康水平。此外，大课间体育活动能使学生上课时思维中枢神经细胞的兴奋性得到抑制，加快心脏的搏动，增加呼吸深度，促进血液循环，加速体内新陈代谢过程，使学生的不良情绪得以宣泄，形成良好的心理品质，快速把之前累积的疲劳消除。

4. 丰富校园文化生活

大课间体育活动可以丰富校园文化生活，营造积极向上的校园氛围。学生在参加体育活动的过程中，可以感受到校园的活力和凝聚力，增强对学校的归属感和认同感。大课间体育活动为学生提供了一个与同学互动和交流的平台。学生在活动中结识新朋友，拓展社交圈子，增强社交能力。通过与他人的互动，学生学会尊重他人、合作共赢，培养良好的人际关系。大课间体育活动营造了积极向上的校园氛围。学生们在活动中积极参与、互相鼓励，形成了良好的团队氛围和竞争意识，这种积极向上的氛围具有感染性，从而带动更多的学生参与到体育活动中来。目前，乐群的大课间体育活动已成为校园文化的一部分。

小学开展大课间体育活动对丰富校园文化生活具有重要意义。通过参与体育活动，学生可以增强社交能力、传承校园文化，为自身的成长和发展提供丰富多彩的经历。

总之，小学开展大课间体育活动对于学生的身心健康和全面发展具有重要意义。学校应该重视大课间体育活动的组织和实施，为学生提供丰富多彩的体育活动，让学生在阳光下快乐成长。同时，家长也应该支持和鼓励学生参加大课间体育活动，共同促进学生的健康成长。

三、我国学校大课间体育的历史发展变革

1951 年 8 月，政务院《关于改善各级学校学生健康状况的决定》规定：除体育课、早操、课间活动外，学生每天参加体育锻炼的时间以一小时至一小时半为准。1951 年 11 月，中华全国体育总会推行了第一套广播体操，随着时间的推移不断更新“套路”，但学生的参与兴趣一直不高。1964 年 8 月，教育部、国家体委、卫生部《关于中小学学生的健康状况和改进学校体育、卫生工作的报告》

要求学校体育教师上好每节体育课，并组织全校师生坚持做早操和课间操，安排好每周课外体育活动。

1978年，教育部印发《关于加强学校体育、卫生工作的通知》、《学校体育工作条例》（草案）和《关于落实小学生每天一小时体育锻炼的通知》后，很多学校按照文件精神采取行动，将传统课间操向大课间体育活动转变。1982年，《北京市石景山区古城小学“保证学生每天有一小时的体育锻炼”》一文中有了“大课间活动”的说法。1990年3月12日，教育部颁布的《学校体育工作条例》中要求：中小学除体育课外，每天必须安排课间操，课外体育活动每周必须安排3次以上，保证学生每天一小时体育锻炼时间。

1998年，为落实《学校体育工作条例》，教育部根据不同年龄阶段的学生身心发展的特点，创编和颁布实施了全国幼儿和小学生系列广播体操，旨在促进中小学生和幼儿身心健康发展，丰富学校课间活动的内容，使广大学生积极参加体育锻炼，提高体质。1999年，教育部为了全面提高学生体质，将课间操正式改为大课间体育活动，并列入学校课程计划。2003年11月11日，《2002年学生体质健康监测报告》公布，为落实学生每天一小时体育活动要求，强调在抓好体育课的同时，继续积极推进课外体育活动和大课间活动的蓬勃开展，调动学生参与体育锻炼的积极性。2005年8月19日，教育部颁发了《关于落实保证小学生每天体育活动时间的意见》，要求学校必须开齐体育课，保证课外体育活动和大课间体育活动时间，落实物质保障，加强组织管理，建立督导、检查和工作评比制度。2007年9月起，为全面贯彻落实全国学校体育工作的会议精神和《关于开展全国亿万学生阳光体育锻炼的通知》，全国所有学校积极开展“快乐大课间活动”。它一改原本的课间操活动时间少、内容单一、形式枯燥、效果不明显等情况，保证活动的时间、内容、形式、效果和质量等满足学生需要。

2010年，《国家中长期教育改革和发展规划纲要（2010—2020年）》中明确规定学校必须“保证学生每天锻炼一小时”，大课间活动成为“保证学生每天锻炼一小时”的重要保证之一。2011年，教育部制定的《切实保证小学生每天一小时校园体育活动的规定》中要求：各学校教育教学计划中必须对学生每天一小时体育活动进行统筹安排，认真组织实施，在制定实施方案时，要统一安排全校性大课间体育活动，活动时间保证在25—30分钟，活动内容安排除了国颁操外，可根据地区和学校的实际情况，调动全校师生共同开展丰富多彩的体育活动。

但是，在大课间发展看似欣欣向荣的大环境下，同样存在场地器材不足、考核机制缺乏、师资力量不够、过于注重形式、参与主体兴趣缺乏等问题。尤其是场地器材的局限，大课间内容安排无法满足学生的个性化需求，制约了学生参与的兴趣，使得学生对大课间体育活动没有向往度，缺失向心力，导致活动的效果和质量都不高。

为了改进大课间的活动和练习效果，群众路小学构建实施的乐群大体育课程体系将大课间融入教导处统一课程化管理，体育大课间被分为早晚两个时间段进行。学生按学段划分内容进行训练，体育教师主持并指导专业动作，一部分负责技术动作，一部分负责跟进指导，使学生能够得到即时性的指导。大课间体育，一种看似普通常见的校园活动，正以其独特的方式塑造着群众路小学师生的校园生活，蕴含了丰富的教育内涵，成为学校教育中不可或缺的一部分。

第二节　乐群大体育大课间体育课程图谱

群众路小学十分重视大课间活动，积极探索更加科学、有效的大课间体育模式，将大课间活动列入校本课程，不仅有明确的课程目标、系统的课程内容，而且有规范的课程化管理及多元的课程评价。课程的设置根据季节的特点和学生的年龄、性别特点各有不同，既有独具群众路小学特色的乒乓球操、啦啦操，又有孩子们喜爱的体能训练。训练项目精准对应孩子们在灵敏、柔韧、速度、力量、耐力等方面的不足，使学生的身体素质得到明显提升。

一、乐群大体育大课间体育课程的构成

群众路小学乐群大体育大课间体育课程经近年来的探索、磨合和改进，形成了相对成熟的课程内容（如表 5-1）。

表 5-1　乐群大体育大课间体育课程的构成

活动目标	活动内容	活动项目	活动要求
1. 两套操+体适能锻炼相结合，提高学校师生身体素质。 2. 通过 1 中的方式，促进学生健康成长，并形成健康意识和终身体育观，确保“健康第一”落在实处。	1. 每天安排两套操后进行体适能锻炼。 2. 遇雨天安排棋类活动、班级游戏、阅读、常规讲评及安全教育。	1. 周二至周五上体适能锻炼，由比戈俱乐部的教练带领全校师生在大课间进行。 2. 每周一至周五下午由体育教师组织学生进行体适能锻炼。	1. 上午 8：20—9：00 由带班教师组织学生排好做操队伍，有序带到操场。 2. 全校做两套操（广播操、校本操或乒乓球操）结束后，由体适能教练或体育组教师组织锻炼，当天带操教师协助。

由表 5-1 可知，群众路小学大课间体育课程主要包括“三操”：除了国家要求完成的广播体操外，学校还研发了乒乓球操（校本操）、核心体能操。学校聘请校外专业团队进行专业指导，以此增强学生应具备的基本体质。同时，学校还设置了奖励机制，邀请学生上台展示，奖励学校自制的运动手环，提高了学生参加体育大课间的兴趣。

此外，还有其他特色项目。如冬季长跑。分学段根据学校安排，由体育组教师配合班主任和配班教师，组织学生在指定区域进行冬季长跑锻炼。学生在班主任的带领下进行长跑，并由体育委员做好每日长跑情况记录，每周五各班统计好全班每位学生的长跑公里数和班级人均跑步里程数，并填写好各班一周长跑统计表。又如进阶式体能训练。为提高教学质量，促进学生“学、练、赛”一体化，学校组织形式多样、丰富多彩的体育比赛，第一学段开展跳绳、乒乓球颠球等比赛项目，第二学段开展跳长绳、踢毽子等比赛项目，第三学段开展乒乓球、拔河等比赛项目，学段不同，内容安排、锻炼程度的要求各异。

群众路小学参照国家课程标准，着眼学生的兴趣激发和体能达标，对大课间活动的内容进行建构，设定了明确的课程目标，实现了大课间的教育价值，制定了一套循序渐进的培养体育锻炼习惯和提高运动能力的大课间课程方案。乐群大体育课程包含的大课间课程通过热身准备阶段、激趣导入阶段、运动参与阶段、放松整理阶段、静心专注阶段五个阶段建构。学校制定多项管理细则，建立奖励机制，设计运动手环、冰箱贴等学生喜爱的奖品。学校还与省市级教科研课题结合研究，让乐群大体育课程内容更丰富、形式更多样、效果更突出、价值更明显。

二、乐群大体育大课间活动的教学成效

乐群大体育大课间活动作为一种创新的体育教学实践，旨在通过集体性的体育活动提升学生的身体素质、运动技能以及社交能力。这种活动强调团队合作与个人发展相结合，不仅增强了学生参与体育的兴趣，还有助于培养学生的团队精神和社交技巧。通过一系列精心设计的游戏和挑战，学生在享受乐趣的同时，也在无形中提高了自身的体质健康水平，并学会了如何在集体中相互尊重、沟通和协作。大课程活动的教学成效不仅体现在体育领域，也正向地影响了学生的整体学习和生活，为他们的全面发展奠定了坚实的基础。

1. 校本操

校本操是乐群大体育大课间主要活动之一。群众路小学专职体育教师根据七彩阳光广播体操的基本动作及节奏，结合学生特点，创编出具有学校特色的广播体操（如表 5-2），同时配合音乐进行教学，提高学生的练习积极性。在保证运动量的同时，校本操增加运动的趣味性，巩固学生对广播体操基本动作的掌握，寓教于乐。广播体操的具体内容包括热身运动、基本动作练习（如伸展、体转、踢腿、跳跃等）及组合动作练习（如连续的伸展、踢腿、跳跃等组合动作）。

表 5-2　校本操

预备节	准备	节拍
第一节	伸展运动	(8 拍×8)
第二节	扩胸运动	(8 拍×8)
第三节	踢腿运动	(8 拍×8)
第四节	体侧运动	(8 拍×8)
第五节	体转运动	(8 拍×8)
第六节	腹背运动	(8 拍×8)
第七节	跳跃运动	(8 拍×8)
第八节	整理运动	(8 拍×8)

校本操可以通过各种身体动作和运动，锻炼学生的身体素质，如柔韧性、力量、耐力和协调性等，有助于学生身体的生长发育和健康成长。校本操还可以培养学生的运动意识和习惯，使学生养成坚持运动的好习惯，于终身健康有益。在

做操过程中，学生需要按照统一的节奏和动作进行，这有助于培养学生的纪律性和团队合作精神。

通过做操，学生可以释放压力、放松身心，提高心理素质，增强自信心和自尊心。为了让孩子们真正乐于做操，校本操的编制还与其他学科（如音乐）相结合，促进学科之间的融合，提高学生的综合素质。校本操具有群众路的小学的办学特色，可以体现“乐群”的学校文化精神，丰富校园文化生活。校本操对于学生的身心健康、综合素质的提高以及校园文化的建设都具有重要的价值和作用。

2. 乒乓球操

学校专职乒乓球教师和体育教师，根据乒乓球基本技术及步法，结合学生特点，创编出具有学校特色的乒乓球操（如表5-3），同时配合音乐进行教学，提高学生的练习积极性，在保证运动量的同时增加运动的趣味性，巩固学生对乒乓球基本技术和步法的掌握，寓教于乐。乒乓球操的具体内容包括热身运动、基本动作练习（如上旋、下旋、正攻、反攻、搓球等）及组合动作练习（如连续发球、接球、挥拍等）。

表5-3　乒乓球操

活动环节	环节内容	环节作用
准备活动	跑跳步，头颈等关节活动	热身调整状态
以律动形式（上旋、下旋、正攻、反攻、搓球）展示乒乓球各项动作	脚到（半蹲）、手到（挥臂、抖腕）、眼到（专注）模拟乒乓球各项动作	锻炼上下肢力量，培养上下肢协调性，身体灵活性，培养专注力
综合各项动作	在音乐带动下以跳动挥拍形式完成	系统完成各项动作，培养节奏感
整理运动	正面、左面、右面压腿，踏步	调整呼吸，缓解肌肉疲劳

课间乒乓球操活动对学生的价值和作用很多。乒乓球操能够锻炼学生的身体素质，提高学生的协调能力和反应能力，培养学生的团队合作精神和竞争意识，增强学生的注意力和注意力的集中能力。通过参与乒乓球操活动，学生可以放松心情，缓解学习压力，提高学习效率；可以培养坚持不懈的精神和毅力，培养耐心和耐力。可见，乒乓球操对学生的身心健康和全面发展具有重要的价值和作用，较好地体现了群众路小学“乐群爱众”的精神。

3. 体能操

群众路小学根据学生身体素质和运动特点，创编出具有学校特色的体能训练操（如表5-4），同时配合音乐进行教学，提高学生练习的积极性。在保证运动量的同时，体能操增加运动的趣味性，巩固学生对基本动作的掌握，寓教于乐。

表5-4　体能操

热身部分	训练部分	拉伸部分
活动开身体， 放热身音乐。 活动包括：头部运动、肩部运动、体转运动、抱膝提踵、左右转髓。	协调、平衡、力量、核心、心肺耐力训练。 第一首歌 1. 脚踝训练（双脚直腿向上360度跳，四下一圈）。 2. 深蹲跳（站立、深蹲）。 3. 站姿，手叉腰直腿向前垫步跳。 4. 高抬腿。 5. 后踢腿。 6. 开合跳。 7. 跳跃运动。 放松身体。 第二首歌 1. 脚踝跳（斜两个45度方向左右开合跳）。 2. 垫步高抬腿。 3. 垫步手碰脚内侧（协调性训练）。 4. 垫步手碰脚内、外侧。 5. 深蹲，手牵手深蹲。 6. 侧弓步（加上摆臂，动态弓步）。 7. 斜45度左右弓步。 8. 波比跳。	放松音乐。 1. 左手臂。 2. 右手臂。 3. 左腿前侧拉伸。 4. 右腿前侧拉伸。 5. 左腿后侧拉伸。 6. 右腿后侧拉伸。 7. 深呼吸。

体能训练操的具体内容包括：

（1）热身运动

进行全身各部位的动态拉伸，如手臂环绕、扩胸运动、踢腿运动等，帮助学生活动身体关节，为接下来的运动做好准备。

（2）基本动作练习

包括深蹲、俯卧撑等，这些动作可以有效锻炼学生的力量、耐力和协调性。

（3）组合动作练习

将多个基本动作组合在一起，如深蹲加跳跃等，增加运动强度和趣味性，培养学生的运动节奏感和协作能力。

通过以上大课间体能训练操的内容，学生可以在愉快的氛围中进行全面的体能锻炼，提高身体素质，培养运动兴趣。依据小学生的身心发展特点与运动需求，学校按学段进行体能训练，具体实施过程如表 5-5 所示。

表 5-5　大课间体能训练安排

激活热身+体能训练（一二三年段）			
动态激活热身+协调、力量、核心、心肺耐力训练			放松身体
歌曲 1： 1. 直腿跑。 2. 后踢跑。 3. 胯下击掌。 4. 开合深蹲。 5. 单脚跳绳。 6. 跟练。	歌曲 2：(面对面完成) 1. 直腿跑。 2. 后踢跑。 3. 胯下击掌。 4. 开合深蹲。 5. 单脚跳绳。 6. 互相学习与评价。	歌曲 3： 1. 直腿跑。 2. 后踢跑。 3. 胯下击掌。 4. 开合深蹲。 5. 单脚跳绳。 6. 自我巩固。	音乐： 1. 左手臂拉伸。 2. 右手臂拉伸。 3. 左腿前侧拉伸。 4. 右腿前侧拉伸。 5. 左腿后侧拉伸。 6. 右腿后侧拉伸。
激活热身+体能训练（四五六年段）			
动态激活热身+协调、力量、核心、心肺耐力训练			放松身体
歌曲 1： 1. 小碎步移动（前后左右）。 2. 抱头触膝。 3. 交叉跳。 4. 弓步跳。 5. 原地左右提膝弹腿。 6. 跟练。	歌曲 2：(面对面完成) 1. 小碎步移动（前后移动）。 2. 抱头触膝。 3. 交叉跳。 4. 弓步跳。 5. 原地左右提膝弹腿。 6. 互相学习与评价。	歌曲 3： 1. 小碎步移动（前后移动）。 2. 抱头触膝。 3. 交叉跳。 4. 弓步跳。 5. 原地左右提膝弹腿。 6. 自我巩固。	音乐： 1. 左手臂拉伸。 2. 右手臂拉伸。 3. 左腿前侧拉伸。 4. 右腿前侧拉伸。 5. 左腿后侧拉伸。 6. 右腿后侧拉伸。

大课间体能训练操可以有效提高学生的身体素质，包括力量、耐力、灵活性和协调性等。通过持续的锻炼，学生的心肺功能、肌肉力量和耐力都会得到提升，从而增强体质，预防疾病。如在“柔韧性”专项训练中，教师可设计“轨迹书写”的训练活动，提前在地上画出各种线条，随后要求学生在规定时间内踩踏线条来完成相应动作。一开始，许多学生在尝试时会显得迟钝，常常出现脚踩出线、直线行走变弯曲行进等情况，但是经过一段时间的适应，学生的双脚逐渐灵活，带动身体也更加柔韧，从而能够逐渐顺利地完成各种动作。体能训练操可

以培养学生的运动习惯，使他们养成定期锻炼的好习惯，有助于他们维持身体健康和积极的生活方式。

运动有助于释放压力，缓解焦虑和抑郁等负面情绪，提高自信心和自尊心。通过大课间体能训练操，学生可以享受到运动带来的愉悦感，改善心理状态。盲目地要求成绩而没有跟上相应的体育指导，会让学生面临身体受伤等不良结果，影响学生日后的体育活动和身体素质，对学生的心理发展也没有益处。因此，体育教师应把关注点放在培养学生兴趣上，积极安排适合不同特长学生的体育趣味、竞赛活动，为学生打开一扇体育兴趣之门，和学生共同享受户外的运动时光。大课间体能训练操通常以团体形式进行，学生需要相互协作、配合完成各种动作和练习，有助于培养学生的团队意识和合作精神，提高他们的沟通和协调能力。体育活动和游戏是考验学生体能的一种方式，不断突破自身能力，开发自身的运动潜力对小学生来说也是重新认识自己的一种方式。体育教师通过基础的体质健康测试，将学生进行分组，组内竞赛的胜出者再进行比拼，在保证学生安全的前提下，让学生每节课都能体会到竞赛的乐趣，进一步加深学生之间的情感交流和互相了解程度。

4. 冬季长跑

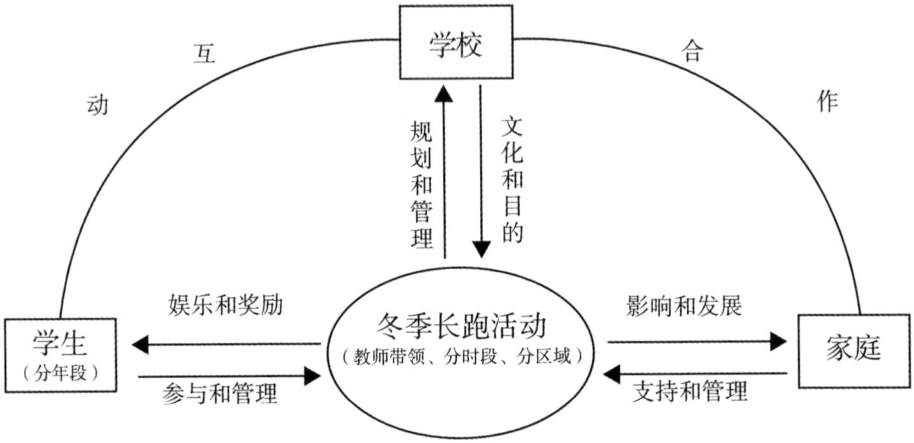

图 5-1　冬季长跑活动

为提高学生身体素质，养成健康意识和终身体育观念，促进师生间、学生间的和谐关系，提高集体凝聚力，群众路小学开展了大课间的冬季长跑活动（如图5-1）。具体活动内容如下：在家长支持和学生自愿情况下，由校长统筹，分管副校长组织管理，德育组和体育组实施，各年段长协助开展冬季长跑活动，由于学校场地的限制，冬季长跑活动在班主任和配班教师的配合下分区域、分时段、分年段进行（如表5-6），并对表现良好的班级给予及时的奖励。

表5-6　冬季长跑活动安排

<table>
<tr><th>时间</th><th>年段</th><th>地点</th><th>活动项目</th><th>负责人</th><th>备注</th></tr>
<tr><td>周一</td><td>全校各年段</td><td>大操场</td><td>晨会（升旗）</td><td>班主任</td><td></td></tr>
<tr><td rowspan="6">周二、周四</td><td>一年段</td><td>后操场</td><td rowspan="6">1. 两套操
2. 冬季长跑</td><td rowspan="6">班主任及配班教师</td><td rowspan="6">1. 班主任或配班教师带跑。
2. 穿好适合运动锻炼的衣服、鞋袜。
3. 特殊体质学生可不参跑。</td></tr>
<tr><td>二年段</td><td>雨盖操场</td></tr>
<tr><td>三年段</td><td>篮球场+知行楼前空地</td></tr>
<tr><td>四年段</td><td>门厅+连廊</td></tr>
<tr><td>五年段</td><td>大操场</td></tr>
<tr><td>六年段</td><td>大操场</td></tr>
</table>

冬季长跑是一种有氧运动，可以增强心肺功能，促进新陈代谢，促进骨骼、肌肉、关节等身体的各个器官系统的生长发育，有利于学生的健康成长。长跑需要坚持较长时间的运动，需要较高的毅力和耐力，可以培养学生的意志力和自律能力。

群众路小学冬季长跑通常是以班级或年级为单位进行的，可以促进学生之间的交流与合作，培养团队精神和集体荣誉感。此外，还能加强师生间的联系与沟通。每次长跑，当天带班教师为各班活动第一责任人，组织学生排成四路纵队，带头在队伍前面领跑，做到了教师与学生共同参与。

家长们也对冬季长跑给予了高度的评价。冬季长跑不仅锻炼了孩子们的身体，也让家长们更加放心，家长们看到了孩子的成长和变化，也感受到了学校对孩子身心健康的高度重视。

大课间冬季长跑教案

一、教学目标

1. 提高学生耐力素质，培养学生参加长跑活动的兴趣。

2. 通过冬季长跑增强学生体质，促进生长发育。

3. 通过长跑培养学生团结合作的精神、坚韧不拔的意志和顽强拼搏的精神。

二、教学重难点

1. 重点：学生在途中跑时正确呼吸及手臂的摆动姿势。

2. 难点：及时观察到学生技术动作的变化并给予及时地纠正。

三、教学内容

1. 热身活动。

2. 慢跑（考虑的主要因素是场地面积、班级数量和学生人数，结合学校实际情况选择适合的活动方式为绕圈跑）。

四、场地器材

田径场、广播室。

五、教学步骤

1. 准备部分：在体育组教师指导下做热身活动，重点活动各关节，以防运动损伤。这样既能达到热身的目的，又能逐渐克服紧张的心理。

2. 基本部分：在音乐的伴奏下做慢跑（加速跑），强调上道后不得抢道，班级不落队。带班教师组织学生排成四路纵队，在队伍前面领跑，提醒学生不要拥挤，注意安全。体育组教师及时观察学生技术动作的变化并给予纠正，慢跑时，要求手臂的摆动要协调，跑步时要用前脚掌着地，步幅要小而快。在长跑过程中注意帮助学生树立积极进取、团结合作的思想。

3. 结束部分：集合清点人数，在《运动员进行曲》伴奏下，带班教师将学生带回班级。

5. 进阶式体能训练

学校以促进学生全面发展为目标，坚持“健康第一”的指导思想，按学段划分内容进行进阶式体能训练（如表5-7），符合小学生的身心发展特点与运动需求。根据年龄特点，第一学段孩子以跳绳、踢毽子训练为主，第二学段是乒乓球和羽毛球交换进行，第三学段则安排了击剑和篮球。训练由体育教师主持并指导专业动作，其他教师负责跟进指导，使学生能够得到及时指导。为提高教学质量，促进学生“学、练、赛”一体化，学校还组织形式多样、丰富多彩的体育比赛，第一学段开展跳绳、乒乓球颠球等比赛项目，第二学段开展跳长绳、踢毽子等比赛项目，第三学段开展乒乓球、拔河等比赛项目，不同学段内容安排、训练程度的要求各异。同时，学校还设置了奖励机制，邀请学生上台展示，奖励学校自制的运动手环等，提高了学生参加体能训练的兴趣。

表 5-7 进阶式体能训练项目课程实施方案

年级	学期	活动目标	活动内容
一	上	每人单绳快速跳，平均 60 次/分。	跳绳
		每人踢毽子，每分钟 14 次。	踢毽子
	下	每人单绳快速跳，平均 28 次/分。	跳绳
		每人踢毽子，每分钟 14—20 次。	踢毽子
二	上	每人单绳快速跳，平均 70 次/分。	跳绳
		每人踢毽子，每分钟 20—30 次。	踢毽子
	下	每人单绳快速跳，平均 90 次/分。	跳绳
		每人踢毽子，每分钟 25—35 次。	踢毽子
三	上	入门阶段，掌握好握拍方法，以乒乓球球性训练为主，学会最基本的发球——正手平击发球。	乒乓球
		初步学习和掌握正、反手握拍方法、发球法、上手击球技术的基本环节和基本移动步法，享受打羽毛球的乐趣。	羽毛球
	下	乒乓球基本技术接发球、推挡、搓球、正手攻球等（包括手法和步法）的练习。	乒乓球
		继续学习羽毛球的一些基本技术与技巧，发展学生的速度、灵敏性等素质。	羽毛球
四	上	乒乓球训练巩固及提高阶段，以相互推挡、搓球、正手攻球等多样的形式进行球性练习。	乒乓球
		全面学习掌握规范技术动作，基本掌握握拍法、发球法和一般起动、移动制动、回动步法，对各项基本技术建立一个比较清晰、准确的动作表象。	羽毛球
	下	专项技术训练：发球和接球练习，乒乓球基本战术在比赛中的运用。	乒乓球
		在复习、巩固、提高已学过的基本技术动作的基础上，主要加强羽毛球比赛战术上的运用，通过教学比赛，培养学生综合运用技术和战术的能力，使学生懂得羽毛球比赛规则，提高比赛欣赏水平。	羽毛球

续表

<table>
<tr><th>年级</th><th>学期</th><th>活动目标</th><th>活动内容</th></tr>
<tr><td rowspan="4">五</td><td rowspan="2">上</td><td>1. 通过学习击剑运动发展简史，使学生了解我国的击剑运动及当前国际击剑的概况。
2. 初步掌握花剑、重剑、佩剑的基本技术和简要的规划及裁判法，并能在实践中运用。</td><td>击剑</td></tr>
<tr><td>1. 了解篮球运动的起源，知道一些简单的篮球规则。
2. 对篮球运动产生兴趣，发展跑、运、传、接、投等基本动作技能。
3. 在学习中充分展现自我，体验成功的乐趣。</td><td>篮球</td></tr>
<tr><td rowspan="2">下</td><td>1. 在巩固单一击剑基本技术的基础上，以提高击剑手法为重点，加强各基本技术训练。
2. 加强全面身体训练，增加速度、力量比重。
3. 发展专项素质练习，以适应综合技术训练。
4. 通过击剑学习，学生掌握一些基本的技术与技巧，发展速度、灵敏性等素质。</td><td>击剑</td></tr>
<tr><td>1. 树立球队快、灵、准的风格，培养顽强、团结的战斗作风。
2. 以战术训练为重点，从技术入手狠抓体力素质、投篮命中率、篮板球、积极防守、传接球五个环节。
3. 坚持身体训练，坚持大运动量训练，争取获得好的成绩。</td><td>篮球</td></tr>
</table>

乐群大体育中的进阶式体能训练项目训练类型多样、组织方法不同，根据各个学段孩子特点安排差异化的体能训练项目、把控好训练的时间，这样可以有效缓解学生的视觉疲劳，改善近距离用眼疲劳和用眼过度，使眼部睫状肌得到很好的放松，降低近视发生。在我们的案例中，教师对学生进行体能测试，发现学生核心力量和下肢力量较弱，便制定了以力量训练为主的体能训练计划，通过持续训练法和重量训练法，帮助学生增强了力量，提高了手脚的协调性。

进阶式体能训练让学生经受了变幻莫测、胜负难料的激烈竞争的锻炼，体验了多种情绪使学生的心理素质得到了很好的锻炼。如在教学中，体育教师根据中年段孩子的体质特点设置羽毛球相应的教学目标，除了全面学习掌握规范技术动作，还安排小组或者班级之间进行比赛，改善了孩子力量、速度、灵活性、爆发力等方面的素质。进阶式体能训练是形成学校的特色德育、体育教学项目，不仅丰富了校园文化，而且搭建起了家校联系的平台。家长们对这样的体能训练给予肯定，他们看到了孩子们的健康成长和阳光心态，也感受到了学校重视孩子们的全面发展。

群众路小学通过组织课间体育锻炼以响应国家政策号召，促进学生养成了体育锻炼的良好习惯，培养了学生健康的生活方式，形成了比较完备的一小时特色训练模块。学校参照国家课程标准，着眼学生兴趣的激发和体能达标，对大课间活动的内容进行建构，设定明确的课程目标，实现大课间的教育价值，制定了一套循序渐进的培养体育锻炼习惯和提高运动能力的大课间课程方案。它以特色的体能训练为核心，辅以广播操、乒乓球操、冬季长跑等内容，大大提高了学生的参与性，充分激发了学生的学习兴趣，培养了他们的团队合作精神和竞争意识。

第三节 乐群大体育大课间体育课程案例

通过几年来乐群大体育大课间体育课程的开展，群众路小学学生体质健康测试成绩优良率显著提高，不及格率逐步减少。新冠肺炎疫情期间，学生身体素质还呈现出小幅度的提升。大课间体育课程不仅让学生的身体健康得以提升，还培养了学生坚强的毅力、良好的自信心，改善了学生的精神状态，培养了学生的团队合作精神。这种“乐群爱众”的饱满精神将伴随着孩子成长，让他们受益终身。大课间留给师生特别多动人的故事，以下将通过三个案例，呈现乐群精神的正面影响。

案例一：被“整顿”的课间操

清晨，阳光洒在校园的每一个角落，本应充满活力的时刻却因一个消息变得沉重：我被留下来接受批评。原因是我们班课间操整体表现不佳，被领导点名批评。这让我清晰地看到了班级中存在的问题，下定决心去改变和整顿。

在体育锻炼快结束时，我站在班级队伍旁边，严肃地通知大家“今晚全班留下”。学生听到这一消息，吐槽声接二连三。放学铃声响后，一些孩子哭泣着告诉我他们还有兴趣班要上，家长们焦急的电话一个一个打进来，然而，这些都没有改变我要将他们留下来的决心。我明白，只有切身的体验和教训，他们才能真正认识到自己的错误，才能真正去改变。

“知道为什么把大家留下来吗?”我问。大家很快七嘴八舌地说起课间操被点名批评的事情。“为什么会被批评?”我追问。“都是×××的错。”“是×××和×××在打闹。”“是×号被点名批评。”“就是×××和×××影响了我们班。”……我发现他们都在推卸责任，更加感到失望和痛心。我明白，这样下去，我们的班级将无法形成一个团结的集体，我们将无法在困难面前团结一致。于是，我决定要改变这一切。

我站在班级前，深吸一口气，尽量让自己平静下来。我知道，现在不是找借口的时候，而是要找出解决问题的方法。于是，我开始了我的讲话：“同学们，我们都知道我们是一个集体，每个人的表现都直接影响着整个班级。这次做操被批评，让我们都感到很失落，但是，我们不能因此就放弃我们的集体荣誉感。”我补充道：“难道×号不是我们班的一员吗？每次批评的时候只会说5班做操不认真，而不是5班的×号。”听到我的这一番话，大家都沉默地低下了头。我提醒他们每个人都是班级的一分子，每个人的行为都会影响到整个班级，课间操是运动的一种形式，不仅对身体有益，更是一种精神的锻炼，一种团结和友爱的表现。

为了激励学生更好地做操，我提出了一些新的措施。首先，选出两名课间操管理人员，对班上做操情况进行记录（做得好的同学进行班优加分）。然后，我引入了学校运动手环的奖励机制，对于表现优秀的学生，赠送运动手环作为奖励，运动手环不仅美观实用，更代表着一种荣誉和鼓励。我希望这种奖励机制能够激励更多的学生积极参与做操，养成良好的运动习惯。同时，我也向学生强调做操的视频将会分享到家长群中，让家长监督大家，看看大家有没有进步。

经过调整，我感到我们的班级有了明显的变化。不久后，我惊喜地听到表扬我们班做操的声音。这让我深感欣慰，我知道，我们做到了。这个过程虽然艰难，但看到学生的成长和改变，我觉得一切都是值得的。

我相信，只要我们保持这种团结和努力的精神，我们的班级会越来越好，我们的生活也会因此变得更加丰富多彩。这就是我对我们班的信心，也是我对未来的期待。

课间操，作为学校教育中的一项常规活动，一直以来都发挥着重要的作用。它不仅有助于学生的身体健康，还对学生的心理健康、社交能力和学习态度等方面有着积极的影响。课间操看似一个简单的体育活动，但想做好并不容易。对学生来说，他们需要共同协作，日复一日地坚持，也许做好一天的课间操很简单，但做好每一天的课间操就有一定挑战；对教师来说，需要重视课间操的管理工作，确保每个学生都能从中受益，同时不断探索和创新课间操的形式和内容，满足学生的多元化需求；对学校来说，课间操能充分反映一个学校对健康、体育和纪律的重视，有序的课间操可以营造一个积极向上、健康和谐的校园氛围，可以为学生的全面发展提供良好的环境。

案例二：小胖子的体能操表演记

我们班有一位同学，他个子不高，长得却很胖，平时做什么都不太利索，所以大家都叫他“小胖子”。夏天的来临，让小胖子愈发苦恼。为什么呢？因为夏天非常热，而学校大课间组织的体能操又让小胖子气喘吁吁。

又是一次大课间，体育组的庄艳老师点名让每个班的22号上台领操。大家不约而同地看向了……对！就是小胖子。小胖子看了看自己肚子上的肉，无奈地叹了口气，局促而不情愿地向主席台跑去。

上台后，小胖子显得非常力不从心，光看背影就知道他心里是有多么的紧张和不安。动作笨拙而不协调，高抬腿腿抬不高，异侧肘触膝怎么也触不到膝，平板支撑的时候肚皮都贴到地板上了，甚至会紧张到同手同脚……可算是结束了体能操，小胖子的脸涨得通红，身上出了许多汗，他低着头，默默地回到班级的队伍里。

班上时常出现新鲜事，所以这次风波很快就翻篇了。大家都以为小胖子还是小胖子，可是一次偶然的遇见，让我对他肃然起敬。

那是一周后的放学后，我在学校开完一个小会，正往班上走时，在操场看见了一个肥胖的身影，走近一看，正是小胖子！他正在练高抬腿，这一次，他做得还算合格，至少不那么笨拙了。等我取完包时，我看到他正在休息，便走到他旁边。“你怎么在这里？”我问道。

他抬起头，看了看我，又看着自己手指上胖胖的圆涡：“老师，对不起。”

“你为什么要说对不起呢？你不必对任何人道歉，因为你在努力。有时你可能会感到自卑，但我觉得，你一定可以改变自己，你也要相信你自己。”

“可是……”

“你不要在意别人说什么，只要做好自己就可以啦。”

那天，我陪他练到很晚。临别时，小胖子对我说：“老师，谢谢你，我会好好努力的！”

后来，大家都发现小胖子变了。体育课上别人做一遍的动作，他要练十遍，不标准、不规范的地方也会不断地去请教老师。在进行体能操训练时，他也更加认真了。就这样，日复一日，他的动作越来越规范，身体也越来越结实。

终于有一天，体育组的施继凯老师主持大课间的时候，又抽到了每个班级的22号同学上台领操。听到消息，小胖子不再像以前那样害怕，而是马上撸起袖子，迅速地跑向主席台。

随着音乐响起，小胖子开始了他的动作展示。这一回，他不像上次那么笨拙，而是轻松自在，如鱼得水，胯下击掌、波比跳、后踢腿……动作的幅度和力度都控制得恰到好处，像是一位经验丰富的体能操运动员。他的手臂在空中划出一道道优美的弧线，脚步犹如踩着鼓点般轻盈而有力量，将节奏感把握得非常好。看得出来，每一个动作他都用心在做，认真而且规范。

体能操结束以后，施老师在全校同学面前表扬了他，肯定了他这段时间付出的努力。施老师说：“人生没有白走的路，每一步都算数。正是你长期以来坚持不懈地努力，才有今天的收获，你是大家学习的榜样。”说着，还奖励给小胖子一个我们学校特制的荧光运动手环。

回到班级后，同学们纷纷簇拥着小胖子，对他的表现赞不绝口。我还展示了他一开始和现在的对比视频，同学们都请他分享经验。

小胖子害羞地笑了笑：“一开始我也觉得自己做不好，但是我想，既然选择了参加这个活动，就一定要尽自己最大的努力。所以我每天都会认真练习，还会在家里对着镜子反复琢磨动作。我相信只要坚持不懈，就一定会有进步！”

体能操是一种通过有计划、有组织的运动活动来提高个体身体素质的综合性

体育项目。对学生而言，体能操因为是在户外公开活动，有利于激发学生的自尊感和责任感，可以提高身体素质，培养团队合作意识和集体荣誉感，增强纪律性和自律能力。对教师而言，需要设计合理的训练计划，并给学生提供心理上的支持。对学校而言，体能操可以增加学校的文化氛围和凝聚力，为学校建设和发展增添色彩。因此，各方应共同努力，为体能操的开展提供支持和配合。

案例三：人生就像长跑

陈××是一个感统失调的孩子，他的生活充满了挑战和困难。在家里，他缺乏自信心，不愿意与人交朋友，与家人的关系也并不和谐。在学校里，他的成绩不尽如人意，与同学的关系也很紧张，和老师的交流更是少之又少。

然而，自从学校开展了冬季长跑和大课间活动以来，陈××的生活发生了翻天覆地的变化。

起初，陈××对这些活动充满了恐惧和抵触。他害怕运动，害怕自己的感统失调会让他在同学们面前出丑。然而，在老师的鼓励和同学的支持下，他决定勇敢地参加。

第一次参加长跑时，陈××的脚步沉重而缓慢。他感觉自己的身体像是被千斤重担压着，每一步都像是在攀登一座高山。然而，为了不辜负的大家的期望，他告诉自己，无论多么困难，他都要坚持下去。

随着时间的推移，陈××逐渐适应了长跑的节奏。他的身体变得更加健壮，他的步伐也变得更加轻盈。每一次的长跑，都像是一次与自己的挑战，他不断地超越自己的极限。

在大课间活动中，陈××也积极参与。他发现自己逐渐喜欢上了运动，尤其是跑步。他喜欢感受风吹过脸颊的感觉，喜欢汗水浸湿衣服的感觉。运动让他忘记了自己的感统失调，让他感受到了自由和快乐。

通过冬季长跑和大课间活动，陈××不仅身体发生了改变，内心也变得坚强和自信。他开始主动与同学们交流，分享自己的经历和感受。他发现，同学们并没有因为他的感统失调而嘲笑他，而是给予了他更多的理解和支持。他们一起鼓励彼此，共同成长。

与此同时，陈××与老师的交流也逐渐增多。老师们看到了他的努力和进步，给予了他更多的关注和指导。他们鼓励他在学习上也要像长跑一样坚持不懈，努力追求进步。

> 渐渐地，陈××的成绩也有了明显的提升。他开始更加用心地学习，积极参加各种课外活动。他发现，自己原来也可以做得很好，只要付出努力，就一定能够取得进步。
>
> 冬季长跑和大课间活动，不仅让陈××小小的身体变得更加强壮，更加健康，也让他的内心变得更加坚强和自信。
>
> 其实，人的一生像是一场长跑。长跑路上，每个人都有自己的不足和困难，但只要勇敢面对，坚持努力，就一定能够克服困难，实现自我突破。

冬季长跑活动需要学生在寒冷的天气中坚持跑步，对于培养孩子的坚持精神非常有益，然而对陈××这样感统失调的孩子无疑是一个挑战。但是，老师和同学没有放弃他，在大家的鼓励帮助下，他身心都经历比较大的变化，学习成绩也变好了。小学阶段是孩子身体发育的重要时期，冬季长跑活动可以有效提高学生的身体素质。通过长期的长跑训练，学生的身体变得更加强壮，跑步速度也有了明显的提升，同时也增强了自信心。在小学阶段，自信心对孩子的成长至关重要，通过参与体育活动并取得成功，能够让学生更好地认识到自己的能力。在冬季长跑活动中，同学们互相鼓励，则体现了团队精神的重要性。小学阶段是培养团队精神的关键时期，通过参与集体活动，学生能够学会关心他人、与人合作——这也正是乐群大体育的意义所在。乐群大体育强调安全指导和适度挑战，确保每个学生都能在保护下进行探索和学习，并在活动中获得成就感。此外，乐群大体育课程还融入健康教育的元素，帮助学生形成良好的生活习惯和健康意识，为学生终身体育打下坚实的基础。

第六章　乐群大体育课外体育课程

课外体育活动是学校体育课程的重要组成部分，是对体育课堂学习内容的巩固、延伸和发展。学生经常参与课外体育活动，有利于增强身体素质、提高社会适应性、促进个体的社会化，有利于促进心理健康发展，以更好的状态参与学习生活。

第一节　乐群大体育课外体育课程理论架构

在现代教育体系中，学校课外体育课程不仅是学生体能训练的重要组成部分，更承载着培养学生全面发展的使命。通过科学的理论构架，我们可以深入探讨这些课程背后的价值和内涵，从而更好地理解它们在学生身心发展中的独特作用。

一、学校课外体育活动的内涵

目前，国内学者对课外体育活动概念的界定主要有以下三种：

李祥在《学校体育学》中提出，课外体育活动是学校体育教学的重要组成部分，虽然在课外时间进行，但是仍然与学校体育教学共同组成了学校完整的体育教学体系。课外体育活动包括课间操锻炼、专业运动队训练和体育运动竞赛三种形式。

周登嵩在《学校体育学》中提出，课外体育活动指学生在学校学习过程中，为了满足自身的兴趣爱好、休闲娱乐、强身健体等方面的需求，所进行参与的体育运动形式。课外体育活动锻炼、竞赛以及社区体育活动等多个方面，都是课外体育活动的内容。

潘绍伟、于可红在《学校体育学》中提出，课外体育活动指课前、课间和课后在校内进行的面向所有学生的活动。其主要内容是健康运动和健身活动，相关课程是满足学生多样化需求的基本组织单元。

综合来看，上述三种定义分别从范畴、时间、内容及组织形式上对课外体育活动的概念进行了描述。从范畴上看，课外体育活动有广义和狭义之分；从时间上看，课前、课间和课后都可以开展；从内容上看，既可以是身体锻炼，也可以是技能训练以及运动竞赛；从组织形式上看，个人和集体都可以组织。由上述定义可知，课外体育活动是体育课的必要补充，也是学生运动特长的发源地、生长地。开展课外体育活动，能够与体育教学、体育训练进行有益互补，成为连接课堂教学与体育训练的重要桥梁。此外，开展课外体育活动有利于调动学生的兴趣，形成体育爱好，促进身心发展，形成良好的身体素质；有利于培养学生顽强拼搏的意志品质，形成终身体育的思想意识；有利于发现学生运动特长，培养学生运动专业。

二、学校课外体育活动的发展特点

发达国家特别重视小学课外体育活动的综合性价值。在学生进入小学之后，它们通常以一些先进的科学技术和文化知识激发学生兴趣，再组织课外体育活动，让学生在体育锻炼、愉悦身心的时候能够进行学科探究。

日本文省部于 1990 年制定并颁布的小学教学大纲中规定，小学是学生学习的第一步，对于学生的终生学习起到了引导作用，在具体执行教学的过程中，应该遵循相应的原则和指导方针：小学教师和校方领导在制定教学计划的过程中，首先应该以学生爱玩的天性为关键点，让小学生在释放天性的同时参与到学习生活中，从而达到身心同教的目的；对于小学生的教育要向着终身教育的目标前进，尤其是体育教育，这是关系小学生一生的关键性教育，可以激发学生的上进心，以单纯的比赛优胜心态参与到学习中，对于学生的学习是至关重要的；课外体育活动有助于锻炼学生独立、坚强的性格，对于小学生的成长是至关重要的。在日本，小学生在参与课外体育活动的过程中，教师可以引导学生向着探险性的体验式活动形式发展，虽然会经历非常多的痛苦和折磨，但是如果学生可以坚持，将对学生意志的锻炼起到意想不到的效果。值得注意的是，在小学生参与学校课外体育活动的过程中，学校和教师应该制定相应的安全措施和应急预案，保证学生在参与课外体育活动过程中的安全。

中国学者雷泽宏通过对美国学生的课外体育活动的亲身体验，结合美国小学的相关政策后整理出《美国学生的课外体育活动》一文，指出：美国的学生在学习期间会定期参与课外体育活动，利用校外的自然资源和场地进行开放式的课余体育活动，在享受自然的同时，充分发挥个人的潜能，有利于小学生的快速成长。美国小学教学中将体育活动作为一项任务进行布置，学生在放假期间，家长必须带领学生去参加相应的体育活动，主要以野外的体育活动为主，并通过影像、照片等向教师汇报。其目的是为了让家长腾出更多时间陪同学生参与体育活动，从而保证家长和学生的身心健康同步发展。雷泽宏还发现，美国人终身参与体育锻炼的人数占总人口的比例是非常高的，几乎可以达到60%以上，这远远超过了中国。

周小青在《中、德、美、英四国中小学体育指导思想中的隐性知识比较研究》中指出，就目前世界各国的小学教学来说，中国的教育制度是相对落后的，尤其是对于小学的体育教学，中国重视的是学生在课堂中的表现和考试的成绩，学生从开始入学就面临着学习文化课的压力，完全不能去发挥少年儿童的天性，这对于孩子的成长是非常不利的。而德、美、英等国家在小学体育教学中，会千方百计地让学生以主人公的身份参与体育活动，以和教师平起平坐的身份去探讨相关问题，这对于学生思维的开发是非常有利的。小学生参与的体育活动越多，身心越处在愉悦的状态，对于智力的开发是非常有益的。

通过以上分析，我们可以发现以下特点：

一是目标定位明确。发达国家高度重视课外体育活动，将它纳入教学大纲或以官方文件的形式作出明确规定，旨在提升学生的身体素质和运动技能，并通过体育锻炼培养学生的良好个性。

二是终身体育理念的推广。普遍提倡终身体育和终身运动的理念，旨在通过参与体育锻炼培养学生的兴趣，促进学生形成持久的体育习惯，为学生未来的终身体育活动奠定基础。

三是多样化的活动形式。国外的课外体育活动多种多样，既包括学校组织的正规运动队，也涵盖俱乐部等组织的运动队。这些俱乐部通常与运动员的职业生涯紧密相连，为重大赛事选拔优秀运动员提供平台。

四是家庭的积极参与。在国外，家长在课外体育活动中扮演着重要角色。在开展不同的体育活动时，学校会先征求家长的意见，并将家长纳入活动的组织和反馈的过程中，确保活动的有计划、有组织性，并能及时联系家长。

五是发达国家学校课外体育活动强调以学生为中心，贯彻儿童本位立场。首先，课外体育活动的核心应是培养学生对体育的兴趣。基于兴趣爱好形成的体育习惯，更有利于学生形成终身体育的意识。其次，注重学生的自主选择、亲身体验和感受，而不是强迫参与。丰富多彩的活动，既锻炼学生的身体，又培养他们的思想品质。最后，在学校层面，课外体育活动已成为学校体育的重要组成部分。开设课程、组织运动队、成立运动俱乐部等形式，与学生的运动生涯紧密相连，有利于学生的终身体育发展。

我国历来对学校课外体育活动十分重视，经济社会的发展更是不断推动课外体育活动的开展。早在1951年7月，政务院在《对于改进各级学校学生健康状况的决议》中规定：学生除体育课外每天参与一到一个半小时的体育活动。1954年8月，国家体委、卫生部在《对于中、小学生的健康状况和改良学校体育、卫生工作的陈述》中指出，做好课间操、早操，上好一周两节体育课，组织好两次课外体育活动。1979年10月，教育部、国家体委《中小学体育暂行规定》中把学生体质、学校体育工作开展情况纳入学校体育考核。1982年，教育部发出《对于保证中小学生每天1小时体育活动的通告》。1987年，教育部将体育活动纳入周课时量。1995年，颁布《中华人民共和国体育法》，正式实施全民健身计划。进入21世纪，体育类政策指导文件更加密集、更加具体。2006年，教育部、国家体育总局、共青团联合发出的《关于开展全国亿万学生阳光体育运动的决定》中明确指出："开展阳光体育运动，要与课外体育活动相结合。配合体育课教学，保证学生平均每个学习日有一小时体育锻炼时间。将学生课外体育活动纳入教育计划，形成制度。"2013年通过的《中共中央关于全面深化改革若干重大问题的决定》明确要求重视学校的体育工作，加强体育锻炼，提高学生身体素质。2014年，教育部颁布的《学生体质健康监测评价办法》《中小学校体育工作评估办法》《学校体育工作年度报告办法》分别从学生、学校、地方政府三方面建立一套科学规范和系统配套的评价体系。2016年国务院印发的《关于强化学校体育促进学生身心健康全面发展的意见》，要求完善学生体育锻炼体系，积极开展课外体育活动，保证学生体育活动的时间。2021年发布的"双减"政策，也为学校课外体育课程拓展了空间。

这些文件和政策的出台，为学校开展课外体育活动提供了制度保障和具体指导。课外体育活动的开展，是提高我国学生体质的重要方式，有利于培养学生的健康意识和养成锻炼的习惯。

在我国，课外体育活动的形式因学校而异，主要包括：有组织的体育活动，即在体育教师或班主任的带领下进行，可自行选择活动项目，有助于学生形成体育习惯和培养个人兴趣；专项训练，即由体育教师或教练带领，训练针对性强，有助于学生形成专业运动特长；校外俱乐部和青少年体育活动中心，即由社会组织提供的训练，具有较强的自主性和选择性，有助于学生形成终身体育意识；体育特色活动，即以学校的特色体育项目为主要内容，结合学校课程，有计划地开展特色活动。

在21世纪的今天，学校、家庭和社会的紧密合作对青少年体育教育至关重要，学校体育、家庭体育和社会体育共同构成了培养青少年终身健身意识的三种基本途径。然而目前，学校教育过于集中在学校体育上，而忽视了家庭体育的重要性；家庭教育则更加重视学生的个人素质和学业成绩，而对身体健康的重视程度不足。家庭体育在学校与社区体育之间的结合中显得较为薄弱，同时缺乏一个系统的理论和实践基础。

学校虽然是教育的核心环节，但并非唯一，需要多方协同努力。依靠学校体育单独培养学生的身体、心理和社会适应能力已无法满足社会的发展需求。因此，学校体育必须利用校内外的所有资源，将体育教育延伸到家庭环境中。在这种环境下，父母对学生进行体育教育变得尤为重要，这已经成为当今社会的发展趋势。学校与家庭的紧密联结具有重要意义，学校体育是家庭体育开展的基础，家庭体育则是学校体育的有效延伸，两者的有效结合不仅能增强学生对体育的兴趣，提高学生参与运动的主动性，还有助于在学生心中树立终身体育的价值观。

综合目前我国课外体育活动的发展情况，可以归纳为以下几点：

一是政策更多地聚焦于国家宏观发展。我国长期以来高度重视课外体育活动，自中华人民共和国成立初期便倡导“每天锻炼一小时”。然而，历史上这一目标多被限定于服务于国防建设、生产需求和国家宏观性发展需要，未充分考虑到学生个人对体育活动的兴趣和偏好。

二是课程改革与实践存在鸿沟。新课改带动了对课外体育活动的普遍关注，阳光体育运动在全国范围内广泛展开。但是，受限于中小学校的体育师资力量、体育设备经费投入、体育课程的地位等现实因素，许多中小学校特别是乡镇农村学校的课外体育活动在内容和组织方式上仍然依赖传统体育课的模式，体育实践落后于政策理论。因此，课外体育活动在理论、价值、地位和作用等方面仍需深入研究和探索。

三是学生体育健康意识薄弱。虽然近年来日益重视体育与健康，但是在竞争激烈的教育大背景下，语、数等主科地位牢牢占据了绝大部分时间，学生对体育课停留在副科层面，体育锻炼的意识薄弱。目前的研究大多集中于课外体育活动的组织和实施方法，缺乏对其理论基础的深入探讨。这些也导致了课外体育活动往往随政策波动而短暂，未能在小学体育教育中形成稳定的体育锻炼文化。

四是家庭体育面临挑战。家庭体育的实施在我国仍然面临挑战，尤其是在与学校体育结合的过程中表现出明显薄弱。家庭在进行体育教育时缺乏系统的理论和实践支持。鉴于仅依赖学校体育无法全面满足学生的身体、心理和社会适应能力的培养需求，强化家庭体育的作用变得尤为重要。

在当前教育体系中，课外体育活动的实施面临诸多挑战，不仅影响了体育活动的效果，还可能削弱学生对体育的兴趣和热情。因此，针对这些问题，我们迫切需要探索有效的改进之道，以更好地激发学生的参与热情，促进他们的全面发展。

为了在一定程度上解决上述问题，乐群大体育课程在项目内容、活动模式、家校联合、社区互动等方面做了积极的探索。通过项目式的体育活动开展，乐群大体育不仅丰富了课外体育的形式，还提高了活动的趣味性和参与度。乐群大体育的课外项目通常更加贴近学生的兴趣，使体育活动更具吸引力；此外，还注重学生能力的差异化，确保每个学生都能在活动中找到适合自己的位置，从而提高自信心和参与动力。

第二节　乐群大体育课外活动项目化课程图谱

乐群大体育的核心在于通过集体参与的体育活动，创造一个既充满乐趣又具有挑战性的环境，使学生在享受运动的同时，学会如何在集体中协作并发展个人技能。就课外活动而言，乐群大体育活动更注重体验的过程和个人参与的感受，强调的是体育活动本身带来的快乐和团队之间的互动，而不仅仅是竞技胜利的结果。更重要的是，乐群体育尝试探索以项目化来实施课外体育活动，使体育活动在教育中的作用不仅仅限于体育技能的提升，更在于通过这些活动培养学生的社会能力、情感表达和自我认知。

一、体育教学的项目化学习内涵

项目化学习缘起于美国，由杜威的“做中学”教育思想演变而来，最先由杜威的学生克伯屈在 1918 年 9 月发表的有关项目教学法的论文提出，在教育领域引起了较大的反响。

国内外学者从不同的角度阐释了项目化学习的含义。美国巴克教育研究所将项目化学习定义为在对真实问题进行探究和解决中完成一个项目成果，这个项目成果是针对问题解决的。德国慕尼黑大学的鲁道夫认为，项目化教学可以将教学以实践的方式融合到项目的开展中，学生积极独立参与其中并获得相应知识和技能，同时获得社会技能。美国福格蒂在《多元智能与问题式学习》一书中，将项目化学习与多元智能理论相结合，提出项目化学习是一种创新性的课程设计，认为有五种类型的项目可作为课程框架，其目的是帮助学生在项目活动中建立起三级智力模型。国外学者基本上认为，项目化学习是一种创新性的、系统的学习模式或教学模式。

刘景福、钟志贤认为，项目化学习就是以学科概念和原理为起点，依靠各种有效资源，在一段时间内解决相关问题的一种探究型学习。夏雪梅从学生的核心素养方面入手提炼概念，指出项目化学习是学生通过调动自身知识储备和能力解决源于生活或学科的问题，以产生学习成果，是一种以培养学生核心素养为目标的学习模式。国内学者虽然对于项目化学习的界定视角上有所不同，但对于概念意思的表述基本一致，即学生通过探索和解决问题，发展相关能力，形成学习效果。

综合来说，项目化学习就是学生以项目主题为中心，通过组建学习小组，借助多元的学习资料和途径进行探究合作学习，最终完成一个项目作品的学习方式。学生在此学习过程中，与人合作交流，在具体的项目任务中习得技能，获得发展。

国内已有的关于项目化学习的研究大多论述了项目化学习在物理、计算机、地理等学科中的应用。而关于项目化学习与文史类学科的融合研究，国内大多侧重于语文学科教学中。将项目化学习应用在体育学科教学中的研究更少，为数不多的有关研究也仅集中在运动技能训练部分。

项目化学习对学生学习能力的发展有积极影响，是培养学生核心素养和关键能力的有效教学模式。张文兰、胡娇统计分析了国内外有关项目化学习的实验研究，发现项目化学习对学生在不同学科的学习上都有促进作用。胡红杏认为项目化学习有利于学生学科素养和学科能力的发展，项目化学习的教学活动产生的历史源于三个层面：项目化学习对学生学科精神和人文精神发展的价值，项目化学习对学生学科素养和学科能力发展的价值，项目化学习对学生发展的价值。总的来说，国内学者论证了可以通过项目化学习积极影响学生的综合能力和核心素养，这也说明项目化学习是一个可参考与实践的学习模式。

综合已有研究可以发现，首先，国内外针对项目化学习研究都已经有了较丰富的成果，包括项目化学习的在学科教学中的应用研究、项目化学习对学生能力的影响研究及项目化学习的评价研究等。其次，已有研究表明，项目化学习在理工、语言学科中对提高学生的知识构建和实践运用能力都具有积极影响，但对于项目化学习在体育课程构建和实施的研究较少，而且大多停留在理论层面。项目化学习所具有的优势正是目前课外体育活动中所缺少的，完全可以运用项目化学习模式来开展课外体育活动，因此，群众路小学乐群大体育课程尝试在课外体育课程中探索项目化实施。

二、乐群大体育课外活动项目的构成与实施

秉承着全面发展的教育理念，群众路小学积极推进以“乐群”为核心的体育课外活动课程体系（如图 6-1）。这种课程体系结合学校的教育资源，通过一系列精心设计的项目化体育活动，促进学生在体育运动中的全面而个性化成长。这些活动不仅注重学生身体素质的提升，而且强调在运动中培养学生的团队合作精神、社交能力和情感智慧。乐群大体育课外活动的独特之处在于依托项目化活动，创造了一个既具挑战性又充满乐趣的运动环境。在这种环境下，学生可以体验团队协作的乐趣，发展竞技技能，并塑造积极向上的人格特质。为了实现这一目标，群众路小学构建了一个多维度的体育教育课程图谱，涵盖家庭、校园和社会各层面，包括亲子嘉年华活动、校园体育竞赛和课后体育服务等，旨在促进学生在德、智、体、美、劳各方面的全面发展。

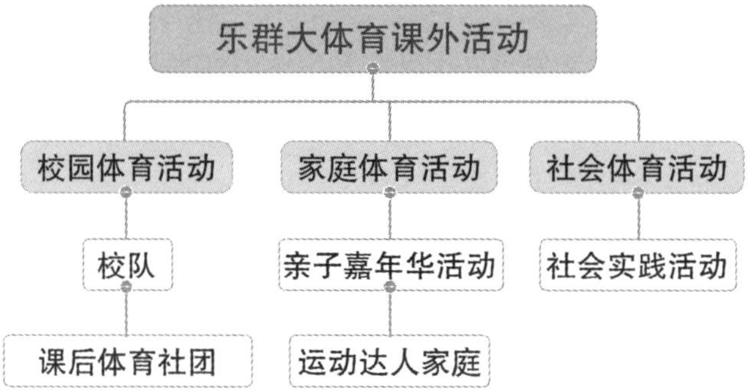

图 6-1　乐群大体育课外活动图谱

群众路小学坚持“健康第一”的指导思想，将“体育即生活”理念融入师生的生活，让“黑、瘦、硬”成为学生的基本形体特征，以培养阳光自信健康的“群小少年”为宗旨，以养成学生终身体育的能力为目标，进一步优化体育工作管理，丰富体育活动内涵，提升体育工作品位，让体育心智、体育文化、体育校园、体育生活成为师生生活实质和内涵的具体体现，为师生养成终身进行体育锻炼的习惯奠定基础，形成较鲜明的体育办学特色。

1. 校园课外体育活动

学校课外体育活动是培养学生全面发展的重要组成部分，项目化的课外体育活动已成为促进学生全面发展的关键。群众路小学充分认识到这一点，采取了一系列基于项目化思维的措施来设计和实施课外体育活动。这种方法关注学生的身体健康，在培养学生团队精神、责任意识和创新能力方面发挥着重要作用。在这一理念的指导下，群众路小学从校队、课后体育社团等多个维度入手，设计和实施课外体育活动。

（1）校队

校队作为校园体育文化的一部分，不仅提升了学校的竞技水平，而且成为培养学生团队合作能力和竞技精神的平台。校队的建设是一个项目化实践，具有一定的典范性。通过参与校队的训练和比赛，学生不仅能够提升自己的体育技能，还能在实践中锻炼自己的意志力和团队协作能力，对于学生个性的发展和社会适应能力的提升至关重要。

群众路小学组建了各式各样的体育校队，包括田径队、篮球队、排球队、羽毛球队、啦啦操队、游泳队、乒乓球队等。近年来，学校参加福州市中小学生运动会比赛均名列前茅。2018 年，学校参加比赛的综合成绩位列第六名；2020 年、2021 年，学校参加比赛的综合成绩均提升到第四名，其中省市属小学乒乓球比赛、游泳比赛均获积分排名第一；2022 年，学校参加比赛的综合成绩提升至第二名，各项赛事的金牌数增加到 6 人，游泳赛事继续保持总分排名第一。

群众路小学乒乓球队成立于 2003 年，因成绩突出，学校 2005 年就获得“福州市乒乓球传统校”称号，连续数年获得了福州市乒乓球比赛佳绩。2022 年 5 月，福州市中小学生运动会新设立省市属小学组混合团体赛，学校获得甲、乙组双冠军，实现了大突破。2022 年，学生陈璧堂代表福州市参赛，获得国家青训选拔赛第四名。近年来，学校为福州市少体校输送了多名优秀人才。

（2）课后体育社团

课后体育社团提供了一个有更加多样和灵活的体育活动平台，为学生提供了多样化的运动选择，有从篮球、排球到羽毛球等不同项目。每个社团都像一个小型的项目，也是一个学习新技能、发展兴趣爱好的舞台，旨在提升学生在特定运动领域的技能。在这些社团中，学生不仅能在轻松愉快的环境中享受运动的乐趣，还能在团队活动中培养合作精神和社交能力。通过团队协作完成任务，学生能更好地理解团队精神的重要性，培养对体育的尊重和热爱。

从 2018 年开始，群众路小学课后服务工作采用“四点半体育锻炼”的形式开展，设置乒乓球、羽毛球、体适能、击剑及篮球兴趣小组，通过专业团队进行高质量的训练，达到事半功倍的理想效果。学校四点半体育课堂合作体选择了“福小子”体育青训平台，保证了教练员的专业性。根据学校传统及场地情况，各课程每周安排两次或三次在校训练，每次训练时间为一小时。

学校将体育校队与四点半课堂进行有机融合，尤其是乒乓球和田径项目，不仅解决了选才问题，还显著提高了校队学生的训练效果和竞赛成绩。

乒乓球社团的分班制度是学校体育项目化实施的一个突出例子。社团设置了基础班和校队班两个层次，以满足不同水平学生的需求。基础班主要针对一、二年级的学生，旨在培养他们对乒乓球的兴趣和基本技能。在有保证的场地和教练资源下，学校鼓励学生参加，为乒乓球校队选拔和培养后备人才提供了一个平台。校队班专门为校队学生设置，重点进行强化训练，保证每周三次的训练时间。这种分层次、有针对性的训练模式，有效提升了乒乓球队的整体实力，确保了学生的训练质量和时间。

与乒乓球社团类似，学校的田径队也依托于四点半体育课堂，得到了训练时间上的充分保障。学校还引进了专业的体适能训练团队，对田径队进行赋能。这些外部专业团队的加入，为学校田径队的训练带来了新的视角和方法，使得学生在训练中得到了更加专业和系统的指导，不仅提升了运动技能，还增强了对田径运动的认识和热爱。

通过四点半体育课堂和专业训练团队的双重优势，群众路小学的体育竞赛成绩有了显著的提升。这一成果不仅体现在乒乓球和田径等特色项目上，还反映在学校体育教育上整体实力的增强。学生通过参与这些项目化的体育活动，不仅在运动技能上得到提高，还在团队合作、竞技精神和目标追求等方面得到了锻炼和提升。

群众路小学通过项目化实施的体育社团活动，有效地融合了课内外的体育资源，为学生提供了一个多元化、专业化的体育锻炼环境。通过这样的实践，群众路小学展现了如何通过项目化实施有效提升课外体育活动的效果，促进学生全面发展的可能性。

2. *家庭体育活动*

项目化实施是有效整合学校体育与家庭体育资源的关键途径，旨在构建一个连续且全面的体育教育环境。这种整合打破了学校体育活动的局限性，让学生在校园之外也能持续参与体育锻炼，进而延伸了体育学习的时间和空间。

项目化实施的核心在于构建一个学校与家庭互动的体育系统，这个系统不仅包括学校内的体育课和课外活动，还涵盖了家庭环境中的体育锻炼。在这个体系中，学校体育通过提供专业指导和系统训练，为学生打下坚实的体育基础，而家庭体育则通过家长的参与和支持，延伸这种体育活动的影响力，帮助学生在日常生活中实践和巩固学校所学。

（1）亲子嘉年华活动

亲子嘉年华活动是一种既能增进家庭成员之间情感，又能促进身体健康的活动形式。组织“摸石过河”“袋鼠跳”“胜券在握”“城堡夺旗”“车轮滚滚”“攻坚克难”“旱地龙舟”等亲子项目，不仅能够增强家庭成员间的默契与合作，还能让孩子们在轻松愉快的氛围中体验运动的乐趣，感受团队合作的力量。这些活动不仅能锻炼孩子的身体素质，还有助于培养他们的社交能力和家庭责任感。

（2）运动达人家庭

为了促进家校形成合力，保证扎实有效地开展校外一小时锻炼，学校制定《福州市群众路小学家庭运动管理细则》，由学生自行设计制作“家庭运动达人卡”（如图 2-3），记录每日与家人共同运动过程，参与的家长共同完成运动项目并签字。每月班主任汇总交与学校德育处进行呈报“运动达人家庭”，评上者将获得奖励。在寒暑假，教师利用钉钉在线推送运动资源，使学生在家也能有效地进行体育运动。

这些家庭体育活动的开展，不仅能充分发挥家庭在教育中的价值，还能引导孩子们在亲身参与和体验中感悟团队合作的重要性，体验家庭责任，从而在家庭和学校的共同努力下，形成良好的家校合力，促进孩子们的全面发展。

3. 社会体育活动

社会体育活动已成为推动公众身体健康和精神文明建设的重要途径。学校作为教育的重要基地，可以发挥其独特的教育资源优势，与社区紧密合作，共同设计、组织并实践多元化的社会体育活动。这些活动不仅能让学生在参与中锻炼身体、磨炼意志，还能培养他们成为具有正确体育价值观和良好体育品质的时代新人。

社会体育活动的形式多样，包括社会实践研学活动、公共健身活动、城市马拉松、登山徒步等。通过组织这些活动，学生不仅有机会亲身参与和体验不同的体育运动，还能在实践中学习团队合作，增强社交能力，接受身体和精神上的全面锻炼。这些活动也是培养学生吃苦耐劳、乐于奉献的良好品质，弘扬开拓创新、砥砺奋进的时代精神的有效途径。

此外，社会体育活动还能够加强学校与社区的联系，促进学校教育资源与社会需求的有效对接。学校可以利用自身的专业知识和教育资源，协助社区规划和实施各类体育活动，从而更好地服务于社区成员的健康需求。同时，学生通过参与这些活动，不仅能够增强自身的体育能力和身体素质，还能培养对社会责任的认识和承担，为成为具有社会责任感的公民打下坚实的基础。

学校与社区的紧密合作开展社会体育活动，不仅能够丰富学生的体育经验，促进他们的全面发展，还能传承和弘扬中华民族的优秀传统美德，为培养新时代具有全面素质的人才提供有力支持。

课外体育活动评价体系的完善和创新对于激发学生的体育兴趣、培养体育素养至关重要。针对课外体育活动评价中存在的过度注重结果和技能而忽视过程、体验和素养培养的问题，我们应采取更为全面和真实的评价方法。这种评价方法应以激励为主，关注体育活动的整个过程，同时鼓励家长、教师和学生等多元主体积极参与。群众路小学在构建评价体系时，参考了项目化学习评价的要求，总结出了以下三大评价策略：

1. 目标前置，评价自定

目标前置操作是项目化学习的必要程序和保障。为了让学生真正了解课外体育活动的目的，乐于参与体育活动，群众路小学将学习目标前置，自 2002 年起开展了“让学生体验成功”的“成长杯”评奖活动，致力于让学生在体育领域的努力和成就得到认可。学校每学年设立“成长杯运动之星”奖项，鼓励学生在学期初制定个人体育成长计划，并在整个学年中努力实施。个人体育成长计划不仅是学生进行课外体育活动的导引，更是检验学生体育活动实践的依据。活动后，学生可以根据自行制定的目标完成评价内容。而在总结阶段，由学生自行根据前置目标给出相应的评价。

2. 人人参与，评价多元

课外体育活动的综合评价应本着过程性、体验性和能动性的原则，不仅仅局限于活动的最终结果，更多地关注学生在活动过程中的参与态度、团队合作、运动技能的提升以及情感和社交能力的发展。评价只有更加关注学生在体育活动中的亲身体验和个人感受，才能真正促进学生的身心全面发展。

为体现评价的真实性，到了学年末的“成长杯”评奖活动，基于学生在至少三个单项奖项中的表现，由教师、家长和同学共同参与评价，确保评价的全面性和公正性。这种评价方式的核心在于让每位孩子都能体验到成功的喜悦，激发他们继续努力、不断进步的动力。在这样的评价体系下，学生可以收获多元评价，而这样的评价也是较为公正的。

3. 贯穿始终，评价全面

乐群大体育课外活动评价的最大特点就是要在平时的活动中及时进行，并在学段结束后对学生的体育素养进行综合评定。这就要求学校对学生的评价要贯穿始终，既要有过程性评价，也要有结果性评价。为了更好地让过程性评价激励更好地落实，学校建立奖励细则，设计运动手环、冰箱贴等学生喜爱的物品作为奖品，以班级为单位，集满一定数量的手环或冰箱贴兑换一件班级运动小器材。对于结果性评价，学校组织形式多样、丰富多彩的体育比赛，第一学段开展跳绳、乒乓球颠球等比赛项目，第二学段开展跳长绳、踢毽子等比赛项目，第三学段开展乒乓球、拔河等比赛项目。同时，学校还设置了奖励机制，邀请学生上台展示，提高了学生参加体育活动的兴趣。

这种评价体系的应用，让学生在体育活动中不仅追求技能的提升，更注重个人的全面发展和社交互动。每年多达 150 名学生被评为“运动之星”，这不仅是对学生体育能力的肯定，更是对学生努力和坚持的赞赏。通过这样的评价体系，学校成功地培养了一批热爱运动、积极进取的学生，为他们的未来发展奠定了基础。

乐群大体育的课外体育活动以项目化形式的实施，为学校体育教育带来了显著的变革，使得课外体育活动更具有针对性和实用性，能够根据学生的兴趣和能力水平提供合适的体育锻炼方案，有效提高了学生的身体素质、心理素质和运动技能，为学生的终身体育锻炼和全面素质提升奠定了基础。

第三节　乐群大体育课外活动项目案例

乐群大体育的核心在于促进学生在轻松愉快的氛围中进行体育锻炼，同时鼓励他们在运动中学习团队合作、责任承担及创新思维。这种以学生为中心的教育理念，让体育活动不再是单一的身体锻炼，而是成为培养学生全面发展的重要渠道。活动项目化特点在于可以使个人价值与社会价值相结合，并关注在学生视角中具有挑战性的真问题，让学生可以自发的、持续不断的探索。

一、亲子嘉年华活动

亲子嘉年华活动是群众路小学的特色体育集体项目。

活动共分为六个项目。第一项是“同舟共济”，学生与家长一起在脚上绑上弹力绷带，共同配合完成比拼。陪伴的幸福在运动中流淌，不仅增进了家长与孩子的感情，也加强了家校之间的交流，在促进身心健康的同时培养了团队协作能力。

图 6-2　同舟共济

图 6-3　龟兔赛跑

第二项是“龟兔赛跑”，五位学生钻进造型为龟与兔的充气玩偶中，施展下肢力量通力配合，向前推进。在矫健的运动身姿与欢声笑语中，彰显着合作与竞技的喜悦。

第三项是“旱地龙舟”，十人双腿分开，跨在一充气的长条“龙舟”上，手抓手柄将龙舟拖起，以脚为桨，在旱地上“划龙舟”，向终点前进，直到龙舟尾部通过终点线。参赛者步调一致，奋力前行，有的队伍还齐声喊着“一二、一二”。学生为了班级荣誉拼搏努力，不知不觉中产生了集体的观念。

第四项是“众星捧月”，需要八个孩子参与，一人一端，拿着一个倒置的有底大游泳圈，慢慢向前，调整平衡使球在底部而不掉落或者碰到人，直到通过终点线。活动培养了团队的协作能力，在团体共同的努力下支撑“一片云彩”。这对于低年级小朋友难度更大，更考验他们的身体平衡状态。

图 6-4　旱地龙舟

图 6-5　众星捧月

第五项是“齐力传球”，七名小选手参赛，每人手持一个纵向切开的半根水管，从起点开始，一人拿球，将球置于第一根水管的一侧，拿水管的人将水管倾斜，小球便向下滚动，另几人拿水管，一个接一个拼接成长管，小球一旦滚离当前的水管，拿水管的人便向前移动，将水管接到最后一个，如此往复，直到通过终点线。参赛者紧密合作，相互配合默契，无间中彰显团队凝聚力。

第六项是“攻坚克难”，巧用多种器材进行“穿越隧道”“跨栏”“鱼跃龙门”“绕杆”“越过平衡木”等项目，激发了学生的运动兴趣，提高了学生的运动能力，帮助学生增强克服困难的信心和勇气，并获得快乐。

图 6-6　齐力传球

图 6-7　攻坚克难

在活动中，孩子认识到了集体的重要性，进而乐于参与集体活动，并且希望在集体中发挥自己的力量，同时也迫切地希望这个集体能变得更好。我们可以看看一个孩子的两篇周记：

我有一件烦心事

这周我遇到了一件烦心的事情。学校的运动会马上就要到了，老师说，在运动会最后一天的下午，还有运动嘉年华的集体项目比赛。总共有四个项目，要给班上的每个人分配任务，我被分到的任务是“旱地龙舟”，除了我以外，还有九个人。老师和我们说了一下“旱地龙舟”的比赛规则，在下午第二节课下课后把我们叫到了一起，让我们到操场上用龙舟道具练习一下。我们坐上了龙舟，老师开始排位置，大家都不愿意坐第一个，但我觉得我能坐第一个，而且老师也觉得自己比较壮，可以坐在第一个，于是我就坐到了第一个。我回头一看，大家都没有坐好，我大喊了一声：“你们快坐好！”后面的同学却仍然在窃窃私语。老师和我说：“你态度要稍微好一点，这样大家才会配合你。”然后老师和大家说："下周就要比赛了，我们的时间不多了，要加紧练习才能取得好成绩，大家要赶紧准备好！"我也赶紧跟着附和："是啊，我们要多练习几次，才能取得好成绩。"大家听完都纷纷准备好了。老师和我们再说了一遍规则，要龙舟的尾巴通过终点线，才算完成比赛。有人问："那要怎么知道什么时候停下来呢？"这个时候我想，只要最后一个同学大喊一声，大家听到就知道过线了，就可以停下来了。于是我就举手说："老师，只要最后一个同学过线的时候喊一下就行了！"老师肯定了我的想法，大家也都纷纷赞同。于是我们开始练习。第一遍练习的时候，大家动作很不整齐，等到最后一个同学喊过线的时候，我已经累得不行了。想起来刚才老师说站在第一个会比较累，这个时候我便不想站在第一个了。我举手和老师说。"你可以站在第一个，"老师却拍了拍我的肩膀，"你肯定可以在排头，你就是这个项目的小队长，还要负责召集同学们练习。"

"啊?!"我突然紧张起来，"我以前都没有当过小队长或者小组长，我要怎么办啊?"

这个时候老师突然接了一个电话，然后对我说，他还有点事情要处理，让我带着同学再练习几次。

我们又练习了几次，我都没心思好好练习了，我一直在想："要怎么带同学们练习？要怎么叫同学们一起练习？要怎么……"同学们下课都跑光了……

要怎么办啊，这时，预备课铃响了。我像是解脱似的跑回了班级。

很不容易的运动嘉年华训练

这次的运动嘉年华项目我们班级取得了第二名，虽然很多旁观的同学可能会觉得我们好像赢得很轻松，因为和我们一组的其他的两个班级要比我们慢很多，但是其实我们赢得很不容易！我们付出了很多的努力！

我们提前一周就开始训练了，一共训练了不下二十次！

第一次老师组织了训练，然后让我当这个项目的小队长组织训练。一开始大家下课都跑去玩了，都不愿意参加训练，我和他们说了也没用！我去找老师，老师说："你要自己想办法，这个项目是集体项目，只有你努力是不行的，要大家一起努力，才能取得好成绩。"然后，我在课后和队伍里的每一个同学都说："老师说我们要一起努力才能取得好成绩!”大家听到后都充满了热情，主动下去训练了，我们还用手表记时间，换前后的位置，调整跑步的方法——我们参加比赛的位置在练习时用的时间是最少的。虽然在比赛的时候我们的时间没有训练最快的时候快，但是我们大家都尽力了！我相信我们都已经做到了最好。

有的时候就是这样，遇到困难，不能只是消极地逃避或者找理由，找了一万个理由困难也不会消失或者变容易，我们要努力尝试去解决困难。然后，我们要同心协力，这样才能够更好地克服困难，取得好成绩！如果大家都有克服困难的热情，那么困难一定会被克服！

上述的两篇周记真实地记录了一名五年级小学生参加嘉年华“旱地龙舟”集体比赛项目的一些心理变化。从一开始被选为小队长的担心，到中间为了取得好成绩带着强烈的集体荣誉感去做积极的尝试，再到在比赛结束后取得的感悟，我们不难看出该集体项目对于小学生集体意识培养的重要性。小学生参加集体项目之前，先是遇到了困难，发现集体项目只靠个人的力量是无法完成的，进而认识到集体的重要性，开始且尝试和集体的其他成员沟通，让他们也意识到集体的重要性，激发了其他成员参与的热情，最后在集体成员共同的努力下取得了好成绩。这个好成绩进一步加强了集体的凝聚力，让集体的成员更加乐于参与到群体中来，实现了“乐群”的教育目标。

亲子嘉年华中的项目旨在通过体育运动加强家庭内的亲子关系。这些项目不仅提供了一种健康积极的互动方式，还强调了团队合作的重要性，为家庭成员之间建立起更加紧密的联系提供了平台。

以下为一位低年级家长参加亲子项目后在微信朋友圈发的文字，记录生动，感受真切：

伴随着午后温暖的阳光，群众路小学校园里，一幅温馨的亲子嘉年华画卷正在徐徐展开。

此刻的操场上，孩子们的笑声如清脆的银铃。然而在活动前的训练中，我孩子所在的团队表现并不理想。“你怎么那么慢？我不要跟你一组。”“你太笨了。”“你总是掉下来，都怪你。”“妈妈，你别说了，我不想听。”……他们总是互相抱怨，并不愿意配合。有的还时不时冲家长发着小脾气。也有的虽努力配合，但始终不够默契。面对状况百出的孩子们，我们这组的家长保持沉着冷静，微笑着耐心地劝解和引导。孩子们越来越认真，也逐渐明白这是一场需要大家共同参与的游戏，开始学会了配合，学会了理解。在家长的耐心引导下，孩子们逐渐明白了团队合作的重要性。慢慢地，孩子们的笑容越来越灿烂，眼神越来越坚定。他们不再是任性的小公主、小皇帝，而是学会了尊重和理解他人的小勇士。

随着一声哨响，“同舟共济”的比赛开始了。孩子们像勇敢的小战士，家长们则是他们的坚强后盾。只见孩子们稳稳地抓住爸爸妈妈的手，爸爸妈妈们则齐声喊着口号：“一二、一二、一二……！”孩子与家长步调一致，用力地向前走着。大家齐心协力，勇往直前，一起感受着那份团结的力量。

活动结束，孩子们满脸是汗水，眼中闪烁着自信的光芒。他们欢呼着，心中充满了成就感和自豪感。

通过这次亲子嘉年华活动，孩子们领悟到了倾听与合作的重要性，明白了理解与坚持的价值。即使失败，他们也没有怨言，而是学会了从失败中总结经验与教训。他们也似乎懂得了努力的过程比结果更为重要。加油，孩子们！

通过参与亲子嘉年华中的亲子项目，家长有机会在非正式的环境中观察和理解孩子的行为和需求，同时也为孩子树立了积极健康的榜样。这些活动不仅增强了亲子间的情感联系，还促进了健康、活跃的生活方式，对于培养孩子的社交能力、自信心以及解决问题的能力都有着积极的影响。此外，这些亲子项目通过共同的体育活动，为家庭提供了一个增进理解、沟通和互动的宝贵机会，对于加强亲子关系具有重要作用。

二、运动手环

图 6-8　运动手环

五彩的运动手环是所有奖励中最受学生欢迎的。基础色手环学生通过大课间体育锻炼活动、班级体育项目活动等各式各样的体育活动中的突出表现或进步表现获得，荧光色手环则作为特殊奖励送给孩子。孩子们通过收集全套运动手环可以换取校园吉祥物“福鹿娃”的一系列周边产品。通过这样的特色奖励机制，学生运动的热情得到极大促进。不妨先来看下面这位同学结合运动手环争夺赛的参赛经历所写的小作文：

运动手环争夺赛

时间的脚步总是那样的匆匆，仿佛一束光。转眼间一个学期又过去了，闭学式上，我终于得到心心念念的“福鹿娃”，它是学校鼓励同学们坚持体育运动的最高奖励。

回想我的第一个手环，那是四年级的一天早晨，天空是那么湛蓝。操场上，同学们有条不紊地排列成一个个方阵，今天是争夺运动手环的第一天，大家都铆足了劲，各个动作整齐划一，步伐轻盈有力。我也不例外，虽然我不太擅长运动，得到运动手环的机会几乎没有，可在周围同学的带动下，我也认真地把背挺直，努力地把每个动作做到位，尽管没那么标准，甚至看起来很笨拙。我双眼不眨地盯着台上领操员的示范，随着节拍不断地跟进动作，交叉步、跳高、弓步跳……我早已气喘吁吁，满脸是汗，但一刻也不敢放松。

这时，只听得广播传来字正腔圆的声音：左边第六行的男生，我待会儿要给他个运动手环！

终于结束了，大家依然笔直地站在原地，只见庄老师朝着我们这边的方向走了过来，灿烂的阳光打在她的肩背上，显得那么魅力四射。“是我吗？肯定不是！”我朝四周张望，可庄老师居然在我的面前停了下来，把运动手环递给了我。我接过运动手环，心跳得极快，甚至忘了向老师说声谢谢。这是一个蓝色的手环，蓝得像是被大海浸洗过一样。

自此，我开启了疯狂争夺运动手环之旅。我不再害怕上体育课了，课间，我和同学们一起在操场上活动，不再躲在教室里了；周末，我约朋友打球爬山……我手环的颜色越来越多，我的朋友也越来越多，我成了运动小达人。

最后还差一个荧光手环。荧光手环是最难得到，得参加市级比赛并取得名次才行。从此，争夺荧光手环成为我的新目标。于是，我更加努力锻炼了。机会都是留给有准备的人。我被校田径队选上，参加了市田径比赛并取得了800米和垒球第一名的好成绩，获得了期盼已久的荧光手环。集齐了全部颜色的运动手环，我也成功换取了“福鹿娃”摆件。

一个小小的运动手环，给予我信心和勇气，面对困难不言放弃，为了自己的梦想而努力。

运动手环给予学生的不仅仅是物质上的一种奖励，更是精神上的一种激励。是对他们体育能力的肯定，更是对他们努力和坚持的赞赏。通过这样的评价体系，更是为他们的未来体育的发展奠定了坚实的基础。

限于篇幅，我们只能管中窥豹，可见乐群大体育课外体育课程得到了学生和家长的喜爱，很有教育意义。首先，它促进了学生身心健康的发展。通过参与多样性的各项体育项目，学生在锻炼中促进了身体素质的提高，有助于维护和改善学生的身心健康状况。其次，家校互动和孩子社交技能得到提升。低年段的亲子运动项目促进了家长与孩子之间的感情，加强了家校之间的交流，营造了和谐的家庭氛围。参与各项活动中，学生在团队中的合作，提高了他们的社交技能，培养了团队协作和沟通能力。再次，学生的团队协作和领导能力得到培养。各项目要求学生在团队中密切协作，有助于培养学生的团队协作和领导潜力。此外，它有效地激发了挑战和克服困难的勇气。如攻坚克难项目通过设置多样的挑战，激发了学生的运动兴趣，提高了学生的运动能力，并帮助他们克服困难，增强自信心和勇气；同时，在克服挑战后，学生也享受了快乐体验，在运动中感受到快乐和成就感，促进了积极向上的情感发展。

这种项目化的课外活动模式还具有其独特优势。首先，它能够根据学生的个人兴趣和身体条件提供个性化的选择，使每个学生都能在最感兴趣的领域中找到适合自己的活动，从而提高参与度和学习动力。其次，项目化的活动设计鼓励学生在实践中学习团队合作、领导力以及解决问题的技能，这些都是传统课堂教学难以涵盖的重要生活技能。再次，多样化的体育项目能让学生接触到不同的文化和社会背景，促进开放性思维和文化敏感性的发展，为学生的全人教育和终身学习奠定坚实的基础。

纯真梦想的起点，也是拼搏的力量源泉，通过课外课堂，群众路小学的学子不仅提升了技能、收获了快乐，还展现了坚持不懈、拼搏奋斗、团结协作、尊重对手的体育精神。我们将继续引导学生在体育锻炼中享受乐趣、增强体质、健全人格、锤炼意志，让每一位学生在阳光体育中健康成长。

第七章　乐群大体育课程的体能训练

身体素质是衡量青少年综合素质的重要标准。新课标对体能教学任务有了新的要求，也给体能训练赋予了更深刻更丰富的意义，使得体能训练不仅仅只是简单的身体活动，更是一种科学训练的具体实践。它涉及运动生理学、运动营养学、心理学、生物力学等多个学科领域的交叉融合，旨在通过系统的、全面的训练来提高学生自身的身体机能和运动表现。在新课标的指导下，乐群大体育体能训练小课堂紧紧围绕力量、核心力量、灵敏、速度、耐力、柔韧和协调这七大身体素质展开。

第一节　乐群大体育体能训练目标及基础知识

一、少儿体能训练小课堂

体育与健康教育是实现少年儿童全面发展的重要途径，对于促进学生积极参与体育运动、养成健康生活方式、健全人格品质，提升国民综合素质，推动社会文明进步，建设健康中国和体育强国，实现中华民族伟大复兴具有重要的现实和长远意义。

“少年强则国强”，少年儿童承载着民族的希望。少年儿童应从小养成良好的体育锻炼习惯，掌握正确的运动技能，进行科学专业的锻炼，全面提高自己的身体素质，达到体魄强健、人格完整。

体能训练小课堂坚持“健康第一”的课程理念，根据少年儿童的年龄和身体发育状况安排科学的训练内容。此阶段孩子身体素质发育处于敏感的窗口期，合理的训练内容安排，可以事半功倍地提升儿童的身体素质，促进快速提升，为他们将来的运动打好坚实的基础。

体能是指人体基本的运动能力，包括身体形态、机能、身体素质三大部分。身体形态就是身体的外部形状和特征，一般是由长度、围度、重量及其相互关系来表现的。身体机能是指人的整体及其组成的各器官系统所表现的生命活动。身体素质是指人体所表现出来的力量、速度、耐力、柔韧、灵敏、协调等素质。

二、体能小达人训练目标

1. 课程总目标

学生通过体能课程学习逐步形成正确价值观、必备品格和关键能力（包括运动能力、健康行为和体育品德等方面）。学生在课程参与过程中，通过掌握与运用体能和运动技能，提高运动能力，学会运用健康与安全的知识和技能，形成健康的生活方式，积极参与体育活动，养成良好的体育品德。

2. 课程分目标

（1）知道身体成分的基础知识，如身体成分是肌肉、脂肪、骨骼及其他机体组成成分的相对百分比；知道身体成分的改善方法，如体育活动、合理膳食等。

（2）掌握基本运动技能（包括移动性技能、非移动性技能和操控性技能），主要发展学生的身体活动能力，为学生发展体能和学练专项运动技能奠定良好基础。

（3）体能学练主要针对改善身体成分，发展心肺耐力、肌肉力量、肌肉耐力、柔韧性、反应能力、位移速度、协调性、灵敏性、爆发力、平衡能力等，为学生增进体质健康和学练专项运动技能奠定良好基础。

（4）了解并运用体能发展的基础知识和多种练习方法，以及科学的体能测评方法，用《国家学生体质健康标准（2014 年修订）》评价体能水平等。

3. 每周训练安排

训练时间	训练内容	训练时间
周一、周三、周五 或 周二、周四、周六	热身：10 秒小碎步×2+关节拉伸。 灵敏篇→速度篇→力量篇→核心力量篇→耐力篇（选择适合自己水平的练习）。 拉伸。	一个小时

三、体育基础知识

1. 基本的人体知识

组成人体的基本结构和功能单位是细胞。人体的细胞不是完全相同的，根据不同的分子排列，细胞也具有各自的功能和形态。由功能相同、形态相似的细胞和细胞间质共同构成组织。几种不同的组织也会按照一定的规律进行组合，形成具有一定形态并执行特定功能的器官。由若干器官有机组合起来共同完成某种连续的生理功能，就构成了系统。人体共有九大系统，分别为运动系统、消化系统、呼吸系统、泌尿系统、生殖系统、循环系统、免疫系统、神经系统、内分泌系统，这些系统彼此联系，相互协调，互相影响，共同构成人体。

身体成分指的是人类身体所有的基本物质，也可以说是人类身体构成部分，通常包括水、蛋白质、脂肪、碳水化合物、矿物质、维生素、酶、微量元素、植物性提取物等。这些物质与人类身体的健康直接相关，因此，科学家把他们称为“身体成分”。水是人体必不可少的营养成分，占人体重的60%—70%，是生命的支柱；蛋白质是人体必不可少的营养成分之一，占人体重的15%—20%；脂肪是人体组成部分的一种物质，它在人体中的占比较大，占据人体重的10%—15%；碳水化合物是人体组成部分的一种物质，占人体重的45%—50%，是机体内能量的主要来源；矿物质主要包括钙、磷、钾、镁、铁、锌、硒、铜、锰等元素，占人体重的1—2%；维生素是机体内营养代谢的重要组成部分，占人体重的0.1%—0.2%；酶是人体组成部分的一种物质，占人体重的0.01%—0.02%；微量元素参与机体的新陈代谢，维持机体的正常功能，同时也可以预防疾病，仅占人体重的0.0001%，但对人体健康至关重要。

要保持一个良好的体重，维持正常的BMI指数，就需要保持合理的膳食，营养均衡，不吃油炸和碳酸饮料，不过分摄入糖分；要有良好的生活习惯，劳逸结合，不熬夜，不沉迷于网络游戏；保持良好的运动习惯，参与体育活动，经常性地进行体能训练，维持良好的身体状态。

2. 有氧运动和无氧运动

无氧运动是指人体肌肉在无氧的代谢状态下进行的运动。从人体运动能量产生的角度来看，包括ATP—CP供能系统、糖酵解供能系统。比如学校里面经常进行的短跑比赛、立定跳远、投掷沙包、举重、跳高、跳远、拔河、俯卧撑等，都属于无氧运动。

有氧运动也叫有氧代谢运动，是指人体在氧气充分供应的情况下进行的体育锻炼。常见的有氧运动项目有瑜伽、步行、慢跑、滑冰、游泳、骑自行车、打太极拳、跳健身舞、做韵律操等。

有氧运动强度较低，有节奏，可持续的时间较长；无氧运动比较剧烈，强度大，可持续时间较短。

第二节　乐群大体育体能主要学习训练模块

一、体能素质训练六大模块

学校体能素质训练主要内容有基础力量篇、核心力量篇、灵敏篇、速度篇、肌肉耐力篇、爬行篇。

1. 基础力量篇

力量是指肌肉收缩克服外界阻力的能力。比如我们拿起书包、举起哑铃、搬动桌子等，原理就是我们大脑发出指令，神经控制我们身体的肌肉收缩，产生力量，然后发生相应动作。

力量的大小可以通过我们克服阻力的大小来衡量。比如有的同学可以举起大的哑铃，有的同学则不行，说明同学之间力量的大小是有差异的。

力量训练的方法非常多，常见的有跳的训练和蹲的训练。

（1）跳的训练

①双脚前后跳、双脚左右跳（适合水平 1 的学生）

训练目标：发展踝关节的力量。

动作要领：双脚并拢，膝盖微屈，重心在前脚掌，踝关节发力，进行前后、左右跳。

动作负荷：每组 20 个，每次跳 3 组。

图 7-1　双脚前后跳

图 7-2　双脚左右跳

②单脚前后跳、单脚左右跳（适合水平 2 的学生）

训练目标：发展踝关节的力量。

动作要领：单脚站立，膝盖微屈，重心在前脚掌，踝关节发力，进行前后、左右的跳跃。

动作负荷：左右脚每组 15 个，每次跳 3 组。

图 7–3　单脚前后跳

图 7–4　单脚左右跳

③双脚前后左右十字跳（适合水平 3 的学生）

训练目标：发展踝关节的力量和身体控制的能力。

动作要领：双脚并拢，站在原地膝盖微屈，重心在前脚掌，踝关节发力，向前跳跃，然后回到原点，向后跳跃，回到原点，向左跳跃，回到原点，向右跳跃，回到原点。

动作负荷：每组前后左右跳，每次跳 3 组。

图 7–5　双脚前后左右跳

图 7–6　徒手深蹲

（2）蹲的训练

①徒手深蹲（适合水平 1 的学生）

训练目标：发展腿部、臀部的力量和身体各关节的功能。

动作要领：双脚分开，与肩同宽，背部挺直，双手竖起大拇指置于身前，屈髋屈膝蹲至大腿与地面平行，膝盖不能超过脚尖，小腿与背部平行。

动作负荷：每次 20 个，每次蹲 3 组。

②蹲跳（适合水平 2 的学生）

训练目标：发展腿部的爆发力和身体协调发力的能力。

动作要领：深蹲姿势准备，双手置于体侧，腿部发力向上跳跃的同时双手用力向上带动身体跳起；向下落地的时候顺势屈髋屈膝做好缓冲，回到准备姿势。

动作负荷：每组 10 次跳跃，做 3 组。

图 7-7　蹲跳

③90 度旋转蹲跳（适合水平 3 的学生）

训练目标：发展腿部爆发力和身体控制能力。

动作要领：深蹲姿势准备，双手置于体侧，腿部发力向上跳跃的同时，双手用力向上带动身体向上跳起，同时在空中身体旋转 90 度方向准备落地，落地屈髋屈膝，回到准备姿势。

动作负荷：每组 10 次跳跃，做 3 组。

图 7-8　90 度旋转蹲跳

2. 核心力量篇

身体的核心部位是指我们胸部以下、大腿以上的人体中间环节，和肩关节以下，髋关节以上包括骨盆在内的区域，是由腰—骨盆—髋关节形成的一个整体，包含二十九块肌肉。在运动过程中，核心区域起到稳定身体姿势的作用，对上下肢体协同发力则起到承上启下的作用，是我们身体整体发力的重要环节。所以，凡是姿态优美挺拔，身体控制力和平衡力强的人，核心肌肉强，肯定受过很好的训练。举个例子，一棵大树它的枝干越粗壮，也就是核心区域力量越好，越不容易在大风中被折断。

（1）平板支撑（适合水平 1 的学生）

训练目标：发展核心力量。

动作要领：手掌与双脚四点支撑，手掌在肩部正下方，臀部夹紧，腹部收紧，身体呈一条直线，保持静止。

训练负荷：1 分钟 1 组，做 3 组。

图 7-9　平板支撑

（2）平板支撑开合跳（适合水平 2 的学生）

训练目标：发展核心力量和身体控制能力。

动作要领：手掌与双脚四点支撑，手掌在肩部正下方，臀部夹紧，腹部收紧，身体呈一条直线，保持身体姿势的同时双脚开合跳。

训练负荷：1 分钟 1 组，做 2 组。

图 7-10　平板支撑开合跳

（3）登山跑（适合水平 3 的学生）

训练目标：核心力量，心肺能力。

动作要领：俯撑在地上，手肘微屈，上身放平，用最快速度交替提膝，膝盖往胸部靠近。用腹部的力量将大腿向前提，注意身体保持一条直线，臀部避免抬高。

动作负荷：40 秒一组，做 3 组。

图 7–11　登山跑

3. 灵敏篇

灵敏素质是指人体在各种突然变化的条件下，能够迅速、准确、协调、灵活地改变体位、转换动作和随机应变的完成动作的能力，是人各种运动技能和身体素质在运动中的综合表现。我们平常说这个同学很灵活，指的就是灵敏素质高，我们想提高自己的灵活性，可以进行哪些训练呢？

（1）绕 S 形跑（适合水平 1 的学生）

训练目的：发展灵敏素质。

训练方法：20 米的直线摆上标志盘，标志盘间隔 2 米，绕着标志盘折返跑。

注意要点：绕标志盘的时候注意身体的控制，注意跑步的摆臂频率。

图 7–12　绕 S 形跑

（2）T 跑（适合水平 2 的学生）

训练目的：发展灵敏素质和身体控制能力。

训练方法：在 T 字形的场地上，1 到 2 直线疾跑，2 到 3 向左滑步跑，3 到 4 向右滑步跑，4 到 2 向左滑步跑，2 到 1 向后跑。

注意要点：身体平衡的控制，动作的快速变换。

图 7-13　T 跑

（3）M 跑（适合水平 3 的学生）

训练目的：发展灵敏素质和身体控制能力。

训练方法：在 M 字形的场地上，1 到 2 直线疾跑，2 到 3 滑步跑，3 到 1 向左滑步跑，1 到 4 直线疾跑，4 到 5 滑步跑，5 到 1 向右滑步跑。

图 7-14　M 跑

4. 速度篇

速度是指人体运动的快慢能力，我们通常说的速度是指位移速度，也就是单位时间内通过的位移。比如我们跑50米用的时间，时间越短表示速度越快。

提高速度的方法很多，首先要多做一些跑步的专门性练习，提高跑步技术，然后运用到短跑中去。

（1）高抬腿

高抬腿是跑步专门性练习之一，能发展踝关节力量和大腿肌肉的动作，提高身体的协调性，使身体更灵活从而提高跑步技术。

动作要领：双脚并拢，挺直背部，腰腹收紧，身体稍前倾，目视前方；前脚掌着地交替抬腿，抬腿高度与地面平行，抬腿的过程中脚尖不能绷直，要勾起来，做训练的过程中保持身体稳定，同时随着抬腿节奏前后摆臂。

动作负荷：20秒1组，每次做2组。

注意事项：身体不能后仰，目视前方。腰腹要收紧，不能晃动，大腿尽量抬至与地面平行的高度，如果大腿力量较弱，可以先进行半高抬腿的训练，抬腿高度至原来的一半即可。注意抬腿的那只脚脚尖要勾起，不能绷直。

（2）后踢腿

后踢腿是跑步的专门性练习之一，能提高跑步过程中大小腿折叠的程度，从而提高跑步速度。

动作要领：双脚并拢，挺直背部，腰腹收紧，身体稍前倾，脚后跟提起，目视前方。双脚小腿交替向后折叠踢到臀部，手臂正常摆臂。

训练负荷：15秒1组，每次做2组。

注意事项：腰腹要收紧，不能晃动，大小腿折叠充分。

（3）50米站立式跑

50米站立式跑能提高快速跑能力。

动作要领：双脚前后站立，后脚前脚掌蹬住地面，重心放在起跑线稍前，双手摆臂动作准备好。听到跑的口令时，后脚迅速蹬地向前跑。起跑后身体重心慢慢升起，步幅慢慢加大，摆臂充分有力。

训练负荷：4组50米跑。

注意事项：短跑属于剧烈的运动，在运动之前一定要做好充分的热身活动，避免运动损伤。

5. 肌肉耐力篇

马拉松比赛是典型的耐力性项目，需长时间进行的运动。耐力性项目属于有氧运动，可以有效提高我们的心肺功能。在小学阶段，可以适当进行耐力训练，发展心肺功能。

耐力是指长时间进行肌肉工作的运动能力或抗疲劳的持久能力，是人们正常生活重要的身体保证。

耐力训练的方法有很多，下面介绍几种：

（1）绕圈跑（适合水平 1 的学生）

训练目的：走跑交替，快慢交替。通过绕圈慢跑发展基础耐力。

训练方法：用标志盘摆出一个周长 10 米的圈，标志盘间距 1.5 米，绕着标志盘慢跑，每次跑 4 圈。

注意事项：跑圈的过程中注意速度的把握，匀速跑动，注意身体的平衡。

（2）25 米×4（适合水平 2 的学生）

训练目的：通过折返慢跑的方式发展基础耐力。

训练方法：两个标志桶相距 25 米，从起点的标志桶跑到终点的标志桶绕过标志桶再跑回来，继续绕过标志桶，开始第二趟，每一次训练总共跑两个来回。

注意事项：跑动过程中匀速跑动，腰腹保持稳定，摆臂幅度稍小。

（3）1000 米跑（适合水平 3 的学生）

训练目的：发展心肺耐力。

训练方法：绕着田径场匀速跑动 1000 米。

注意事项：长跑的途中跑要求速度均匀，呼吸节奏稳定，可以采用 2 到 4 个单步一吸气、2 到 4 个单步一呼气的方法，摆臂的幅度较小。长跑的锻炼应循序渐进，逐步增加距离和速度。

6. 爬行篇

人类在远古时代还是四肢爬行的姿势，躯干承受的负重压力小，上肢强壮，随着人类的进化，人类逐渐形成直立的姿势。爬行是指用四肢着地进行的训练，爬行训练能够很好地发展我们身体的协调能力、上肢的力量和核心控制能力。

爬行是非常有趣的训练，方式很多，以下介绍几种：

（1）四肢着地向前爬（适合水平 1 的学生）

训练目的：发展身体的协调能力。

训练方法：手脚四点着地，异侧手脚同时向前，两侧交替快速向前爬。

训练负荷：10 米来回为 1 组，做 3 组。

注意事项：爬行过程中注意手脚的配合，异侧手脚同时向前，两侧交替快速向前移动。

图 7-15　四肢着地向前爬

图 7-16　仰面四肢着地向前爬

（2）仰面四肢着地向前爬（适合水平 2 的学生）

训练目的：发展身体的协调能力和上肢力量。

训练方法：仰面四肢着地，脚在前方，爬行过程中臀部不能着地，异侧手脚同时向前，两侧交替向前爬。

训练负荷：10 米来回为 1 组，做 3 组。

注意事项：爬行过程中，臀部不能着地，注意手脚的配合，异侧手脚同时向前，两侧交替快速向前移动。

（3）平板支撑侧向爬（适合水平 3 的学生）

训练目的：发展身体的协调能力和核心的控制能力。

训练方法：手脚四点着地，异侧手脚同时向右边移动，两侧交替向右边移动。

训练负荷：10 米来回为 1 组，共计 3 组。

注意事项：侧向移动过程中注意腰腹收紧，不能踏腰或者臀部过高。注意手脚的配合，异侧手脚同时向前，两侧交替向右移动。

图 7-17　平板支撑侧向爬

二、营养膳食模块

先来看看中国营养学会编绘的《中国居民平衡膳食宝塔（2022）》和《中国儿童平衡膳食算盘（2022）》两图：

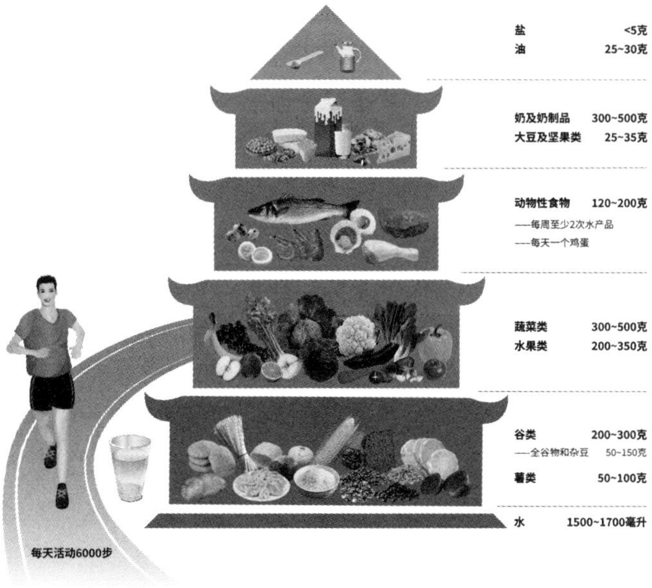

图 7-18　中国居民平衡膳食宝塔（2022）

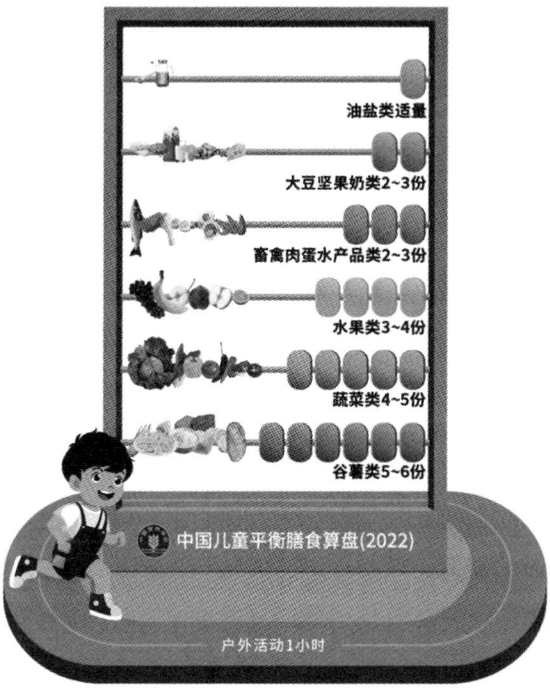

图 7-19　中国儿童平衡膳食算盘（2022）

生命在于运动，平时我们应该加强锻炼，也要有科学合理的膳食结构，养成良好的饮食习惯。吃得对，动起来，才能有一个强健的体魄。

群众路小学在推行乐群大体育课程中，给出了下面的膳食建议：

1. 要学会吃各种食物，不挑食，不偏食，建议平均每天吃 12 种以上食物，每周要吃 25 种以上。

2. 多吃蔬菜和水果，每天要喝牛奶，经常吃坚果但不能吃太多，每天吃一小把就可以了。

3. 吃肉要适量，多吃鸡、鸭、鱼肉，少吃猪、牛、羊肉。多吃瘦肉，少吃肥肉。吃鸡蛋不要丢掉蛋黄，要和蛋白一块吃，这样营养才更均衡。

4. 要养成健康的饮食习惯，早餐一定要准时吃，少吃糕点、甜食或其他零食。尽量在家里吃饭，少在外面吃快餐。

5. 每天要喝足够的水。最好的饮料是白开水，尽量不喝含糖的各种饮料，更不能喝酒。

随着终身体育理念的深入实施，小学阶段为之后体育教学夯实基础是至关重要的。处于小学阶段的孩子身体和心理特点都有着一定的特殊性，因此在进行体能训练时，应当正确把握动作的准确性与动作的数量，科学地进行。同时，还应该让学生享受运动带来的乐趣，培养他们的运动兴趣与运动习惯，从而自主认识到运动带来的积极作用，能够自觉地参与运动中去。乐群大体育牢牢抓住小学生体能素质训练的关键时期，根据每个学生的实际情况，科学地制定计划，有效地进行体能训练，帮助学生发展过硬的身体素质，培养健康的生活方式。

第八章　乐群大体育体能课程与国家体质健康测试

群众路小学始终将学生的体质健康作为教育工作的重中之重。为了更有效地提升学生的国家体质健康测试成绩，发展学生的体能，学校积极探索国家体质健康测试与乐群大体育体能评价指标之间的内在联系，并将两者紧密结合进行系统性训练。

第一节　群众路小学体能评价指标体系的理论建构

体能训练是义务教育阶段体育与健康课程中的重要内容，新课标强调每堂课有 10 分钟左右的体能练习。体能训练主要针对改善身体成分，能为学生增进体质健康和学练专项运动技能奠定良好的基础。可以说，体能对于保障人们生活、提升生命质量、促进运动能力发展具有重要意义。

科学的体能练习方法与测评方式能更好地促进、评价学生体能发展情况。新课标强调："了解并运用体能发展的基础知识和多种练习方法，以及科学的体能测评方法，如通过单脚闭眼站立时长测量静态平衡能力，用《国家学生体质健康标准（2014 年修订）》评价体能水平等。"目前，已有的体能评价指标体系主要是针对专业运动员的，如攀岩运动员、摔跤运动员、羽毛球运动员等。从事专项运动的运动员的体能要求与小学生并不完全相同，亟须开发适用于小学生的体能评价指标体系。需要注意与强调的是，需开发的体能评价指标体系与《国家学生体质健康标准（2014 年修订）》并不冲突，而是相互补充、促进的关系，既是对科学的体能测评方法的积极探讨，也是帮助学生通过国家体质测试、提升体能的重要手段。

鉴于此，本研究基于前人对体能概念内涵的阐述，以及群众路小学原有体能素质训练课程，构建小学生体能评价指标体系，并以群众路小学的学生为实证样本，通过因子分析和验证性因子分析对指标体系进行验证与完善，从而构建科学的、可操作的体能评价指标体系，以期为相关评价工具的编制提供理论依据，并为促进学生的体能及干预实践提供参考。

一、体能评价指标体系的理论构建

1. 体能的内涵及核心维度的确定

目前，学术界对体能的概念认知逐渐趋于一致，认为体能（Physical fitness）是指人体所具备的能胜任日常工作（学习）而不感到疲劳，同时有余力享受休闲娱乐生活，又可应付突发紧急状况的能力。根据体能的目的与对象可以将体能分为相互联系的两个方面：

一是与健康相关的体能，主要关注的是个体的基本身体素质和健康状况，包括心肺耐力、肌肉力量、肌肉耐力、柔韧性以及身体成分等方面。心肺耐力是指心脏和肺部为身体提供氧气和排出二氧化碳的能力，是维持长时间身体活动的基础。肌肉力量和耐力则关系到身体各部分肌肉的力量大小和持续工作的能力。柔韧性是指身体各部位关节的活动范围以及肌肉、肌腱和韧带的伸展能力。身体成分则是指身体内的脂肪、肌肉、骨骼等组织的比例，合理的身体成分对于维持健康至关重要。这些与健康相关的体能要素共同构成了个体的基本身体素质，是保持身体健康、预防疾病的基础。

二是与运用技能相关的体能，注重个体在特定运动或技能表现中所需要的体能素质。这包括灵敏性、协调性、平衡性、反应速度以及专项耐力等方面。灵敏性是指个体在运动中快速、准确地改变身体方向和位置的能力。协调性则是指身体各部分在运动中的协同配合能力。平衡性对于维持身体稳定和防止跌倒具有重要意义。反应速度是指个体对外部刺激做出快速响应的能力。而专项耐力则是指个体在特定运动项目中持续进行高强度活动的能力。这些与运用技能相关的体能要素对于提高运动表现、增强竞技能力至关重要。

新课标指出义务教育阶段发展学生的体能，主要有心肺耐力、肌肉耐力、肌肉力量、柔韧性、身体成分、反应时间、位移速度、协调性、灵敏性、爆发力、平衡能力等。可见，新课标既关注与健康相关的体能，又关注与运动技能相关的体能。总的来说，与健康相关的体能和与运用技能相关的体能是体能的两个重要方面，它们相互联系、相互影响。提高与健康相关的体能有助于增强个体的基本身体素质和健康状况，为更好地进行运动或技能表现奠定基础。同时，通过与运动技能相结合的训练，可以进一步提高与运用技能相关的体能水平，从而提升运动表现和竞技能力。因此，在体能训练中，需要综合考虑这两个方面的需求，制定科学的训练计划和方法，以达到最佳的训练效果。

借鉴《国家学生体质健康标准（2014 修订）》，以往的关于体能评价指标体系建构的研究，群众路小学的教师初步选定速度素质、力量素质、灵敏素质、耐力素质、核心力量素质、柔韧素质、平衡素质作为体能评价指标的核心维度。

2. 核心维度指标的分解

结合相关文献，学校为速度素质、力量素质、灵敏素质、耐力素质、核心力量、柔韧素质、平衡素质选取 3—5 个适用于小学生且便于测试，并能够从不同方面反应核心维度的二级指标。

（1）力量素质

力量素质指的是人的机体或机体的某一部分肌肉工作时克服内外阻力的能力。根据所调动肌群的不同，可以分为上肢力量、下肢力量、腰腹力量等。选择波比跳、立定跳远、握力器、垒球和双脚原地起跳摸高，可以从不同角度反映力量素质。波比跳是一种结合深蹲、俯卧撑和跳跃的全身性运动，能全面锻炼身体的多个肌群，特别是下肢、核心肌群和上肢的力量。立定跳远、双脚原地起跳摸高主要测试下肢爆发力和身体的协调性。如在进行立定跳远时，运动员需要利用腿部力量快速起跳，并尽量向前跳，这一过程中力量素质的表现尤为明显。因此，立定跳远、双脚原地起跳摸高可以作为反映下肢力量的重要指标。通过握力器的测试，可以了解手部肌肉和前臂肌肉的力量水平。投掷垒球主要依靠手臂和腰腹力量。

（2）速度素质

速度素质是指人体进行快速运动的能力，根据速度的表现形式，可以分为位移速度、动作速度和反应速度三类。位移速度是指人体在单位时间内快速移动的能力，可选择 30 米快速跑、10 米途中跑来测试。动作速度是指人体快速完成某个动作的能力，可以采用原地高抬腿、反复测跨步的方式进行测试；反应速度是指人体对各种信号刺激（声、光、触觉等）的快速应答能力，可通过 15 米折返跑测试快速改变方向和加速的能力。

（3）灵敏素质

灵敏素质是指人体在各种变化条件下，迅速、准确、协调地改变身体运动的能力。对灵敏素质的影响因素和测试指标进行研究之后发现，其影响因素大致可分为判断决策能力、快速变向能力、动作转换能力和协调能力，其测试项目有十字象限跳、5 米折返跑、伊利诺斯跑、六边形跳、绳梯开合跳。

(4) 耐力素质

耐力素质是指人体在长时间进行工作或活动中抵抗疲劳的能力，可被分为有氧耐力和无氧耐力。考虑到青少年儿童下肢肌肉耐力差、神经系统易兴奋，对于单一枯燥的周期性运动易产生疲劳的现象，学者们利用亚极量最大摄氧能力评估青少年儿童，采用 50 米×6、2 分钟跳绳、1 分钟高抬腿、台阶实验、莱格尔跑测试学生的有氧耐力。靠墙静蹲主要测试的是下肢肌群的静力性耐力，属于无氧耐力测试。

(5) 核心力量素质

核心力量素质指的是身体躯干部位核心肌群及其深层小肌肉群进行的力量、稳定和平衡的能力。平板支撑、仰卧并腿上抬主要测试的是核心肌群的等长收缩能力，即肌肉在保持某一特定姿势时的力量。屈腿两头起主要测试的是核心肌群的向心收缩能力，即肌肉在缩短时产生的力量。静态鸟式拉伸需要核心肌群提供强大的平衡和稳定性支持，以维持身体的平衡和姿势稳定，主要测试的是核心肌群在单侧支撑情况下的稳定性表现。

(6) 柔韧素质

柔韧素质是指人体关节活动范围的大小以及跨过关节的韧带、肌腱、肌肉、皮肤及其他组织的弹性和伸展能力。柔韧性测试、肩关节的灵活性测试、大腿后侧柔韧性测试等则考察学生的腰部、髋部、下肢后侧链、肩部以及腿部的柔韧性。

(7) 平衡素质

平衡素质是指人体在静止或运动状态下保持身体稳定性的能力，可以分为静态平衡与动态平衡。单侧腿站立、单脚拉伸可以反映个体在静态条件下的平衡能力、协调性。燕式平衡作为一种更负责的平衡动作，不仅涉及静态平衡，还涉及动态平衡和身体的旋转控制，能够全面反映个体在复杂条件下的平衡能力和身体控制能力。

3. 群众路小学体能测评方案

群众路小学根据选定的一级指标和二级指标，专门制定了合适的测评方案，如表 8-1 所示。

表 8-1　群众路小学学生体能评价指标体系的测评方案

一级指标	二级指标	具体测试方案
力量素质	波比跳	受试者成站立姿势，听到信号后下蹲，双手支撑在地上，双腿同时向后跳，呈俯卧撑姿势，而后向前跳恢复到下蹲动作，再次向上跳跃，完成一次动作。按 1 分钟内完成次数进行评分。
	立定跳远	受试者以站姿开始，双脚与肩同宽，足尖紧贴起跳线，通过快速屈曲膝关节和挥摆手臂，完成一次反向运动的双脚跳跃。尽可能远地向前跳跃，落地时屈膝关节，保持稳定站立。测量从起跳线到距离落地位置足跟之间的距离。测试连续跳三次，每次间歇 10 秒—30 秒，取最好成绩。
	握力器测试	受试者手握测试仪的手柄，向内用力，使手柄两端的弹簧变形，保持握力 1—2 秒，释放手柄，记录下测量结果。
	垒球掷远	受试者在统一起点进行垒球掷远。根据掷远距离进行评分。
	双脚原地起跳摸高	受试者准备时双腿自然弯曲，重心微微下蹲，双手后摆。起跳时双腿用力，同时双臂向前上方摆动摸高。落地时要轻巧，双腿弯曲缓冲。根据摸高的高度计算成绩。
速度素质	30 米快速跑	受试者至少两人一组，以站立式姿势起跑，听信号后即快速跑向终点，不得抢跑或串道。根据完成时间评分。
	10 米途中跑	受试者听到起跑后，可用任何起跑方式迅速沿跑道快跑。测试 20 米至 30 米这段的通过时间，据此进行评分。
	20 秒高抬腿	用最快频率做原地高抬腿，测试者根据受试者腰部的高度，伸出双手，以测试者双手为标准线，要求受试者在测试过程中双腿膝盖部位碰到测试者手掌，没有达到规定高度的不予计数。根据次数进行评分。
	15 米折返跑	听到信号后，受试者在起点处开始跑步，跑到 15 米终点后立即折回。计算所用的时间给出评分。
	反复侧跨步	在平坦场地上画 3 条间隔 5 米的平行线，受试者双脚骑跨在中线上，取半蹲姿势。听到开始信号后，迅速向右侧跨步移动，按“中线—右—中线—左—中线”的顺序反复移动。根据完成时间计算成绩。

续表

一级指标	二级指标	具体测试方案
灵敏素质	十字象限跳	受试者双脚并拢立于象限1中，听到或看到开始信号后，按照象限1—2—3—4—1的顺序跳跃，测验员同时开始计时，循环10次停表。成绩记录以秒为单位，取一位小数，第二位小数非“0”进“1”。根据完成时间评分。
	5米折返跑	总共3个标志物，与受试者距离都是5米。受试者站在线后，跑至第一个标志物位置用手触地后迅速折返回起点，依次完成3个位置。按测试时间评分。
	伊利诺斯跑	受试者俯卧，头朝向起跑线，双手放在肩膀上。当哨声响起时，受试者跑完赛道，不能撞倒任何圆锥体。球场可以用米或英尺来测量（10米×5米或30英尺×15英尺）。按测试时间评分。
	六边形跳	受试者站在六边形测试区的重心，在听到“起跳”的信号后，以最快的速度跳出六边形测试区，在外围的一个点着地，然后从外围点出发，以反方向继续跳回中心，之后再跳到外围另一个点，如此反复跳跃直到完成全部六个外围点的跳跃。测试时间从受试者第一次起跳到完成全部六个外围点的跳跃结束，以秒为单位计算。测试人员在测试过程中不得触碰测试区的边缘或在测试区内停留。根据测试时间评分。
	绳梯开合跳	受试者站在起跑线后，跑至绳梯用开合跳的方式跳过绳梯的每一个格子后迅速跑至终点。根据测试时间评分。
耐力素质	2分钟跳绳	受试者双脚并拢站立，身体保持笔直，双手放于身体两侧，信号发出后，迅速转动手腕，让跳绳围绕身体下方跳起并连续跳过，注意保持正常呼吸和平稳的节奏。测试一分钟后，停止跳绳并记录次数。根据次数进行评分。
	五六年级（50米×6）	受试者站到指定位置上，采用站立式起跑，听到信号后开始跑向标志物，绕过标志物后返回，依此类推，完成规定圈数。进行计时，根据测试时间评分。
	二三四年级（50米×4）	
	1分钟高抬腿	受试者原地站立准备，当听到“开始”口令后，用最快频率做原地高抬腿。测试者根据受试者腰部的高度，伸出双手作为标准线，要求受试者在测试过程中双腿膝盖部位碰到测试者手掌，没有达到规定高度的不予计数。时间为60秒，以“次”为单位记录成绩。测试两次，取最好成绩评分。

续表

一级指标	二级指标	具体测试方案
耐力素质	台阶试验	受试者一只脚踏在台上，踏台腿伸直成台上站立，先踏台的脚先下地，还原成预备姿势，两脚交替进行。连续做3分钟，根据次数评分。
	莱格尔跑	找一块平整的空地，相距20米的距离画两条直线，跟随着音乐节奏跑。当音乐发出"嘟"的一声后出发，在下个"嘟"之前必须踩住另一条线返回，"嘟"之前未到达折返线就结束测试。音乐节奏越来越快，以学生折返次数为测试成绩。
	靠墙静蹲	起始姿势：背靠墙站立，脚距与肩同宽，脚尖略向外指。 下蹲动作：缓慢下蹲，直到大腿与地面平行，确保膝盖与脚尖保持一直线，避免膝盖超过脚尖。 腰背保持：背部贴紧墙面，确保整个背部（尤其是腰部）与墙面保持接触，脊柱保持中性位置，避免腰背过度拱起或圆背。 手臂位置：手臂可以自然下垂于身体两侧，或者为了增加平衡，可以将手臂平行于地面伸直。 以保持动作时长为测试成绩。
核心力量素质	平板支撑	受试者能够标准地完成双肘双脚支撑的平板支撑，要求头、颈、肩、背、腰、腿呈现一条直线，且能到达60秒支撑时间。根据支撑时长评分。
	屈腿两头起	受试者躺于垫上，双腿屈膝，双手放于头两侧，卷腹时臀部与双肩同时离地。两头指的是肩和臀，手臂和腿只是跟随它们移动腰部贴紧地面，抬起肩和臀后身体的支撑点位于腰部。按1分钟内完成次数评分。
	仰卧并腿上抬	受试者仰卧，双脚并拢，两臂自然放在身体的两侧，掌心向下。双腿抬高至90度，双腿伸直。按1分钟完次数评分。
	静态鸟式伸展	受试者俯卧在瑜伽垫上，右手和左膝着地，左手和右膝收于胸前，向远处伸展左手和右脚，背部保持平直，腰部不可下塌。根据动作坚持时长评分。
柔韧素质	柔韧性测试	受试者站在0.5米的站台上，双腿并拢，两手伸直下压。测量手指尖与地面距离进行评分。
	亚洲蹲	受试者双腿站立，膝盖间保持一个拳头的距离，然后蹲下，测试蹲下时是否保持脚跟不离地面。下蹲过程中，脚跟必须离开地面，才能抱住膝盖下蹲，评60分；双脚脚跟不离地，可抱住膝盖成功下蹲，评80分；双脚跟不离地，可以抱住膝盖成功下蹲，蹲下后膝盖前伸且超出脚尖，评100分。

续表

一级指标	二级指标	具体测试方案
柔韧素质	肩关节灵活性测试	受试者右手从肩膀后方伸向后背，左手从背后下方往上伸，通过双手手指尖距离来判断。双手反过来再测试一次。通过两手之间距离评分。
	大腿后侧柔韧性测试	受试者盘腿做好双膝，脚掌并拢，测量膝盖和地面的距离。 双腿膝盖和地面距离在三个拳头以上，给 60 分；双腿膝盖和地面距离分别在 1 至 2 个拳头，给 80 分；双腿膝盖能接触地面或将膝盖压在地面，给 100 分。
平衡素质	单侧腿站立	受试者需将两眼微闭，两手自然放在身体两侧，任意抬起一只脚。注意不能将眼睛睁开。根据站立时长评分。
	单脚拉伸	受试者单脚站立，另一只脚向后折叠同侧手拉住脚踝或脚面，另一只手上举伸直，根据站立平衡不落地时长评分。
	燕式平衡	受试者单腿站立、另腿后举、两臂侧上举姿势开始，前脚向前一步，上体前倾，两臂前举或经前绕至侧平举，抬头、挺胸，支撑腿膝关节绷直，另一腿经后向上逐渐抬起，同时上体下压与地面平行，成后举腿高于头部的腹平衡。超过 1 分钟满分，每少 10 秒依次扣分。

第二节　群众路小学体能评价指标体系的实证研究

一、研究设计

1. 被试

采用分层随机抽样，考虑到一年级学生完成测试项目的能力有限，抽取二至六年级的学生，每个年级随机抽取两个班，共抽取 487 名学生参与测试。31 名学生未参与全部测试项目，剔除该样本，共获得 456 名学生的有效数据。其中，二年级学生 86 名，三年级学生 96 名，四年级学生 90 名，五年级学生 96 名，六年级学生 88 名；男生占比 53. 5%，女生占比 46. 5%。

2. 数理统计

采用 SPSS25. 0 对数据进行探索性因子分析和信效度检验，检验并修订评价工具的结构，采用 AMOS19.0 进行验证性因子分析以验证结构模型。

二、研究结果

1. 探索性因子分析

采用 Bartlett 球形检验和 KMO 检验，对项目数据的充足度和适宜度进行检测。结果显示，Bartlett 球形检验的近似 χ^2 值为 3576.584（$P<0.001$），KMO 值为 0.800，说明变量间有共同因素存在，适合进行探索性因子分析。分析通过主成分分析，运用直接斜交法，特征值大于 1 作为依据确定因子数目。剔除因素负荷小于 0.4 的项目，并删除双重负荷的项目，以及项目总数低于 3 个的公因子，重复此分析过程，依次删除 25 个项目，最后剩余 19 个，共提取公因子 5 个。各项目的因子负荷量在 0.486—0.836 之间。

在探索性因子分析的过程中，发现“核心力量素质”中的题项与其他测试项目之间的相关性较大，出现多重负荷，故删去“核心力量素质”。这与其他学者的研究较为一致，如郭光跃认为核心区域的力量训练是力量素质的一部分，孟凡博通过实验法证明核心力量训练有助于提升学生的速度素质、柔韧素质、耐力素质与力量素质。力量素质与柔韧素质之间的相关性大，故将力量素质与速度素质合并为“力量与速度素质”。

综合具体数据与相关文献，将“七大素质”调整为“五大素质”。因子一为“力量与速度素质”，包括立定跳远、双脚原地起跳摸高、垒球掷远、30 米快速跑、15 米折返跑、10 米途中跑；因子二为“灵敏素质”，包括 5 米折返跑、伊利诺斯跑、六边形跳、绳梯开合跳；因子三为“耐力素质”，包括 2 分钟跳绳、莱格尔跑、靠墙半蹲；因子四为“柔韧素质”，包括大腿后侧柔韧性、柔韧性测试、肩关节灵活性；因子五为“平衡素质”，包括单脚拉伸、单侧腿站立、燕式平衡。五个因子的累积解释的总方差为 61.26%，其解释变异量分别为 27.825%、12.503%、9.607%、6.027%、5.293%。各因素所包含题项负荷值见表 8-2。

表 8-2　评价指标体系的探索性因子分析载荷

题项	因子一	因子二	因子三	因子四	因子五
立定跳远	0.836				
30 米快速跑	-0.779				
15 米折返跑	-0.763				
双脚原地起跳摸高	0.762				

续表

题项	因子一	因子二	因子三	因子四	因子五
垒球掷远	0.758				
10 米途中跑	-0.735				
5 米折返跑		0.798			
伊利诺斯跑		0.771			
六边形跳		0.768			
绳梯开合跳		0.722			
2 分钟跳绳			0.815		
莱格尔跑			0.782		
靠墙半蹲			0.602		
大腿后侧柔韧性				0.749	
柔韧性测试				0.560	
肩关节灵活性				0.486	
单脚拉伸					0.741
单侧腿站立					0.650
燕式平衡					0.520

2. 验证性因子分析

采用 Amos 对测试数据进行验证性因子分析。在验证性因子分析中，可以通过拟合良好指数（GFI）、调整拟合良好指数（AGFI）、比较拟合指数（CFI）、递增拟合指数（IFI）、渐进残差均方（RMSEA）、χ^2/df 判断模型的拟合情况。若模型的 GFI、AGFI、CFI、IFI 大于等于 0.8，RMSEA 小于 0.08，χ^2/df 小于等于 3，则代表模型拟合程度较好。

验证性因子分析的检验结果显示，$\chi^2=450.162$，df = 142，$\chi^2/df=3.1$，GFI = 0.905，CFI = 0.911，AGFI = 0.873，均大于 0.8，RMSEA = 0.069，说明模型拟合情况尚可。

19 个二级指标的标准化因子负荷如图 8-1 所示。

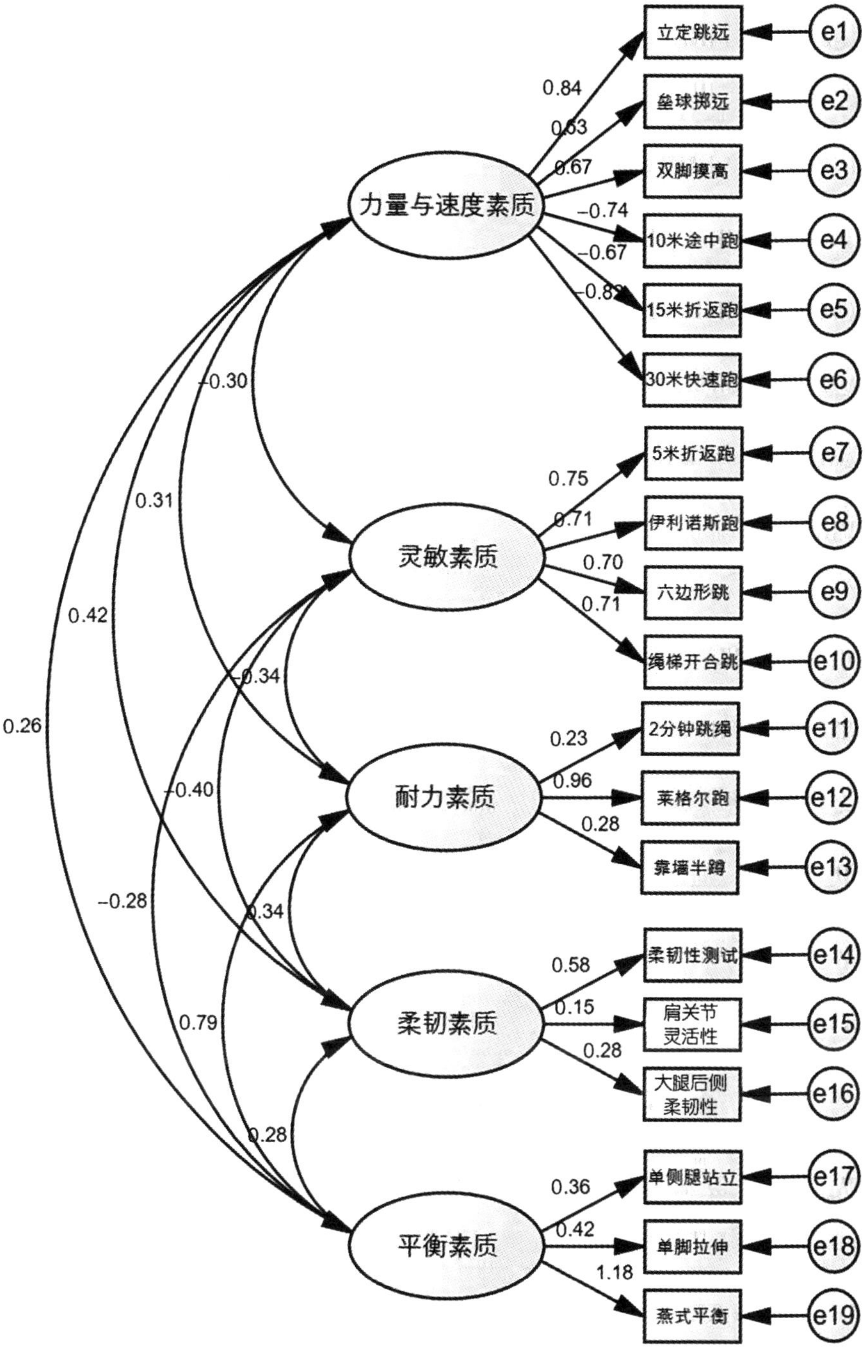

图 8-1　验证性因子分析图

3. 体能评价指标体系的确定

根据探索性因子、验证性因子分析的结果，最终确定了小学生体能评价指标体系，具体见表 8-3。

表 8-3　学生体能评价指标体系

一级指标	二级指标
力量与速度素质	立定跳远、垒球掷远、双脚原地起跳摸高 10 米途中跑、15 米折返跑、30 米快速跑
耐力素质	2 分钟跳绳、莱格尔跑、靠墙半蹲
灵敏素质	5 米折返跑、伊利诺斯跑、六边形跳、绳梯开合跳
柔韧素质	柔韧性测试、肩关节灵活性测试、大腿后侧柔韧性测试
平衡素质	单侧腿站立、单脚拉伸、燕式平衡

4. 信度与效度检验

同质性信度也称内部一致性系数（Cronbach's Alpha），用于检验测验内部所有项目间的一致性程度。分测验的内部一致性分别为——力量与速度素质 α = 0.741，灵敏素质 α = 0.784，耐力素质 α = 0.728，柔韧素质 α = 0.718，平衡素质 α = 0.700，总测验 α = 0.819，分测验与总测量的 Cronbach's Alpha 系数均在 0.7 以上，说明整体量表的同质性信度良好。

结构效度主要用来检验多个因子组成量表的是否有效，需要通过比较总测验与各分测验之间的相关系数，以及不同分测验之间的相关系数，来评估结构效度。通常情况下，总测验与各分测验之间的相关系数较高，而不同分测验之间的相关系数较低，则代表工具的结构效度较好。由表 8-4 可知，5 个分测验之间的相关系数为 0.198—0.603，除灵敏素质、力量与耐力素质之间的相关性较高，其余分测验之间的相关性较低，说明各分测验间互不干扰且具有各自独立的作用。各分测验与总测验之间存在显著相关关系，五个分测验与总测验的相关性（r 接近 0.8）高于分测验之间（r 接近 0.5），表明群众路小学体能评价指标体系具有良好的结构效度。

表 8-4　各分测验间及它们与总测验间的相关性

一级指标	力量与速度素质	灵敏素质	耐力素质	柔韧素质	平衡素质	体能总分
力量与速度素质	1					
灵敏素质	0.603**	1				
耐力素质	0.553**	0.477**	1			

续表

一级指标	力量与速度素质	灵敏素质	耐力素质	柔韧素质	平衡素质	体能总分
柔韧素质	0.198**	0.252**	0.230**	1		
平衡素质	0.236**	0.291**	0.330**	0.224**	1	
体能总分	0.810**	0.776**	0.724**	0.425**	0.657**	1

三、群众路小学体能评价常模的确立

1. 体能项目成绩的多元方差分析

研究表明，体能会受到性别、年龄等因素的影响。因此，以 19 个项目为因变量，以性别为自变量进行独立样本 t 检验，以年级为自变量进行单因素 ANOVA 检验。19 个项目的性别差异分布如表 8-5 所示，可以发现不同性别的学生在垒球掷远、2 分钟跳绳、大腿柔韧性、柔韧性测试、肩关节灵活性上存在非常显著差异（$p<0.01$），男女生在 5 米折返跑、单脚拉伸、单侧腿站立上存在显著性差异（$p<0.05$），主要集中在柔韧素质与平衡素质的测试项目上，其余项目不存在显著性差异。19 个项目的年级差异分布如表 8-6 所示，可以发现不同年级学生在所有项目上均存在显著性差异。而性别与年级的交互作用只体现在垒球掷远、30 米快速跑、2 分钟跳绳、靠墙半蹲、柔韧性测试、肩关节灵活性测试上，具体见表 8-7。

基于多元方差分析的结果，考虑到不同年级学生在所有项目上均存在显著性差异，而性别只在某些项目上存在显著差异，因此本研究将制定年级的个人常模标准。

表 8-5　群众路小学学生体能项目成绩的性别差异

因变量	自变量	F 值	显著性（双尾）	均值	标准差	t 值
立定跳远	男	6.386	0.954	140.5099	27.39853	0.057
	女			140.3744	21.67829	
垒球掷远	男	17.731	0.000	12.8070	4.53986	6.445
	女			10.4739	3.17251	
双脚摸高	男	0.345	0.499	206.5099	19.20330	0.676
	女			205.2660	19.90120	
10 米途中跑	男	1.059	0.841	2.1302	0.44766	0.200
	女			2.1219	0.43226	

续表

因变量	自变量	F值	显著性（双尾）	均值	标准差	t值
15米折返跑	男	1.822	0.484	7.8102	0.76449	-0.701
	女			7.8591	0.70887	
30米快速跑	男	6.446	0.677	6.2996	0.82425	0.416
	女			6.2705	0.66665	
5米折返跑	男	4.668	0.044	11.9252	1.40937	-2.016
	女			12.1686	1.16899	
伊利诺斯跑	男	0.085	0.872	23.2060	3.07003	0.161
	女			23.1599	2.99077	
六边形跳	男	1.877	0.313	5.7527	1.47705	1.011
	女			5.6150	1.40565	
绳梯开合跳	男	1.686	0.312	8.5096	1.64650	1.011
	女			8.3555	1.57797	
2分钟跳绳	男	0.005	0.003	194.3755	63.22639	-2.999
	女			212.3498	64.06827	
莱格尔跑	男	3.698	0.890	25.8972	12.21295	-0.138
	女			26.0493	11.01248	
靠墙半蹲	男	418.021	0.000	81.5494	24.40357	14.256
	女			58.9704	5.60049	
大腿后侧柔韧性	男	7.899	0.003	88.4190	14.33272	-3.026
	女			92.2167	12.44840	
柔韧性测试	男	2.871	0.000	7.5557	5.66549	-9.421
	女			12.8665	6.35594	
肩关节灵活性	男	36.014	0.001	94.5455	11.13993	-3.299
	女			97.6847	9.17698	
单侧腿站立	男	4.278	0.004	29.0771	18.59137	-2.860
	女			34.2059	19.37439	
单脚拉伸	男	7.413	0.005	43.3557	18.06667	-2.804
	女			47.9113	16.55181	
燕式平衡	男	6.077	0.077	40.0632	21.11711	-1.772
	女			43.1970	16.64601	

表 8-6　群众路小学学生体能项目成绩的年级差异表

因变量	自变量	均值	标准差	H 值	事后检验
立定跳远	二年级	121.9535	18.62882	0.566	除 2—3，其余年级间均存在显著性差异。
	三年级	127.8700	18.21180		
	四年级	141.1910	25.47275		
	五年级	151.5521	18.22541		
	六年级	160.6471	22.17662		
垒球掷远	二年级	9.3285	2.50557	17.659***	除 2—3、5—6，其余年级间均存在显著性差异。
	三年级	9.6397	2.49200		
	四年级	11.4416	3.01318		
	五年级	13.7727	4.75303		
	六年级	14.8198	4.35712		
双脚摸高	二年级	183.2907	18.05082	2.164	所有年级间均存在显著性差异。
	三年级	197.0200	11.62371		
	四年级	207.6629	9.81296		
	五年级	216.1458	12.08912		
	六年级	226.1059	12.33175		
10 米途中跑	二年级	2.3784	0.26924	58.986***	除 2—3、2—4、3—4，其余年级间均存在显著性差异。
	三年级	2.2760	0.30000		
	四年级	2.4324	0.53280		
	五年级	1.8329	0.21013		
	六年级	1.7071	0.23804		
15 米折返跑	二年级	8.2367	0.70251	5.901***	除 2—3、2—4、3—4，其余年级间均存在显著性差异。
	三年级	8.0595	0.49379		
	四年级	7.9742	0.84927		
	五年级	7.5717	0.65354		
	六年级	7.2998	0.56979		
30 米快速跑	二年级	6.8835	0.79153	4.985***	除 2—3、4—5、5—6，其余年级间均存在显著性差异。
	三年级	6.7843	0.61781		
	四年级	6.0494	0.51767		
	五年级	5.9089	0.50400		
	六年级	5.7725	0.55351		

续表

因变量	自变量	均值	标准差	H值	事后检验
柔韧性测试	二年级	9.3488	5.92456	3.762**	除 2—3、2—4、2—5、2—6、3—4、3—6、4—5、4—6，其余年级间均存在显著性差异。
	三年级	11.5400	5.83471		
	四年级	9.5809	5.30386		
	五年级	7.7396	7.15247		
	六年级	11.4094	7.55188		
大腿后侧柔韧性分数	二年级	86.7442	13.23470	4.493***	除 2—5、2—6、3—4、3—5、3—6、4—5、4—6、5—6，其余年级间均存在显著性差异。
	三年级	93.5000	12.66308		
	四年级	92.3596	12.97046		
	五年级	88.3333	14.98537		
	六年级	89.1765	13.29266		
5米折返跑	二年级	13.2315	1.21849	3.597**	除3—4，其余年级间均存在显著性差异。
	三年级	12.4700	1.10720		
	四年级	12.1888	1.12244		
	五年级	11.3490	0.80354		
	六年级	10.9188	0.90152		
六边形跳	二年级	6.8581	1.88495	17.187***	除4—5，其余年级间均存在显著性差异。
	三年级	6.1347	1.26993		
	四年级	5.5615	1.10171		
	五年级	5.1948	1.00057		
	六年级	4.6865	0.68761		
绳梯开合跳	二年级	9.1467	1.85487	11.533***	除 2—3、2—4、3—4、4—5，其余年级间均存在显著性差异。
	三年级	9.0963	1.58464		
	四年级	8.5371	1.52301		
	五年级	8.0313	1.14417		
	六年级	7.3181	1.14118		
伊利诺斯跑	二年级	25.7110	3.31812	4.469***	除3—4，其余年级间均存在显著性差异。
	三年级	23.8612	2.78707		
	四年级	23.4820	2.20555		
	五年级	22.1385	1.97949		
	六年级	20.7071	2.30846		

续表

因变量	自变量	均值	标准差	H 值	事后检验
单脚拉伸	二年级	39.0465	17.81467	10.763***	除 2—4、2—5、3—4、3—6、4—5，其余年级间均存在显著性差异。
	三年级	48.0800	16.02566		
	四年级	46.1236	17.27177		
	五年级	40.0833	18.66642		
	六年级	53.8353	13.44287		
单侧腿站立	二年级	26.3488	17.36512	10.654***	除 2—3、2—5、3—5、4—6，其余年级间均存在显著性差异。
	三年级	22.7400	14.99671		
	四年级	42.6517	17.30548		
	五年级	26.6250	16.58106		
	六年级	40.0976	20.68437		
燕式平衡	二年级	33.6163	17.83662	6.479***	除 2—5、3—4、3—5、4—5，其余年级间均存在显著性差异。
	三年级	43.2200	17.20969		
	四年级	41.5281	16.03483		
	五年级	35.0521	23.70537		
	六年级	54.4824	12.49820		
莱格尔跑	二年级	18.9651	7.33476	9.492***	除 2—3、3—4，其余年级间均存在显著性差异。
	三年级	22.1100	9.13744		
	四年级	23.6292	10.59736		
	五年级	29.8854	11.25856		
	六年级	35.6000	11.83840		
靠墙半蹲	二年级	65.4419	22.32308	1.676	除 2—3、2—4、3—4、3—5、3—6、4—5、4—6、5—6，其余年级间均存在显著性差异。
	三年级	71.8900	22.36786		
	四年级	70.7079	20.24857		
	五年级	74.3438	20.44393		
	六年级	74.7765	22.15711		
2 分钟跳绳次	二年级	151.3721	54.99306	4.695***	除 3—4、5—6，其余年级间均存在显著性差异。
	三年级	183.2900	60.35088		
	四年级	205.9438	63.40712		
	五年级	232.7083	55.60688		
	六年级	238.4471	41.90991		

表 8-7　群众路小学学生体能项目成绩的性别与年级差异

项目	均方	F 值	显著性
立定跳远	588. 273	1. 381	0. 239
垒球掷远	31. 692	2. 869	0. 023
双脚摸高	296. 168	1. 768	0. 134
10 米途中跑	0. 042	0. 379	0. 824
15 米折返跑	0. 255	0. 580	0. 677
30 米快速跑	0. 902	2. 500	0. 042
5 米折返跑	1. 313	1. 234	0. 296
伊利诺斯跑	5. 849	0. 891	0. 469
六边形跳	0. 793	0. 506	0. 731
绳梯开合跳	1. 469	0. 675	0. 610
2 分钟跳绳	9224. 861	3. 062	0. 017
莱格尔跑	86. 990	0. 840	0. 500
靠墙半蹲	998. 526	3. 038	0. 017
大腿后侧柔韧性	173. 930	0. 976	0. 420
柔韧性测试	84. 188	2. 514	0. 041
肩关节灵活性	313. 239	3. 256	0. 012
单脚拉伸	334. 244	1. 210	0. 306
单侧腿站立	173. 448	0. 584	0. 674
燕式平衡	75. 814	0. 235	0. 919

2. 群众路小学学生体能发展年级常模

为了能客观地体现出学生在体能上的差异，采用百分位数法制定评分标准，根据评价标准判断学生在各指标的得分情况与综合得分情况。按照测量与评价理论，等级评价常采用五等评价法，即优秀、良好、中等、中下、差，常模得分的水平分类依据如表 8-8 所示。优秀、良好、中等、中下、差所占比例分别为 10%、15%、50%、15%、10%。

表 8-8　常模得分水平分类

等级	区间
优秀	成绩≥第 90 百分位数
良好	第 75 百分位数≤成绩<第 90 百分位数
中等	第 25 百分位数≤成绩<第 75 百分位数

续表

等级	区间
中下	第 10 百分位数≤成绩第<25 百分位数
差	成绩<第 10 百分位数

结合学生在各个项目上的具体成绩，可得出二至六年级不同年级学生的常模，分别如表 8-9、表 8-10、表 8-11、表 8-12、表 8-13 所示。

表 8-9　群众路小学学生体能发展二年级常模

项目	差	中下	中等	良好	优秀
立定跳远	<100.00	[100.00,103.75)	[103.75,135.00)	[135.00,149.30)	≥149.30
垒球掷远	<6.27	[6.27,7.48)	[7.48,10.88)	[10.88,12.52)	≥12.52
双脚摸高	<173.00	[173.00,178.75)	[178.75,193.25)	[193.25,198.00)	≥198.00
10 米途中跑	>2.70	(2.50,2.70]	(2.20,2.50]	(2.10,2.20]	≤2.10
15 米折返跑	>9.24	(8.52,9.24]	(7.78,8.52]	(7.40,7.78]	≤7.40
30 米快速跑	>7.91	(7.36,7.91]	(6.20,7.36]	(5.97,6.20]	≤5.97
5 米折返跑	>14.70	(14.10,14.70]	(12.30,14.10]	(11.80,12.30]	≤11.80
伊利诺斯跑	>30.00	(27.20,30.00]	(23.28,27.20]	(22.33,23.28]	≤22.33
六边形跳	>9.36	(8.03,9.36]	(5.50,8.03]	(4.97,5.50]	≤4.97
绳梯开合跳	>11.53	(11.00,11.53]	(7.49,11.00]	(6.70,7.49]	≤6.70
2 分钟跳绳	<96	[96,113.5)	[113.5,181.25)	[181.25,221.30)	≥221.30
莱格尔跑	<11.00	[11.00,13.00)	[13.00,23.00)	[23.00,25.00)	≥25.00
靠墙半蹲	<33.10	[33.10,60.00)	[60.00,75.25)	[75.25,100.00)	≥100.00
大腿后侧柔韧性	<40	[40,60)	[60,80)	[80,100)	≥100
柔韧性测试	<1.70	[1.70,5.00)	[5.00,13.00)	[13.00,18.00)	≥18.00
肩关节灵活性	<40	[40,60)	[60,80)	[80,100)	≥100
单脚拉伸	<20.00	[20.00,30.00)	[30.00,40.00)	[40.00,60.00)	≥60.00
单侧腿站立	<20.00	[20.00,30.00)	[30.00,40.00)	[40.00,60.00)	≥60.00
燕式平衡	<20.00	[20.00,30.00)	[30.00,40.00)	[40.00,60.00)	≥60.00

表 8-10　群众路小学学生体能发展三年级常模

项目	差	中下	中等	良好	优秀
立定跳远	<105.50	[105.50,118.50)	[118.50,140.00)	[140.00,150.00)	≥150.00

续表

项目	差	中下	中等	良好	优秀
垒球掷远	<6.51	[6.51,7.60)	[7.60,11.20)	[11.20,12.78)	≥12.78
双脚摸高	<185.00	[185.00,190.00)	[190.00,203.75)	[203.75,209.80)	≥209.80
10米途中跑	>2.73	(2.48,2.73]	(2.04,2.48]	(1.96,2.04]	≤1.96
15米折返跑	>8.70	(8.34,8.70]	(7.70,8.34]	(7.50,7.70]	≤7.50
30米快速跑	>7.70	(7.10,7.70]	(6.33,7.10]	(6.00,6.33]	≤6.00
5米折返跑	>13.90	(13.00,13.90]	(11.73,13.00]	(11.21,11.73]	≤11.21
伊利诺斯跑	>27.09	(24.87,27.09]	(22.10,24.87]	(21.40,22.10]	≤21.40
六边形跳	>7.60	(6.90,7.60]	(5.20,6.90]	(4.80,5.20]	≤4.80
绳梯开合跳	>11.39	(9.79,11.39]	(8.10,9.79]	(7.30,8.10]	≤7.30
2分钟跳绳	<118.20	[118.20,134.00)	[134.00,228.50)	[228.50,282.60)	≥282.60
莱格尔跑	<11.00	[11.00,16.00)	[16.00,30.75)	[30.75,36.00)	≥36.00
靠墙半蹲	<47.00	[47.00,60.00)	[60.00,100.00)	[100.00,100.00)	≥100.00
大腿后侧柔韧性	<40	[40,60)	[60,80)	[80,100)	≥100
柔韧性测试	<5.05	[5.05,8.00)	[8.00,15.75)	[15.75,19.90)	≥19.90
肩关节灵活性	<40	[40,60)	[60,80)	[80,100)	≥100
单脚拉伸	<20.00	[20.00,30.00)	[30.00,40.00)	[40.00,60.00)	≥60.00
单侧腿站立	<20.00	[20.00,30.00)	[30.00,40.00)	[40.00,60.00)	≥60.00
燕式平衡	<20.00	[20.00,30.00)	[30.00,40.00)	[40.00,60.00)	≥60.00

表 8-11　群众路小学学生体能发展四年级常模

项目	差	中下	中等	良好	优秀
立定跳远	<120.00	[120.00,130.00)	[130.00,155.00)	[155.00,165.00)	≥165.00
垒球掷远	<8.00	[8.00,9.00)	[9.00,13.00)	[13.00,15.00)	≥15.00
双脚摸高	<198.00	[198.00,202.50)	[202.50,214.00)	[214.00,220.00)	≥220.00
10米途中跑	>3.06	(2.96,3.06]	(1.90,2.96]	(1.70,1.90]	≤1.70
15米折返跑	>9.20	(8.50,9.20]	(7.30,8.50]	(7.10,7.30]	≤7.10
30米快速跑	>6.80	(6.30,6.80]	(5.70,6.30]	(5.50,5.70]	≤5.50
5米折返跑	>13.80	(12.75,13.80]	(11.40,12.75]	(10.80,11.40]	≤10.80
伊利诺斯跑	>26.70	(24.40,26.70]	(21.90,24.40]	(20.90,21.90]	≤20.90
六边形跳	>7.01	(6.14,7.01]	(4.85,6.14]	(4.40,4.85]	≤4.40
绳梯开合跳	>10.70	(9.60,10.70]	(7.60,9.60]	(6.90,7.60]	≤6.90

续表

项目	差	中下	中等	良好	优秀
2 分钟跳绳	<123.00	[123.00,167.00)	[167.00,250.00)	[250.00,312.00)	≥312.00
莱格尔跑	<10.00	[10.00,17.00)	[17.00,30.00)	[30.00,39.00)	≥39.00
靠墙半蹲	<50.00	[50.00,60.00)	[60.00,100.00)	[100.00,100.00)	≥100.00
大腿后侧柔韧性	<40	[40,60)	[60,80)	[80,100)	≥100
柔韧性测试	<2.00	[2.00,6.00)	[6.00,13.00)	[13.00,16.00)	≥16.00
肩关节灵活性	<40	[40,60)	[60,80)	[80,100)	≥100
单脚拉伸	<20.00	[20.00,30.00)	[30.00,40.00)	[40.00,60.00)	≥60.00
单侧腿站立	<20.00	[20.00,30.00)	[30.00,40.00)	[40.00,60.00)	≥60.00
燕式平衡	<20.00	[20.00,30.00)	[30.00,40.00)	[40.00,60.00)	≥60.00

表 8-12　群众路小学学生体能发展五年级常模

项目	差	中下	中等	良好	优秀
立定跳远	<126.70	[126.7,140.00)	[140.00,163.00)	[163.00,175.30)	≥175.30
垒球掷远	<8.40	[8.40,9.70)	[9.70,16.45)	[16.45,21.12)	≥21.12
双脚摸高	<201.00	[201.00,208.00)	[208.00,224.75)	[224.75,232.00)	≥232.00
10 米途中跑	>2.12	(1.97,2.12]	(1.67,1.97]	(1.60,1.67]	≤1.60
15 米折返跑	>8.33	(7.95,8.33]	(7.10,7.95]	(6.88,7.10]	≤6.88
30 米快速跑	>6.70	(6.16,6.70]	(5.51,6.16]	(5.27,5.51]	≤5.27
5 米折返跑	>12.43	(12.00,12.43]	(10.73,12.00]	(10.30,10.73]	≤10.30
伊利诺斯跑	>24.73	(22.98,24.73]	(20.60,22.98]	(19.77,20.60]	≤19.77
六边形跳	>6.20	(5.70,6.20]	(4.60,5.70]	(4.00,4.60]	≤4.00
绳梯开合跳	>9.53	(8.58,9.53]	(7.30,8.58]	(6.60,7.30]	≤6.60
2 分钟跳绳	<155.00	[155.00,200.25)	[200.25,269.50)	[269.50,306.30)	≥306.30
莱格尔跑	<16.00	[16.00,21.00)	[21.00,37.75)	[37.75,47.90)	≥47.90
靠墙半蹲	<60.00	[60.00,60.00)	[60.00,100.00)	[100.00,100.00)	≥100.00
大腿后侧柔韧性	<40	[40,60)	[60,80)	[80,100)	≥100
柔韧性测试	<-1.00	[-1.00,3.00)	[3.00,11.00)	[11.00,20.00)	≥20.00
肩关节灵活性	<40	[40,60)	[60,80)	[80,100)	≥100
单脚拉伸	<20.00	[20.00,30.00)	[30.00,40.00)	[40.00,60.00)	≥60.00
单侧腿站立	<20.00	[20.00,30.00)	[30.00,40.00)	[40.00,60.00)	≥60.00
燕式平衡	<20.00	[20.00,30.00)	[30.00,40.00)	[40.00,60.00)	≥60.00

表 8-13 群众路小学学生体能发展六年级常模

项目	差	中下	中等	良好	优秀
立定跳远	<134.00	[134.00,147.50)	[147.50,172.50)	[172.50,192.20)	≥192.20
垒球掷远	<9.60	[9.60,11.60)	[11.60,17.70)	[17.70,20.78)	≥20.78
双脚摸高	<209.60	[209.60,219.00)	[219.00,236.50)	[236.50,242.00)	≥242.00
10 米途中跑	>2.01	(1.90,2.01]	(1.54,1.90]	(1.43,1.54]	≤1.43
15 米折返跑	>8.02	(7.80,8.02]	(6.86,7.80]	(6.50,6.86]	≤6.50
30 米快速跑	>6.52	(6.10,6.52]	(5.40,6.10]	(5.20,5.40]	≤5.20
5 米折返跑	>12.26	(11.35,12.26]	(10.40,11.35]	(9.90,10.40]	≤9.90
伊利诺斯跑	>22.74	(21.35,22.74]	(19.40,21.35]	(18.42,19.40]	≤18.42
六边形跳	>5.68	(4.98,5.68]	(4.23,4.98]	(4.00,4.23]	≤4.00
绳梯开合跳	>8.71	(8.00,8.71]	(6.49,8.00]	(6.00,6.49]	≤6.00
2 分钟跳绳	<181.80	[181.80,213.50)	[213.50,263.00)	[263.00,287.00)	≥287.00
莱格尔跑	<20.00	[20.00,24.00)	[24.00,47.00)	[47.00,50.00)	≥50.00
靠墙半蹲	<47.80	[47.80,60.00)	[60.00,100.00)	[100.00,100.00)	≥100.00
大腿后侧柔韧性	<40	[40,60)	[60,80)	[80,100)	≥100
柔韧性测试	<1.80	[1.80,6.40)	[6.40,17.25)	[17.25,20.08)	≥20.08
肩关节灵活性	<40	[40,60)	[60,80)	[80,100)	≥100
单脚拉伸	<20.00	[20.00,30.00)	[30.00,40.00)	[40.00,60.00)	≥60.00
单侧腿站立	<20.00	[20.00,30.00)	[30.00,40.00)	[40.00,60.00)	≥60.00
燕式平衡	<20.00	[20.00,30.00)	[30.00,40.00)	[40.00,60.00)	≥60.00

三、结论与反思

1. 遵循科学化建立可靠、有效的校本体能评价指标体系

本研究对小学生体能评价体系的开发过程经历了从经验到实证的过程，经探索性因子发现，“核心力量素质”中的题项与其他测试项目之间的相关性较大，出现多重负荷，故删去“核心力量素质”，“力量素质”与“耐力素质”之间的相关性较高，难以被区分，将之合并为“力量与速度素质”，经研究团队讨论，将原本的 7 个一级指标修订为 5 个，分别为“力量与速度素质”“灵敏素质”“耐力素质”“柔韧素质”“平衡素质”。验证性因子分析结果确定五大素质的模型拟合度可接受，表明包括 5 个一级指标和 19 个二级指标在内的小学生体能评

价指标体系具有较好的效度。根据同质性信度和结构效度的分析结果，群众路小学体能评价指标体系在内部一致性和结构有效性方面都表现出色。这为评估学生的体能水平提供了可靠和有效的工具。

2. 建立常模增强体能评价指标体系的适用性

对群众路小学456名学生的体能测试数据进行多元方差分析，发现在年级上具有显著性的差异，而性别上的差异主要集中在柔韧素质上，因此研究选择建立年级常模，采用优秀、良好、中等、中下、差五等评价法，找到第10百分数、第25百分数、第75百分数、第90百分数，建立群众路小学学生体能发展年级常模。首先，常模的建立为小学不同年龄学生体能发展评价提供了客观的评定标准，并且这些标准是基于大量数据的统计和分析得出的，具有科学性和客观性。其次，常模有助于教师精准定位学生在群体中的情况，辅助教学决策。通过对比学生的体能数据与同龄学生的平均水平，教师可以判断学生在班级或年级中的相对位置，有助于教师发现学生的优势和劣势，根据学生的具体情况制定个性化的教学计划，更有针对性地提高学生的体能水平。最后，常模的建立还有助于推动体能评价体系的不断完善和发展。但随着时间的推移和学生群体的变化，常模数据也需要不断更新和调整，这就要求教育者持续关注学生体能发展的最新研究成果和动态，以确保评价体系的时效性和准确性。

3. 探索小学生体能评价指标体系具有多元意义

体能训练是义务教育阶段体育与健康课程中的重要内容，体能对于保障人们生活、提升生命质量、促进运动能力发展具有重要意义。但目前已有的体能评价指标体系主要是针对专业运动员，构建小学生体能评价指标体系可以弥补该领域评价研究的缺失。此外，由于缺乏科学的指导，很多体质健康训练练习陷入重复低效状态，建立科学的小学生体能评价指标体系，有助于准确、全面地评估小学生的体能发展水平，为制定具有针对性的体能提升计划提供科学依据，引导小学体育教学和训练的科学化。

当然，本研究也存在一些局限。其一，因测试项目过多，部分测试项目难度大，未采集一年级学生的样本数据，后续研究应补充一年级学生的被试样本。其二，本研究仅建立了群众路小学二至六年级学生的体能发展常模，适用性不足，后续应将研究样本扩展至全省、全国各省份以建立更广泛的常模。其三，验证性因子分析的模型拟合度需要进一步加强，某些项目的标准化因子负荷较低，后续应继续寻求契合度高的项目。

第三节 群众路小学学生国家体质健康测试情况与体能发展

《国家学生体质健康标准（2014 年修订）》是衡量学生体质健康水平和评估学校体育工作效果的重要依据，根据学生不同的年级和生理特点，它设置了相应的体质健康测试项目，小学生需要完成的体质健康测试项目主要包括身高、体重、肺活量、50 米跑、50 米×8、坐位体前屈、立定跳远、一分钟仰卧起坐、一分钟跳绳。这些项目涵盖了身体形态、身体机能和身体素质等多个方面的评估。抽取群众路小学 2021—2023 年的国家体质健康测试数据，能深入了解学校学生的体质健康状况及其发展趋势。这些数据不仅能够揭示学生在各个测试项目上的表现，还能反映校本体育课程的实施效果。

一、优秀率逐年递增，测试成绩优于周边学校

对群众路小学 2021—2023 年学生体质健康测试的成绩进行统计（见图 8-2），可以发现学生三年来的优秀率均在 30%以上，且优秀率逐年递增趋势，这表明该校学生在体质健康方面表现优异。具体而言，2022 年的优秀率增长率为 10. 4%，2023 年约为 9. 9%，增幅较大。值得一提的是，三年来学生体质健康成绩不合格率均保持在 1. 6%以下。可见，学校在体育教育和锻炼方面取得了明显的成效。

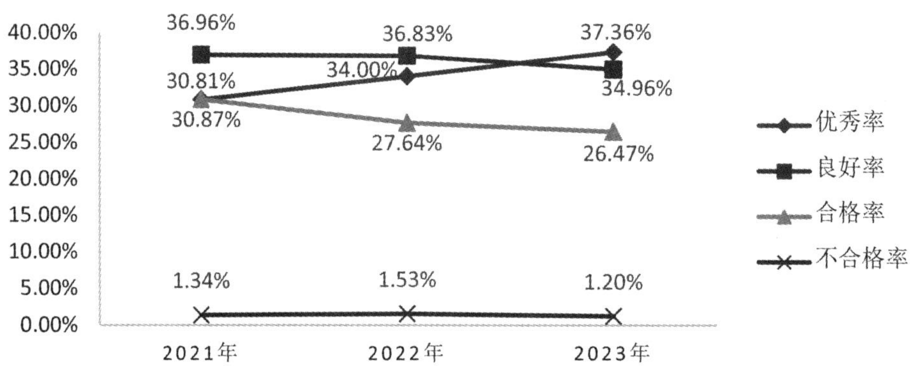

图 8-2 群众路小学 2021—2023 年体质健康情况折线变化图

将福州市群众路小学与 S 校、Y 校在 2021—2023 年间的体质健康成绩进行对比分析（见图 8-3），可以发现群众路小学的体质健康成绩表现明显优于另外两所学校。首先，从整体的优秀率、良好率和不合格率来看，群众路小学的优秀率和良好率均明显高于 S 校和 Y 校，而不合格率则明显低于这两所学校，这一结果充分展示了群众路小学在体质健康教育方面的显著成效。进一步分析每个年级的数据，可以发现群众路小学在各个年级的优秀率和良好率均高于 S 校和 Y 校，而不合格率则均低于这两所学校。这说明群众路小学不仅整体上体质健康水平较高，而且在各个年级中都保持了一致的优异表现。这与学校在体育教育方面的全面性和均衡性有关，使得各个年级的学生都能够得到充分的锻炼和指导。

S 校与群众路小学同为市属学校，在教育经费、师资力量、生源素质等方面较为接近。Y 校与群众路小学位于同一区域，两校直线距离 2.2 公里，学校规模较为接近。这三所学校的外部环境较为一致，群众路小学依然能够在体质健康测试中取得显著的优势，更加凸显了学校在体育教育方面的特色和成效。

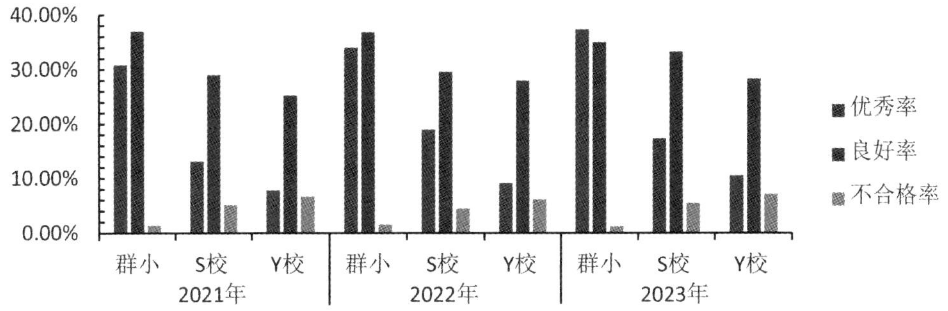

图 8-3　2021—2023 年三所学校学生的体质健康情况对比

二、各测试项目表现良好，在性别和年级上存在显著性差异

群众路小学 2021—2023 年各个项目的测试成绩如表 8-14 所示，可以发现各项目的优秀率、良好率以及及格率都稳定地保持在较为优秀的水平，这得益于学校系统、稳定的体育课程训练。对比各个项目的优秀率（见图 8-4），可以发现一分钟跳绳的优秀率人数远超其他项目，三年来的优秀率均保持在 50%以上。这与群众路小学有效的跳绳训练密切相关。一是重拳出击将跳绳作为低年段的核心项目重点突破，旨在掌握跳绳方法，鼓励手脑脚并用，培养身体协调能力。二是循序渐进开展跳绳训练，制定清晰明确的分学期跳绳目标。三是多形式开展跳绳练习。不同于重复性的跳绳练习，群众路小学设计了双人合作跳绳、“音乐+跳

绳”等趣味跳绳活动，在练习中培养学生的体育积极性。四是保证充足跳绳时间，早晨、下午、大课间集中开展跳绳练习，课后利用“天天跳绳”APP 布置作业，APP 上的自动排名与趣味 PK 让学生爱不释手。

表 8-14　2021—2023 年群众路小学学生体质健康检测项目情况

年份	项目	优秀	良好	及格	不及格
2021 年	50 米跑	21.40%	15.60%	57.70%	5.30%
	坐位体前屈	28.70%	21.90%	52.8%	2.20%
	50 米×8 往返跑	18.60%	15.60%	58.90%	6.90%
	一分钟仰卧起坐	17.60%	18.40%	59.80%	4.30%
	一分钟跳绳	55.40%	15.10%	29%	0.50%
2022 年	50 米跑	17.90%	14.80%	61.40%	6%
	坐位体前屈	22.50%	20.40%	54.40%	2.60%
	50 米×8 往返跑	16.90%	15.60%	64.30%	3.20%
	一分钟仰卧起坐	17.30%	17%	62.20%	3.60%
	一分钟跳绳	54%	14%	30.60%	1.40%
2023 年	50 米跑	20%	16.50%	57.70%	5.80%
	坐位体前屈	22.60%	19.20%	54.40%	3.70%
	50 米×8 往返跑	17.90%	20.30%	58.90%	2.90%
	一分钟仰卧起坐	14.80%	19.40%	61.80%	4%
	一分钟跳绳	50.80%	13.50%	33.90%	1.70%

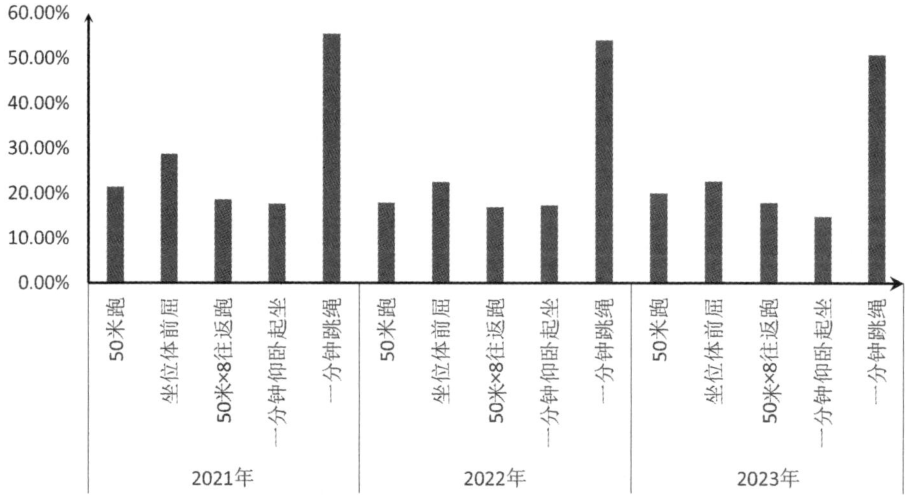

图 8-4　2021—2023 年小学生体质健康测试各项目的优秀率对比

为了检验体质健康成绩是否存在性别上的分布差异，本研究以各测试项目的评分与体质健康总成绩为因变量，性别为自变量进行独立样 T 检验。其结果如表 8-15 所示，可知男女生在体重、肺活量、50 米跑、坐位体前屈、50 米×8 五个项目以及体质健康总成绩上具有显著性的差异，女生的成绩显著优于男生。男女生在一分钟仰卧起坐、一分钟跳绳上没有显著差异，女生在这两个项目上的平均值略高于男生。

表 8-15 体质健康成绩的性别差异

因变量	自变量	F 值	显著性（双尾）	均值	标准差	t 值
体重	男	50.004	0.000	91.20	13.665	-3.829
	女			93.62	11.432	
肺活量	男	80.327	0.000	77.53	6.273	-16.271
	女			83.58	8.155	
50 米跑	男	9.095	0.000	73.81	18.486	-6.055
	女			78.89	14.870	
坐位体前屈	男	0.628	0.000	77.41	14.093	-8.592
	女			83.25	12.639	
50 米×8	男	3.288	0.000	72.23	18.644	-3.871
	女			78.72	12.696	
一分钟仰卧起坐	男	2.734	0.866	75.70	14.566	-0.168
	女			75.84	12.690	
一分钟跳绳	男	14.956	0.393	88.04	12.975	-0.854
	女			88.58	12.181	
总分	男	19.263	0.000	85.46	12.849	-4.129
	女			87.97	11.381	

从整体上看，女生的体质健康成绩总体优于男生，但这并不意味着女生的实际成绩在所有方面都优于男生。国家体质健康测试在设计时考虑到了男女生在生理结构、体能特点等方面的差异，因此在不同项目上设置了不同的测试标准和要求。男生在力量、速度和耐力等方面通常更具优势，在进行国家体质健康测试时，对于男生的力量、速度和耐力项目的标准和要求通常会相应较高。这也就意味着，在同等分数的情况下，男生在这些项目上需要达到更高的实际表现水平。

为了检验体质健康成绩在不同年级上的分布差异，本研究以各测试项目的评分与体质健康总成绩为因变量，年级为自变量进行非参数检验，结果如表 8-16 所示，不同年级学生在各个项目和体质健康总成绩上存在差异，这是因为随着年龄的增长和年级的提升，学生的身体发育、运动技能以及体能水平都会发生相应的变化。进一步进行事后检验，可以发现并非每个年级之间都存在显著性差异，学生的体质健康成绩并不会随着年级的升高而升高。但通过均值的比较，可以发现六年级在50米跑、坐位体前屈、50米×8、一分钟仰卧起坐、一分钟跳绳上具有优势，均值高于其他年级，可见长期系统的训练使学生的体质健康达到一个较好的水平。

表8-16　体质健康成绩的年级差异表

因变量	自变量	均值	标准差	H值	事后检验
体重	一年级	94.34	11.214	23.444***	1—2*、1—3*、1—4*、1—5*、1—6*
	二年级	92.13	13.138		
	三年级	92.40	12.895		
	四年级	91.35	13.616		
	五年级	92.38	13.269		
	六年级	90.93	14.072		
肺活量	一年级	79.95	9.603	17.962***	1—2*、1—3*、1—4*、1—5*、1—6*、2—4*、2—5*、3—4*、3—5*、4—6*、5—6*
	二年级	84.42	8.751		
	三年级	84.13	10.098		
	四年级	78.13	11.650		
	五年级	76.91	12.325		
	六年级	83.28	12.239		
50米跑	一年级	78.21	19.519	14.650***	1—3*、1—4*、1—5*、2—4*、2—5*、2—6*、3—4*、3—6*、4—6*、5—6*
	二年级	76.40	18.401		
	三年级	74.70	15.300		
	四年级	72.11	17.743		
	五年级	72.99	15.922		
	六年级	79.90	12.725		
坐位体前屈	一年级	79.29	13.806	2.078	1—4*、1—5*、1—6*、2—5*、2—6*、3—5*、3—6*、4—6*、5—6*
	二年级	78.87	13.057		
	三年级	79.01	14.080		
	四年级	77.20	13.548		
	五年级	75.65	15.577		
	六年级	81.59	13.482		

续表

因变量	自变量	均值	标准差	H 值	事后检验
50 米×8	五年级	75.25	14.390	0.004	5—6*
	六年级	77.93	12.979		
一分钟仰卧起坐	三年级	71.65	13.838	0.067***	3—4*、3—5*、3—6*、4—5*、4—6*、5—6*
	四年级	73.95	13.636		
	五年级	78.20	12.420		
	六年级	81.33	11.019		
一分钟跳绳	一年级	82.12	14.891	7.024***	1—2*、1—3*、1—4*、1—5*、1—6*、2—3*、2—4*、2—5*、3—6*、4—6*、5—6*
	二年级	89.75	13.073		
	三年级	87.72	14.216		
	四年级	86.93	14.280		
	五年级	86.93	13.342		
	六年级	90.06	12.756		
总分	一年级	84.99	12.190	8.406***	1—2*、1—5*、1—6*、2—3*、2—4*、2—5*、3—4*、3—5*、4—5*、4—6*、5—6*
	二年级	89.25	13.287		
	三年级	86.45	12.287		
	四年级	84.06	11.888		
	五年级	82.42	11.596		
	六年级	87.53	11.591		

三、国家体质健康测试与校本体能评价指标体系的结合

为了更高效、精准地提升学生的国家体质健康测试成绩，发展学生的体能，群众路小学积极探索国家体质健康测试与校本体能评价指标之间的关系，将国家体质健康测试与学校日常的体育校本课程相结合，通过优化体育课程设置，丰富教学内容和形式，提高学生的体质健康测试成绩，促进学生体能的发展。

经由相关检验，如表 8-17 所示，可以发现国家体质健康成绩、体质健康各项目与体能总分、五大指标之间存在显著相关关系，其中国家体质健康成绩与体能总分存在显著正相关（r=0.608），这意味着学生的体质健康成绩越好，其体能总分也相应越高。这一结果强调了全面发展学生体能对于体质健康的重要性。进一步研究体质健康各项目与五大素质之间的关系，可以发现 50 米跑与“力量与速度素质”的相关性（r=0.6）高于其他体能一级指标，与灵敏素质（r=0.46）

表 8-17 校本体能评价一级指标与国家体质健康各项目的相关关系

项目	力量与速度素质	灵敏素质	耐力素质	柔韧素质	平衡素质	体能总分
国家体质健康测试成绩	0.482**	0.460**	0.492**	0.373**	0.341**	0.608**
50 米跑	0.600**	0.405**	0.404**	0.171**	0.274**	0.572**
坐位体前屈	0.225**	0.239**	0.141**	0.602**	0.259**	0.380**
50 米×8	0.113*	0.130**	0.153**	0.058	0.134**	0.189**
一分钟仰卧起坐	0.145**	0.137**	0.173**	0.171**	0.274**	0.256**
一分钟跳绳	0.273**	0.271**	0.369**	0.270**	0.303**	0.420**

和耐力素质（r=0.492）也具有一定的相关性，这一结果说明这项测试不仅能够检验学生的速度和力量，还能在一定程度上反映其灵敏和耐力水平。坐位体前屈与柔韧素质的相关性最大（r=0.603），这与以往的研究一致，也进一步证明了体能评价指标体系的可信性。而一分钟跳绳与耐力素质（r=0.369）和平衡素质（r=0.303）的相关性最大，说明跳绳能较好地锻炼学生的耐力与平衡，可以通过增加跳绳的练习来提高学生的耐力和平衡素质。但一分钟仰卧起坐、50 米×8与五大素质的相关关系低，这可能与测试项目的选择相关，表明体能评价指标体系在全面评估学生体能方面还存在一定的局限性。

第九章　乐群大体育课程实施成效与育人展望

群众路小学乐群大体育，在教学理念、教学方式、教学内容等方面做了深入探索，形成了独特的创新经验，产生了良好的教学成效，吸引了不少兄弟学校前来参观学习，也得到了一些媒体宣传推介，为中小学校建设特色校园文化提供一定的参考价值。而各种外部反馈，也促进了乐群大体育的改进和发展。

第一节　乐群大体育的创新经验

群众路小学秉承“乐群”理念，以“大体育、大课堂、大健康”为引领，不断创新体育教学方式，培养学生的全面发展，促进学生健康成长，通过多样化的教学方式和情境创设，让学生在运动中释放天性，提升参与感和成就感。同时，根据学生的个体差异制定灵活的教学计划，提供个性化的指导和支持，确保每个学生都能够参与学习并有所收获。

一、体育教学理念的更新

“乐群”源于群众路小学校训“立德、乐群、敏学、健体”，意为具备与身边的人、物、自然共处共生的品质。乐群大体育实现了大体育观与全面育人结合、技能教学与课程思政融合、自主学习与科学施教结合。

1. 教育教学视角

乐群大体育引导教师用“大体育观”重新认知体育课堂教学、大课间体能训练、家庭体育作业。结合大体育理念，教师们一方面积极探索项目化、跨学科学习，提高学习成效，一方面积极邀请教练、高水平运动员、体教专家进校园，为学生现身说法，激励学生努力训练，不断提高身体素质。例如，2018 年羽毛球世界冠军邱波辉走进群众路小学，与学生们进行互动交流。他先肯定了学生们的运动潜质，分享了自己从小对羽毛球的喜爱及通过长期刻苦训练取得的成就。邱波辉强调，虽然成为世界冠军的机会很少，但通过专业教练的指导和科学的体育锻炼，每个人都能够提高身体素质，培养克服困难的意志力，学会团队合作。邱波辉赞扬了“福小子”项目。这个项目是在福州市教育局和福州市体育局的指导下，为学校引进了优质的校外青训资源，使孩子们能够进行更系统、科学的体育锻炼，不仅有助于孩子们的身体健康，也解决了家长的后顾之忧，是一项一举两得的措施。

2. 整体教育理念

乐群大体育倡导多样化的教学方式，结合教师指导与学生的自主学习、合作学习和探究学习，强调在设计教学活动时考虑学生的运动兴趣和主动学习意识，重视生活应用情境和真实运动情境的创设，培养未来体育之星。

群众路小学乒乓球队成立于 2003 年。学校于 2005 年获得“福州市乒乓球传统校”称号，连续数年获得了福州市乒乓球比赛佳绩。2022 年 5 月，福州市中小学生运动会新设立省市属小学组混合团体赛，群众路小学获得甲、乙组双冠军，实现了大突破。2022 年，陈璧堂代表福州市参赛，获得国家青训选拔赛第四名。近五年，学校为福州市少体校输送了 7 名优秀人才。

3. 以运动为中心的新型育人模式

乐群大体育鼓励学生在运动中释放天性，通过运动手环、冰箱贴等奖励提升学生的参与感和成就感。这种模式使运动成为新型教育平台，促进学生的身心健康发展，展现了学校的文化特色。

这些创新理念共同构成了一个全面、多元和富有创造性的体育教学体系，旨在促进学生的全面发展。

二、体育教学方式的改变

学校在体育课堂教学、课程延展的大课间中，提出适合小学体能训练的新途径，形成课上课下连接、多学科融合、家校联动、家校社一体的新格局。

1. 教学多样化

教师利用游戏、竞赛和小组合作等方式，激发学生参与体育运动。此外，还设计适宜的教学活动和情境，以多样化的教学方式指导学生自主合作及探究学习。乐群大体育课程的大课间课程建构分五个阶段：热身准备阶段、激趣导入阶段、运动参与阶段、放松整理阶段、静心专注阶段。课程的设置根据季节特点、依据水平 1 至 3 的儿童身心特点，既有校本特色的乒乓球操、啦啦操，更有少年儿童姿态体能训练。专注力训练也是乐群大体育课程的一部分。学校聘请专业的专注力训练团队来校指导并建立练习题库，全校学生开展课前 3 分钟冥想静心，课中听轻柔舒缓的音乐闭眼休息的活动，第一学段的学生全员参加专注力课程。

2. 重视个体差异

教师根据学生的个体差异制定灵活的教学计划，提供个性化的指导和支持，确保每个学生都能够参与到学习中并有所收获。学校秉承“体育精神引领健康人生”的理念，执行新课标，建构大体育课程体系。根据学生体能素质的变化，项目组成员适时调整体能动作编排，优化体能操动作，于 2020 年创编大课间体能训练教材《体能训练小课堂》，设计《健体新学期工作方案》，训练项目精准对应少年儿童的灵敏、柔韧、速度、力量、耐力等方面的不足，使他们的身体素质得到明显提升。为了加强各水平学生的力量、耐力素质，2021 年学校创编了《体能训练小课堂》2.0 版。新版内容根据学生身体素质发育规律，为水平 1 至 3 的学生设定了不同难度的训练内容和游戏挑战环节，让学生在完成基础训练后，可以自由选择不同难度的内容进行挑战，让学生们在游戏中享受运动的快乐和成就感。

3. 引领自主学习

教师引导学生探索和发现问题，并鼓励他们提出自己的解决方案，在实践中学习和成长。学校体育组制定《群小体质健康管理制度》，建立奖励细则，设计运动手环、冰箱贴等学生喜爱的物品作为奖品，以班级为单位，集满一定数量的手环或冰箱贴兑换一件班级运动小器材；制定《家庭运动管理细则》《体适能测试个人表单》及《运动处方》推送给家长，并制作“家庭运动达人卡”，帮助学生记录每日与家人共同运动的情况，培养学生参与体育活动的内驱力。

4. 即时反馈和指导

教师使用简明的语言或示范的方式给学生提供即时反馈，指出问题并提供改进建议，帮助他们不断进步。体育教师主持并指导专业动作，一部分教师负责技术动作，一部分教师负责跟进指导，使学生能够得到即时性的指导。为提高教学质量，促进学生“学、练、赛”一体化，学校组织形式多样、丰富多彩的体育比赛，第一学段开展跳绳、乒乓球颠球等比赛项目，第二学段开展跳长绳、踢毽子等比赛项目，第三学段开展乒乓球、拔河等比赛项目，学段不同，内容安排和程度的要求各异。同时学校还设置了奖励机制，邀请学生上台展示，奖励学校自制的运动手环，提高了学生参加体育大课间的兴趣。

这些教学方式共同构成了一个全面创新的体育教育体系，旨在提高学生的体育技能，也关注他们的个人成长和综合素质的提升。

三、体育教学内容的重构

1. 打造品牌，推动全域育人、全员育人

（1）打造“数字化养正”品牌

认真落实教育部教育数字化战略行动目标要求，通过数字化评价模式助力学校德育实践。开设礼仪“数字化微课堂”，打造“习礼润心”礼仪示范班，通过“小样儿队课”“礼仪点赞官”“文明班级”等活动阵地建设，深化道德养成教育，践行道德规范。

（2）打造“快乐劳动+”品牌

通过“自我劳动，‘劳’有所得”“勤力劳动，‘劳’有所获”“节气劳动，‘劳’有所成”“创意劳动，‘劳’有所乐”等活动层层升级，让全校同学们在“双减”背景下快乐劳动，感悟劳动的快乐，使有意义的事情做得更有趣。

（3）打造“黑、瘦、硬”健体品牌

充分利用大课间与课后个性化课程相结合，聘请专业的体能团队有针对性地对学生进行体能训练，保证学生每天锻炼一小时，既充实了学生课余生活，又提升了学生身体素质。

2. 多学科融合和家校社一体化

在新课标的背景下，学校体育发挥主导作用，家庭与社区体育辅之。学校体育检测学生体质健康水平与拥有学生基本信息的重要职能，但学生体质健康水平的提升仅依靠学校体育是远远不够的，我们建立“家—校—社”联动体系呼吁多方协作。

大课间活动在课程设置上融合多学科，考虑季节特点和儿童身心特点，包括校本特色的乒乓球操、啦啦操及少年儿童姿态体能训练等，精准对应少年儿童的灵敏、柔韧、速度、力量、耐力等方面的需求，以《基于体质健康管理的小学大课间体锻课程的开发与实践研究》课题成果形式提炼形成《群小体育的三大课堂》，推进校内、校外各一小时体育锻炼的实施。

3. 立足核心素养建设体育与健康大课堂

义务教育阶段体育与健康课程是一门基础性、健身性、实践性、综合性的课程，在学校教育中是一个不可或缺的组成部分，对促进学生的全面发展有着重要的影响。应以“健康第一”思想为指导，聚焦核心素养，建构适宜的课程平台和整合课程资源，丰富教学环境和改变学习方式，培育学生的运动能力、健康行为和体育品德。群众路小学体育与健康课程根据新课程等的指导，以“教”“练”“赛”为基本原则，坚持“健康第一”，以提高学生的身体素质、心理素质和社会适应性为目标，以身体锻炼为主，培养学生的核心素养，促进学生的身心健康。乐群大体育构成了一个全面、创新和多元化的大体育教学体系，旨在提升学生的体育能力和综合素质。

第二节 乐群大体育的辐射影响

群众路小学在“大体育、大课堂、大健康”的理念引领下不断创新体育教学方式，培养学生的全面发展和健康成长。同时与多所学校建立校际合作关系，将乐群大体育推向更广的社会群体，让更多人了解和参与到体育运动中，提高社区居民的体育意识和健康水平。

一、校际体育与教学合作共享

乐群大体育与多所学校建立了校际合作关系，通过共享资源、交流经验，推动了体育教育的共同发展。群众路小学集团成员校（福州市群众路小学滨海校区、台江区第一中心小学、岳峰中心小学）一起进行了为期两年的大体育课程体系建构研究，遵循“一体化共同成长”和“在融合中积极进步”的两大发展原则，致力于探索并建立集团校模式的新型组织架构。各校通过共同制定学校章程和发展规划，共建课程体系，共同研究教学过程和质量，共享高质量教育资源，旨在实现成员学校之间的互利合作和资源整合。

教师通过现场课堂教学、说课、教学讲座、课题实验研究、案例与论文评比、微课题研究等活动进行团队研修活动。国家课程大体育课堂的建设与实施教师通过“学习—实践—反思”发现问题、思考问题、解决问题，并在教学实践进行验证和改进，不断提高教学设计能力、教学执行能力、教学反思能力等。

二、社区体育与健康知识普及

乐群大体育积极参与社区体育活动，将先进的体育教学经验带到社区，提高社区居民的体育意识和健康水平。2021 年颁布的“双减”政策明确提出健全家校社协同育人机制，厘清家校社协同育人职责，丰富家校社协同育人沟通方式，拓展家校社协同育人路径，建设家校社协同育人共同体。群众路小学的行动有：规范成立三级家委会，坚持“入户家访”和“一对一约见”灵活应用；与检察院、社区携手，与特殊生家庭共同建立“多对一”帮扶机制；积极推进家校社网一体化共同发展，聘请儿童心理学专家、儿童医院专职心理医生、台江区检察官、校专兼职心理教师等组成家庭教育指导专业化队伍，定期举办家庭教育讲座，召开家庭教育经验交流会。

三、媒体的宣传推广

乐群大体育经媒体宣传，在社会上形成广泛影响，为体育教育的普及和推广做出了贡献。

回眸过去十多年，一群不忘初心、思想活跃的体育教师团队为追求“养正、健体、善学”这一理念，孜孜不倦地探索，扎扎实实地践行，一步一个脚印地砥砺前行，终于取得了丰硕的成果。多年来，已有全国多所学校到群众路小学观摩交流，对乐群大体育系列课程表示肯定。2023 年，论文《“双减”背景下小学大课间体育锻炼的策略与实践研究》《“黑瘦实”少年这样养成——福州市群众路小学构建基于体质健康管理的小学大课间体锻课程》均在《福建教育研究》上发表。

《福州晚报》2018 年 10 月 16 日报道了群众路小学“四点三十课后运动班”的开课。这项活动在福州尚属首创，旨在确保儿童每天在学校进行至少一小时的体育锻炼，包括篮球、羽毛球、乒乓球、击剑、体适能等各种体育兴趣班，由“福小子”青少年训练平台提供支持。该项目是福州市中小学延伸课后服务的新途径，旨在为学生的身心发展提供帮助。

第三节　乐群大体育的育人展望

乐群大体育课程是群众路小学为深化学校体育教育改革所推出的一项全面育人的课程。该课程不仅注重培养学生的体育精神和体育技能，还关注学生的身心健康，通过运动锻炼和心理辅导等方式促进学生的全面发展。当然，乐群大体育在实践中也面临着不少挑战，需要以更大的智慧不断超越。

一、乐群大体育育人图景

在“以体育强国，建体育强国”的时代号召下，在课程改革的浪潮中，以“乐群”为理念，以“健体”为抓手，锐意进取，构建乐群大体育课程，群众路小学为新时代中小学校体育教育深化改革交出了一份“群小答卷”。

学校将“乐群”教育理念引入体育锻炼课程体系，构建了以体能训练为特色的大课间课程化管理改革，即学校体育层面和课堂教学层面的“学、练、赛（评）一体化”模式，体育课堂延展大课间、课外体育、运动竞赛、家校融合均围绕教育教学全过程展开，形成乐群大体育课程体系建构，力求实现群众路小学育人图景。

1. 培养学生的体育精神

在培养学生的体育精神方面，乐群大体育课程采取了一系列有效的措施，通过开展各种体育活动来激发学生运动的热情。这些活动不仅能够提高学生的身体素质，还可以培养他们的意志品质和道德观念。

乐群大体育课程注重培养学生的协作精神，鼓励学生克服困难、迎接挑战并保持毅力，鼓励学生们从失败中吸取教训，坚持不懈地追求目标。通过课内与课外结合、学校与家庭结合，全方位打造“学、练、赛”一体的体育健康大课堂。课程以形式多样性、内容的趣味性、学科的融合性为突出特点的训练方式，让学生们感受到团结一致的力量。在这些活动中，每个人都有自己的角色和责任，只有团队成员相互合作，才能取得胜利。通过这样的活动，学生们学会了相互理解、信任和支持，同时，也培养了他们的社交技巧和合作能力。同时乐群大体育课程倡导学生积极参与各种比赛和挑战活动，在比赛中展示自己的才华和实力，不仅培养了学生的竞争意识和胆量，还让群众路小学屡屡收获各级各类竞赛奖牌和荣誉。

乐群大体育课程为学生们提供了展示自我的机会，让他们在体育活动中发挥自己的潜能和优势，正视自身的短板和不足，保持积极的态度和耐心，不断尝试和学习，从而努力全面发展自我，提高体育水平和综合素质。

2. 提高学生的体育技能

为了提高学生的体育技能，乐群大体育课程不仅注重培养学生的意志品质和道德观念，还根据学生的年龄和体质特点，提供多样化的体育项目，帮助他们掌握正确的运动技能，提高身体素质。

在球类项目方面，乐群大体育课程提供乒乓球、篮球、羽毛球、排球等多种球类运动，学生可以在这些项目中探索和发展自己的潜力。通过专业的指导和训练，在球类运动中，学生学会了正确的投篮、传球、接球等基本技巧，了解到团队合作、战术配合的重要性。田径项目方面，乐群大体育课程包括短跑、长跑、跳远等多个项目。从跑步训练中，学生掌握正确的姿势和呼吸方法，提高耐力和速度；在跳远活动中，学生学会了正确的起跳和着地技巧，提高弹跳能力和协调性。游泳方面，乐群大体育课程鼓励学生参与游泳活动。通过游泳，学生可以全面锻炼身体各个部位的力量，并提高心肺功能。同时，游泳也是一项安全运动，有益于预防溺水事故和身体伤害。

通过乐群大体育课程所提供的多样化的体育项目，学生得到了正确的指导和系统而全面的训练，提高了体育技能和身体素质，并在参与各种体育项目中不断积累经验和体育提升技能水平，为未来的体育发展奠定基础。

3. 促进学生的身心健康

乐群大体育课程注重学生的身心健康，通过“四点半体育课堂”的运动锻炼和心理辅导等多种方式，帮助学生释放压力、增强自信、提高适应能力，促进他们的全面发展。

乐群大体育课程注重学生的身心健康，并通过运动锻炼和心理辅导等方式来实现这一目标。

二、乐群大体育的改进方向

乐群大体育课程目前还面临着教学内容与评价的科学性、教师队伍整体素质薄弱性、家校社的联动的松散性等挑战。接下来，乐群大体育将进一步优化教学内容，加强教师队伍业务能力，推动跨学科融合、项目化学习的开展，深入实施学习共同体。通过这些努力，乐群大体育将为学生提供更具吸引力和实用性的体育课程，培养学生的全面素质和综合能力，为学生的幸福人生奠定坚实基础。

1. 教学内容的优化

尽管乐群大体育课程体系已经取得一定的成绩，但仍然需要继续优化，要根据学生的需求和时代的发展不断引入新的体育项目，激发学生的兴趣并拓宽他们的运动选择范围，迭代创新教学方法，在教学内容中加入与现实生活相关的知识，提高课程的趣味性和实用性。教师应坚持教学相长，注重启发式、互动式、探究式教学，在体育课上要讲清各种运动项目的重点难点，引导学生主动思考、积极提问、亲身实践探索。此外，还应融合运用传统与现代技术手段，重视情境教学；探索基于学科的课程综合化教学，开展研究型、项目化、合作式学习；精准分析学情，重视差异化教学和个别化指导；定期开展聚焦课堂教学质量的主题活动，注重培育、遴选和推广优秀教学模式、教学案例。

2. 教师队伍的建设

在推动乐群大体育课程实施的过程中，教师无疑是决定性的关键因素。要取得更为显著的教育效果，就必须着力加强教师队伍的建设。一方面，要引进更多业务素养扎实的专职体育教师。另一方面，不断提升教师的专业素养，包括深入研究各类学科知识，保持与时俱进的教育理念，并在教学实践中不断总结和提升。通过参与专业培训、学术研讨和实践交流，教师们不断拓展自己的知识边界，提高对教育事业的深刻理解。同时，要注重提升教师的教育教学能力，需要通过引入先进的教学方法和教育技术，培养教师灵活运用多样化的教学手段的能力；积极支持和鼓励教师参与教学设计、评估和创新，以提高他们应对不同学生需求的能力，以便更好地为学生提供有效的指导和服务。

3. 评价体系的完善

乐群大体育课程在评价体系方面尚存在一些不足之处，需要改进和完善。科学、客观、全面的评价对于发展学生的体育学科核心素养至关重要，可以帮助他们更好地认识不足，激发他们的学习动力。评价体系应该基于科学的标准和方法，结合体能测试和技能考核等科学手段，全面了解学生的身体素质和运动技能水平。通过科学的评价，学生可以清楚地知道自己在哪些方面有待提高，从而进行针对性的训练和锻炼。评价体系也应该是全面的。除了注重学生的体能发展和技术水平，也应关注他们的态度、团队合作精神以及参与体育活动的积极性等方面。综合评价能够更好地反映学生在大体育课程中所表现出的全面素质和潜力。通过建立完善的评价体系，乐群大体育课程将能更好地发挥自身的教育功能，帮助学生实现全面发展。

4. 与家庭、社会的联动

在乐群大体育课程实施过程中，需要更深入地反思与家庭、社会的联动。首先，积极争取家长的参与和支持，让他们了解课程的目标和实施情况，从而更好地理解学校的工作，给予更多的支持和资源。其次，主动寻求社会各界的关注和参与，让更多的人了解课程，共同为学生的健康成长贡献力量。

学校乐群大体育课程将持续深化与家庭、社会的联动，建立更加紧密的家校社合作关系，共同推动课程的发展。接下来，可以开展更多的家长培训活动，帮助他们了解大体育课程理念和实施方法，从而更好地引导孩子参与体育活动。

5. 跨学科融合、项目化学习的推进及学习共同体的深化

为顺应新时代教育教学及课程改革的潮流，乐群大体育课程将持续反思与不断革新，努力进行跨学科的融合、项目化学习的推进及学习共同体的深化。在现代教育体系中，单一的体育课程已无法满足学生全面发展的需求，必须积极推动跨学科融合的教育模式，打破传统学科间的壁垒，将体育与科学、数学、艺术等学科进行深度整合。这种创新性的跨学科融合，不仅有助于学生从多元化的角度审视问题，而且能有效培养学生的创新思维与解决问题的能力。通过这样的课程设计，学生在体育课程中不仅能锻炼身体素质，还能获得跨学科的知识与技能，从而全面提升综合素质。

为了进一步促进学生的全面发展，还要深化项目化学习的实施。通过设计并实施一系列具有挑战性和开放性的项目，学生将激发探究欲望和学习热情，从而在解决问题的过程中不断提升自我。项目化学习为学生提供了自主选择研究主题、制定实施计划、解决实际问题的机会，能有效培养他们的团队协作能力、领导才能与创新精神。

同时，还要深化学习共同体的构建，鼓励学生与同伴、教师、家长等共同学习、共同进步。通过建立紧密的学习关系，促进彼此间的交流与合作，每个学生都能在团队中充分发挥自己的优势，实现进步。

乐群大体育课程以培养学生的综合素质为核心目标，正不断创新教学方式与方法，努力提高课程实效。我坚信，通过跨学科融合与项目化学习的有机结合，必将为学生创造一个更为丰富、多元的学习环境，助力他们全面发展。

参考文献

［1］中共中央马克思恩格斯列宁斯大林著作编译局. 马克思恩格斯文集（第5卷）［M］. 北京：人民出版社，2009.

［2］赵勇. 世界的不确定性与教育的发展方向［J］. 教育国际交流，2023（01）：49-53.

［3］于素梅，王晓燕. “幸福体育”何以确证？——马克思主义哲学语境下体育的价值旨归与现实追寻［J］. 体育学刊，2023，30（06）：1-8.

［4］中华人民共和国教育部. 义务教育体育与健康课程标准（2022年版）［S］. 北京：人民教育出版社，2022.

［5］李俊杰，刘佳为，王新璐. 我国体育素养的价值内涵审视——基于QPE政策文本［J］. 武术研究，2023，8（11）：146-148，152.

［6］戴圣婷，颜景飞. 健康促进学校视域下青少年参与身体活动的心理和行为健康效益及生活质量的系统综述［J］. 中国康复理论与实践，2023，29（10）：1125-1134.

［7］高翔. 从体教结合到体教融合的竞技体育发展矛盾思考［J］. 辽宁体育科技，2023，45（01）：116-122，134.

［9］义务教育体育与健康课程标准修订组. “健康第一”以体育人——义务教育体育与健康课程标准（2022年版）解读［J］. 基础教育课程，2022，（10）：74-80.

［10］陆炎，史曙生，方萍. 体教融合背景下以体育人的三重维度解析［C］. 中国体育科学学会，第八届中国体育博士高层论坛论文汇编（专题报告），2022：3.

［11］郑旗，程风美. 中国与欧洲课外体育活动比较分析［J］. 体育学刊，2016，23（06）：108-111.

［12］邵伟德，王倩. “双减”政策背景下学校体育的思考［J］. 体育教学，2021，41（11）：14-15.

［13］李伟，张晓红. 我国学校体育课程内容的拓展与创新研究［J］. 体育科学研究，2017，21（4），82-86.

［14］王志刚，陈志丹．体育教学中学生团队合作与沟通能力的培养策略［J］．体育学刊，2019，26（3），104-108.

［15］郭少东，韦峭．凝聚体育强大力量助力高质量发展［N］．南宁日报，2023-10-16（001）.

［16］毛艳．中小学体育促进学生良好学习、成长与发展新思路探讨［J］．第二课堂，2023，(04)：84-85.

［17］孔茜，傅春扬，王鹏等．体育+加足发展信心加优营商环境［N］．扬州日报，2023-01-31（002）.

［18］张伟民，顾芳，刘堃，潘德民．有效学业评价：中小学体育练习测试命题问题诊断与指导［J］．体育教学，2011（05）：15-18.

［19］王华玮．基于 OBE 理念下《学校体育学》课程教学评价体系构建的研究［D］．西安：西安体育学院，2023：56.

［20］李晋裕，滕子敬．学校体育史［M］．海口：海南出版社，2000.

［21］高鹏．新中国 70 年学校体育发展演变与历史经验［J］．北京体育大学学报，2019，42（11）：57-68.

［22］杜伟．体育课程制度的现代性审视［D］．苏州：苏州大学，2009.

［23］钟启泉．课程的逻辑［M］．上海：华东师范大学出版社，2018.

［24］课程教材研究所．20 世纪中国中小学课程标准、教学大纲汇编·体育卷［M］．北京：人民教育出版社，2001.

［25］赵长虹．小学体育跨学科协同教学探索——基于全面育人理念的研究［J］．求知导刊，2022（25）：110-112.

［26］姚晨．学科融合视域下背景音乐在小学体育教学中的应用研究［J］．体育视野，2022（14）：152-154.

［27］于素梅．一体化体育课程的旨趣与建构［J］．教育研究，2019，40（12）：51-58.

［28］于素梅．论一体化课程建设对学校体育发展的促进［J］．体育学刊，2019（1）：9-12.

［29］王永胜．体育锻炼习惯养成探析［J］．体育文化导刊，2015（2）：17-20.

［30］周成林，金鑫虹．从脑科学诠释体育运动提升学习效益的理论与实践［J］．上海体育学院学报，2021，45（1）：20-28.

［31］季浏．坚持“三个导向”的义务教育体育与健康课程标准（2022 年版）解析［J］．体育学刊，2022，29（3）：1-7.

［32］田道勇．教育促进可持续发展的价值与实现路径［J］．中国人口（资源与环境），2020，30（7）：162-168.

［33］中华人民共和国教育部．普通高中体育与健康课程标准（2017年版）［S］．北京：人民教育出版社，2018：16.

［34］中共中央、国务院印发《深化新时代教育改革总体方案》的通知［Z］．2020-10-31.

［35］阎乃胜．深度学习视野下的课堂情境［J］．教育发展研究，2013，34（12）：76-79.

［36］陈文强．核心素养与学校变革［M］．厦门：厦门大学出版社，2016.

［37］谢利民，郑百伟．现代教学基础理论［M］．上海：上海教育出版社，2003.

［38］郭元祥．课堂教学改革的基础与方向——兼论深度教学［J］．教育研究与实验，2015（6）：1-6.

［39］尚力沛，程传银．超越技能：基于发展学生核心素养的体育深度教学［J］．沈阳体育学院学报，2018，37（3）：96-103.

［40］程传银．体育教学现代性的反思与重建［M］．北京：人民体育出版社，2008.

［41］朱莉莉．北京市小学大课间体育活动的研究［D］．北京：首都体育学院，2014.

［42］程欢．南昌市城区小学大课间体育活动研究［D］．南昌：江西师范大学，2017.

［43］曲宗湖．从开展大课间体育活动引起的思考——构建大课间体育活动课［J］．体育教学，2001，（05）：9-10.

［44］郇昌店．我国青少年体质健康政策协同研究［D］．上海：上海体育学院，2016.

［45］王瑞元，孙学川，熊开宇等．运动生理学[M].北京：人民体育出版社，2002.

［46］中华人民共和国政务院．关于改善各级学校学生健康状况的决定［R］．1951-07-01.

［47］中华人民共和国教育部．关于中小学学生的健康状况和改进学校体育、卫生工作的报告［R］．1964-08-01.

［48］中华人民共和国教育部．关于2002年学生体质健康监测结果公告［J］．中国学校体育，2004（1）：6-8.

[49] 中华人民共和国教育部. 关于落实保证小学生每天体育活动时间的意见 [Z]. 教体艺〔2005〕10 号，2005-08-19.

[50] 李祥. 学校体育学 [M]. 北京：高等教育出版社，2012.

[51] 周登嵩. 学校体育学 [M]. 北京：人民体育出版社，2012.

[52] 潘邵伟，于可红. 学校体育学 [M]. 北京：高等教育出版社，2008.

[53] 雷泽宏. 美国学生课外体育活动 [J]. 菏泽师专学报，2012 (11)：59-60.

[54] 周小青. 中、德、美、英四国中小学体育指导思想中的隐性知识比较研究 [J]. 中国学校体育，2011 (6)：65-66.

[55] 周振宇. 困境与超越——项目学习在中国 [J]. 教育，2016 (31)：4-7.

[56] 张思琦. 基于网络环境的小学数学项目式学习设计与实践成效研究 [D]. 西安：陕西师范大学，2016：15.

[57] 杨文明. 项目教学的内涵与分类 [J]. 语文学刊 (外语教育与教学)，2010 (07)：87-89.

[58] 福格蒂著，钱美华等译. 多元智能与问题式学习 [M]. 北京：中国轻工业出版社，2005.

[59] 刘景福，钟志贤. 基于项目的学习 (PBL) 模式研究 [J]. 外国教育研究，2002 (11)：18-22.

[60] 夏雪梅. 从设计教学法到项目化学习：百年变迁重蹈覆辙还是涅槃重生？[J]. 中国教育学刊，2019 (04)：57-62.

[61] 张文兰，胡姣. 项目式学习的学习作用发生了吗？——基于 46 项实验与准实验研究的元分析 [J]. 电化教育研究，2019，40 (02)：95-104.

[62] 胡红杏. 项目式学习：培养学生核心素养的课堂教学活动 [J]. 兰州大学学报 (社会科学版)，2017，45 (06)：165-172.

[63] 季浏. 我国《普通高中体育与健康课程标准 (2017 年版)》解读 [J]. 体育科学，2018，38 (02)：3-20.

[64] 潘绍伟. 正确认识与实施体能教学提高学生健康水平——《义务教育体育与健康课程标准 (2022 年版)》专家解读 [J]. 体育教学，2022，42 (08)：8-10.

[65] 郭小宇. 我国优秀攀岩运动员专项体能评价指标体系构建及实证研究 [D]. 成都：四川师范大学，2020.

[66] 韩夫苓. 我国优秀女子自由式摔跤运动员专项体能评价与诊断研究 [D]. 上海：上海体育学院，2011.

［67］董翠香．我国中小学体育校本课程开发理论与实践研究［D］．北京：北京体育大学，2005.

［68］乔秀梅．中小学生体能促进理论与实践方案研究［D］．石家庄：河北师范大学，2013.

［69］邱皓政．量化研究与统计分析——SPSS（PASW）数据分析范例解析［M］．重庆：重庆大学出版社，2013.

［70］毛佳仪，胡煜浤．体育强国视域下中小学体能训练的关键问题与纾解路径［C］. 中国体育科学学会，第十三届全国体育科学大会论文摘要集——墙报交流（学校体育分会）（四），2023.

［71］于志刚，刘春梅．新课标背景下体能训练对湛江市小学生体测项目成绩影响研究［J］．体育世界，2023（10）：76-78.

［72］马德浩，季浏．我国中小学生体质健康中存在的问题、致因及其对策［J］．西安体育学院学报，2017，34（02）：182-188，236.

［73］陈路．美国小学生体质健康促进的启示［J］．青少年体育，2018（08）：139-140.

［74］孙芹．泰州市中小学生体质健康监测过程中存在的问题研究——以 2015 年为例［J］．当代体育科技，2017，7（34）：8-9.

［75］孟凡博．核心力量训练对初一学生体质健康水平影响的实验研究［D］．沈阳：辽宁师范大学，2018.

［76］季浏. 我国《义务教育体育与健康课程标准（2022 年版）》解读［J］. 体育科学，2022（05）：3-17，67.

［77］齐彦磊，周洪宇. “双减”背景下家校社协同育人遭遇的困境及其应对［J］. 中国电化教育，2022（11）：32-36，67.

［78］中共中央、国务院关于印发《〈体育与健康〉教学改革指导纲要（试行）》的通知［Z］. 中华人民共和国公报，2021（28）.

［79］中共中央、国务院关于深化教育教学改革全面提高义务教育质量的意见［N］. 人民日报，2019-07-09（01）.